D1672799

Personal- und Organisationsentwicklung in Bibliotheken

Bibliothek: Monographien zu Forschung und Praxis (BMFP)

—

Band 2

Personal- und Organisations- entwicklung in Bibliotheken

Herausgegeben von
Andreas Degkwitz

DE GRUYTER
SAUR

Bibliothek: Monographien zu Forschung und Praxis (BMFP)
Herausgegeben von Elmar Mittler, Klaus Ceynowa, Andreas Degkwitz, Paul Kaegbein, Hans Joachim Kuhlmann, Norbert Lossau, Claudia Lux, Konrad Marwinski, Johanna Rachinger, Michael Seadle, Peter Vodosek, Hannelore Vogt und Cornelia Vonhof

In **Bibliothek: Monographien zu Forschung und Praxis** werden aktuelle Forschungsergebnisse und Praxisberichte in Form von Autorenwerken und Sammelbänden veröffentlicht. Die Reihe ist der kritischen Untersuchung und Darstellung wichtiger Aspekte des wissenschaftlichen und öffentlichen Bibliotheks- und Informationswesens im nationalen und internationalen Kontext gewidmet. Auf die Berücksichtigung internationaler Entwicklungen und Quellen wird besonderer Wert gelegt. Die Bände stellen substanzielle Beiträge zur fachlichen Information sowie zur professionellen und wissenschaftlichen Weiterentwicklung des Bibliotheks- und Informationswesens im deutschsprachigen Raum dar.

ISBN 978-3-11-027890-3
e-ISBN 978-3-11-027344-3
ISSN 2193-780X

Library of Congress Cataloging-in-Publication Data
A CIP catalog record for this book has been applied for at the Library of Congress.

Bibliografische Information der Deutschen Nationalbibliothek
Die Deutsche Nationalbibliothek verzeichnet diese Publikation in der
Deutschen Nationalbibliografie; detaillierte bibliografische Daten
sind im Internet über http://dnb.dnb.de abrufbar.

© 2013 Walter de Gruyter GmbH, Berlin/Boston
Satz: Michael Peschke, Berlin
Druck und Bindung: Hubert & Co. GmbH & Co. KG, Göttingen
♾ Gedruckt auf säurefreiem Papier
Printed in Germany

www.degruyter.com

Vorwort

Bibliotheken stehen unter einem hohen Veränderungsdruck. Dies ist insbesondere durch den Wandel von der gedruckten zur digitalen Literatur- und Informationsversorgung begründet, der erhebliche Auswirkungen auf die Serviceportfolios von Bibliotheken, auf die Arbeits- und Organisationsabläufe und auf den Einsatz und die Qualifikationsprofile des Bibliothekspersonals hat.

Aufgrund der Finanznöte von Hochschulen, Kommunen und Städten kommt es darüber hinaus zu finanziellen Engpässen, die sich teilweise sehr massiv auf die Personal- und Sachmittelausstattung von Bibliotheken auswirken. Nicht zuletzt gibt es neue Herausforderungen, die im Hinblick auf die Attraktivität des Arbeitsplatzes und die Erhaltung der Arbeitskraft z. B. mit Maßnahmen des Gesundheitsmanagements oder der Vereinbarkeit von Familie und Beruf organisatorisch abzusichern und zu gewährleisten sind.

Das Spannungsfeld von Serviceinnovationen, Einsparungszwängen und neuen Anforderungen an die Organisation stellt für bibliothekarische Einrichtungen eine große Herausforderung dar, die der vorliegende Band in ihrer Vielfalt aufgreift und lösungsorientiert zu adressieren versucht. Die Beiträge gehen auf Veranstaltungen der Management-Kommission des Deutschen Biblio-theks-verbandes (DBV) zurück, die das Veranstaltungsspektrum für ihre Amtsperiode 2009 – 2012 vorrangig unter das Thema „Personal- und Organisationsentwicklung" gestellt hat.

Das Themenspektrum des vorliegenden Bandes reicht von grundsätzlichen Überlegungen zur Veränderungsfähigkeit von Organisationen und zum Portfolio-Management, über Organisations- und Personalentwicklung als Führungsaufgabe, als „best practice", als Maßnahme zur Steigerung der Attraktivität des Arbeitsplatzes im Kontext von Vereinbarkeit von Familie und Beruf, Gesundheitsförderung und Qualitätsmanagement bis hin zu Qualitäts- und Wissensmanagement sowie zu Maßnahmen der betrieblichen Reorganisation und des strategischen Veränderungsmanagements.

Mit dem Band werden Präsentationen und Vorträge der Veranstaltungen, welche die DBV-Management-Kommission im Zeitraum 2009 – 2012 durchgeführt hat, der Fachöffentlichkeit in ausgearbeiteter Form als Beiträge zugänglich gemacht, um auf diese Weise über neue Ansätze und Methoden auf dem Gebiet der Personal- und Organisationsentwicklung aus theoretischer Sicht und mit praktischen Erfahrungen zu berichten und um entsprechende Entwicklungen zu begleiten. Denn gerade im Dienstleistungsbereich können tiefgreifende Veränderungen nicht ohne professionell betriebene Personal- und Organisationsentwicklung erfolgreich durchgeführt werden.

Dass dieser Band zur Veröffentlichung kommen kann, ist den Autoren der Beiträge und den Herausgebern der Reihe „Bibliothek: Monographien zu Forschung und Praxis" zu danken. Für die Durchsicht der Beiträge danke ich Sabine Homilius, Annette Golze, Angela Hammer und Roland Wagner, für die umsichtige Begleitung des Vorhabens durch den de Gruyter-Verlag Alice Keller. Die Mitglieder der Management-Kommission des DBV (2009 – 2012), Anke Berghaus-Sprengel, Andreas Degkwitz, Michael Hansen, Sabine Homilius und Gudrun Kulzer, wünschen eine anregende Lektüre mit vielen Aufschlüssen zu den behandelten Themen.

Berlin, im September 2012
Andreas Degkwitz

Inhalt

Pit Witzlack

Veränderungsfähigkeit von Organisationen: Wandel durch Annäherung der Ideen

1 Einleitung

Veränderungen begleiten uns das ganze Leben. Veränderungsfähigkeit oder Change Ability ist zu einer Schlüsselkompetenz geworden. Organisationen scheinen heute nur erfolgreich zu sein, wenn sie flexibel und intelligent auf Umweltbedingungen reagieren. Und die „Umwelt" verändert sich immer schneller, wie sich u. a. zeigt an der

(1) *Technologischen Entwicklung* („Innovations-Revolutionen"): Wurde z. B. der Informationsaustausch mittels neuer Medien von etablierten Parteien vor nicht allzu langer Zeit eher belächelt, lädt der Vorsitzende einer dieser Parteien heute mittels Facebook zu einer Fanparty ein.

(2) *Beschleunigung von Prozessen*: Es verbleibt immer weniger Zeit, um Neues zu entwickeln oder auf Entwicklungen Einfluss zu nehmen, wie u. a. an der Schuldenkrise deutlich wird. Doppler und Lauterburg bemerken zu den damit verbundenen neuen Chancen und Risiken: „Ein Unternehmen, das in diesem turbulenten Umfeld überleben will, muss rasch reagieren, sich kurzfristig ändernden Bedingungen anpassen können. Dies bedeutet: rasche Produktinnovation, immer kürzer werdende Produktlebenszyklen sowie – vor- und nachgelagert – entsprechende betriebliche Umstellungen. Der Innovationsdruck ist enorm, der Rhythmus, mit dem Veränderungen in das organisatorische und personelle Gefüge eingesteuert werden, atemberaubend. Geschwindigkeit wird zum strategischen Erfolgsfaktor" (2005, S. 26).

(3) *interkulturellen und internationalisierten, globalen Zusammenarbeit*: International agierende Organisationen und globale Vernetzung führen dazu, dass Krisen nicht auf bestimmte Regionen begrenzt bleiben, sondern globale Auswirkungen haben. So blieben beispielsweise die Überschwemmungen in Thailand oder der Tsunami und Reaktorunfall in Japan wie auch die Schuldenkrise in Griechenland und Spanien nicht folgenlos für Deutschland.

(4) *Verknappung finanzieller Ressourcen*: Nicht erst seit der Bankenkrise ist es schwieriger geworden, Kredite für innovative Produkte zu erhalten. Zudem müssen Produkte, um konkurrenzfähig zu sein, immer preisgünstiger produziert werden.

Und schließlich haben wir es (5) mit einer *extremen Zunahme von Komplexität* zu tun (vgl. u. a. Doppler & Lauterburg, 2005). Wer kann heute mit Sicherheit voraussagen, welche Auswirkungen eine Staatspleite von Griechenland hätte?

Nun sind die Ursachen von Veränderungsprozessen nicht immer so dramatisch wie die genannten Beispiele vielleicht suggerieren. Insofern betreffen Veränderungsprozesse nicht immer die gesamte Organisation, sondern sie können sich auf einzelne Teams oder einzelne Organisationsmitglieder beschränken.

Veränderungsbedarfe müssen von den Mitgliedern der Organisationen jedoch rechtzeitig erkannt werden, um entsprechende Maßnahmen einleiten zu können. Dabei wird Change Management als Strategie des geplanten und systematischen Wandels verstanden, „der durch die Beeinflussung der Organisationsstruktur, Unternehmenskultur und individuellen Verhaltens zu Stande kommt und zwar unter größtmöglicher Beteiligung der betroffenen Arbeitnehmer. Die gewählt ganzheitliche Perspektive berücksichtigt die Wechselwirkung zwischen Individuen, Gruppen, Organisationen, Technologien, Umwelt, Zeit sowie die Kommunikationsmuster, Wertestrukturen, Machtkonstellationen etc., die in der jeweiligen Organisation real existieren" (Kraus, et al., 2004, S. 15). Dennoch weisen Untersuchungen darauf hin, dass selbst wenn Veränderungsbedarfe erkannt werden, etwa 70 % aller in Unternehmen initiierten Veränderungsprozesse fehlschlagen (zsfd. Häußler, 2008). Als eine wesentliche Ursache des Scheiterns werden Widerstände von Mitarbeitern gegenüber Veränderungsvorhaben einer Organisation geltend gemacht.

Im vorliegenden Beitrag steht die Veränderungsfähigkeit von Organisationen auf dem Prüfstand. Dazu werden in einem ersten Schritt Ergebnisse einer Befragung von Mitarbeitern/Mitarbeiterinnen der Universitätsbibliothek (UB) der Humboldt-Universität zu Berlin präsentiert, die exemplarisch zeigen, wie Veränderungssituationen erlebt und reflektiert werden. In einem zweiten Schritt wird ein vierstufiges Modell von Veränderungsprozessen entwickelt. Der Beitrag schließt mit Handlungsempfehlungen.

2 Veränderungsprozesse am Beispiel der UB der Humboldt-Universität

Die UB-Mitarbeiter/-innen standen im Jahr 2010 vor einer nachhaltigen Veränderung. Durch den Umzug in ein neues und modernes Gebäude ergab sich für die Mitarbeiter/-innen eine Reihe von strukturellen, personellen und technischen Veränderungen. In einer Pilotstudie wurde der Frage nachgegangen, wie die Mitarbeiter/-innen den Veränderungsprozess erleben. 12 Bibliothekare (inklusive Führungskräfte) wurden im Sommer 2010 telefonisch befragt. Die Befragung war freiwillig. Ein Gespräch dauerte in der Regel ca. 30 Minuten. Das Interview umfasste 14 offene Fragen:

- Welche Bedeutung hat das Thema „Veränderung" für Sie in Ihrem aktuellen Arbeitsumfeld?
- Wie erleben Sie den „aktuellen Veränderungsprozess" in Ihrem Arbeitsumfeld?
- Wie würden Sie die Veränderungskultur in Ihrer Organisation beschreiben?
- Was/Wer sind zentrale Quellen/Initiatoren für „Veränderung in Ihrer Organisation"?
- Wo liegen mögliche Chancen in einem Veränderungsprozess?
- Wo liegen mögliche Probleme/Risiken in einem Veränderungsprozess?
- Was führt zu einer „nachhaltigen Veränderung" in einer Organisation?
- Wie bringen Sie sich in den Veränderungsprozess in Ihrer Organisation ein?
- Welche Kompetenzen sind Ihrer Ansicht nach in einem Veränderungsprozess von Mitarbeitern gefragt?
- Welche Kompetenzen sind Ihrer Ansicht nach in einem Veränderungsprozess von Führungskräften gefragt?
- Wie erleben Sie die Zusammenarbeit im Veränderungsprozess in Ihrer Organisation unter den beteiligten Personen?
- Was könnte Ihre Arbeit in künftigen Veränderungsprozessen unterstützen?
- Was erwarten Kunden von Mitarbeitern in einem Veränderungsprozess?
- Wie wirken die Erwartungen der Kunden in den Veränderungsprozess hinein?

Auf einer vierstufigen Skala von „trifft zu" = 3 bis „trifft nicht zu" = 0 sollten folgende Items beantwortet werden:
- Ich spüre den Veränderungsprozess in meinem Arbeitsumfeld täglich.
- Ich fühlte/fühle mich vollständig über anstehende Veränderungen informiert.
- Ich weiß, wo die Veränderung in unserer Organisation hinführen soll.
- Ich bin in den Veränderungsprozess in meinem Arbeitsumfeld aktiv eingebunden.
- Ich fühle mich mit den Veränderungen in meinem Arbeitsumfeld oft überfordert.
- Ich nehme die Veränderungen in meinem Arbeitsumfeld als Chance wahr, mich beruflich weiterzuentwickeln.

Des Weiteren sollten folgende Satzanfänge von den Interviewten fortgesetzt werden:
- Veränderung bedeutet für mich...

- Ich habe im Veränderungsprozess vor allem gelernt...
- Die größte Umstellung im Veränderungsprozess war für mich...
- Ich wünsche mir für künftige Veränderungen...
- Positiv im Veränderungsprozess ist für mich...
- Verbesserungswürdig im Veränderungsprozess ist für mich...

Die Aussagen wurden protokolliert und dann einer inhaltsanalytischen Analyse unterzogen (Mayring, 2010).

Als Ergebnisse dieser Befragung lässt sich festhalten: 9 von 12 Befragten geben an, dass Veränderungen im Unternehmen/in ihrem Arbeitsbereich eine große Bedeutung haben. Festgemacht wurde dies an dem umfassenden Strukturwandel in der Bibliothek, der mit vielen technischen Neuerungen verbunden sei. Drei Befragte hatten durchaus ein Eigeninteresse an Veränderungen, die persönlichen Veränderungsmöglichkeiten im Arbeitsumfeld erwiesen sich jedoch als eher gering. Die Veränderungskultur in der Organisation wird von den Befragten sehr unterschiedlich wahrgenommen. Die Aussagen reichen von „träger Organisation" (Bibliothekare als Bewahrer) mit starren Strukturen bis hin zu „flexibler und offener Organisation". Zudem seien viele neue Kollegen gekommen, die Veränderungen bewirkt hätten.

Gleichwohl benennen zehn von zwölf Befragten die Führungskräfte als Initiatoren von Veränderungsprozessen. Darüber hinaus wurden von einigen (äußere) Sachzwänge und technische Neuerungen oder zum Teil auch neue junge Mitarbeiter/-innen als Quelle für Veränderungsprozesse ausgemacht. Der aktuelle Veränderungsprozess wurde allgemein als stressig und anstrengend erlebt. Man habe viel zu tun, Veränderungen gingen mit Mehrarbeit einher. Zwei Befragte berichteten, dass zu Beginn Schwierigkeiten aufgetreten seien, die aber zunehmend behoben werden konnten.

Die Befragten benannten jedoch auch eine Vielzahl von Chancen, die mit Veränderungsprozessen verbunden sein können. Dazu gehörten die Möglichkeiten, sich an moderne Gegebenheiten anzupassen, eingefahrene Strukturen aufzulockern oder neue Sachen durch- bzw. umsetzen zu können. Abläufe könnten effizienter gestaltet, Ressourcen besser genutzt und Dienstleistungen (für die Kunden, aber auch innerhalb der Universität) verbessert werden. Zudem könnten Gestaltungsspielräume erweitert, neue Erfahrungen gewonnen sowie neue Aufgaben und Verantwortlichkeiten übernommen werden. Wenn die Mitarbeiter/-innen in den Veränderungsprozess frühzeitig eingebunden werden, kann – so einige Befragte – die Motivation der Mitarbeiter/-innen erhöht und die Arbeitszufriedenheit gesteigert werden.

Danach befragt, was Veränderungen für sie persönlich bedeuten und welche Erfahrungen sie mit Veränderungsprozessen gemacht haben, nannte die Mehrzahl positive Assoziationen wie Weiterentwicklung (N = 8), Chance (N = 3), persönliche Herausforderung oder Befriedigung (je eine Nennung). Ein Befragter gab an, dass Veränderungen mit „mehr Arbeit" verbunden seien. Immerhin sieben von zwölf Befragten gaben an, dass sie gelernt hätten, sich mit Dingen auseinanderzusetzen, mit denen sie nie gerechnet hätten: Offen zu sein und sich dem Neuen nicht zu verschließen, sich weiterzubilden. Deutlich heterogener fielen die Antworten aus, wenn es um größere persönliche Umstellungen ging. Diese reichten von „sich auf neue Situationen einzustellen" und „mehr Verantwortung zu haben" bis zu „jetzt weniger Gestaltungsmöglichkeiten zu haben".

Zu möglichen Problemen und Risiken von Veränderungsprozessen befragt, wurden von den Befragten Angaben gemacht, die sich drei Themenbereichen zuordnen lassen. Erstens wurden mögliche Probleme in der unzureichenden Planung und Umsetzung der Veränderungsmaßnahmen gesehen. Dazu gehörten Aussagen wie „unüberlegtes und vorschnelles Handeln", Einführung neuer Prozesse, „bevor sie wirklich durchorganisiert worden sind", planloses, nicht zielgerichtetes Agieren, weil man auf Veränderungen (irgendwie) reagieren müsse. Zweitens wurden Passungsprobleme zwischen den (zunehmenden) Anforderungen an die Organisationsmitglieder und deren Kompetenzen angeführt: Die Mitarbeiter/-innen seien überfordert, würden abgeschreckt und nicht mitgenommen, die eigentlichen Aufgaben blieben liegen. Oftmals komme es – so ein Befragter – zu Widerständen, wenn der Eindruck entstehe (z. B. bei technischen Neuerungen), dass Vorgänge komplizierter werden. Daran gekoppelt seien drittens oft Akzeptanz- und Motivationsprobleme bei den Mitarbeitern/Mitarbeiterinnen. Aufgrund der zunehmenden Arbeitsbelastungen könne die Mitarbeiterzufriedenheit abnehmen. „Mitarbeiter müssen Arbeit übernehmen, zu der sie keine Lust haben." „Es herrschen Frustration und Unverständnis unter den Mitarbeitern." „Die meisten Kollegen stehen der Veränderung negativ gegenüber." „Wenn die innere Zustimmung der Mitarbeiter zum Veränderungsprozess nicht gegeben ist, Mitarbeiter nicht aktiv eingebunden werden, führt das zu vielen Schwierigkeiten und Widerständen unter den Mitarbeitern."

Welche Maßnahmen sollten nun aus Sicht der Befragten ergriffen werden, um Veränderungsprozesse in der Organisation erfolgreich und nachhaltig implementieren zu können? Relativ wenige Aussagen bezogen sich auf die strategische Richtung, in die das Unternehmen gehe, oder auf die strukturelle Gestaltung der Aufbau- und Ablauforganisation. Benannt wurden ein systematisches Innovationsmanagement, eine vernünftige und zukunftsorientierte Zielsetzung, bei der Marktbedürfnisse berücksichtigt werden, und wohl durchdachte Veränderungsprozesse, die das gründliche Abwägen einschließen, ob die Veränderungen tatsächlich auch langfristig sinnvoll sind. Weitere Aussagen bezogen sich auf eine gezielte Personalentwicklung und die Entwicklung von Anreizsystemen. „Ein gewisses Maß an Schulungen müsste Pflicht sein!" Aber es wurde auch betont, dass noch Zeit für Routinetätigkeiten bzw. das operative Geschäft bleiben müsse.

Die meisten Befragten bezogen sich jedoch auf Maßnahmen, die die kulturelle Ebene, die Einbindung der Organisationsmitglieder in die Veränderungen, betreffen. Eine transparente Gestaltung des Veränderungsprozesses, eine gute Informations- und Kommunikationspolitik, Überzeugungsarbeit wurden ebenso benannt wie die Partizipation der Mitarbeiter/-innen. Von einigen Befragten wurde auch angegeben, dass „man am Ball bleibt, nicht aufgibt, Veränderungen konsequent vorantreibt" und dass zum Veränderungsprozess auch „Druck ausüben" und sich „gegen Widerstände durchsetzen" gehöre. Für künftige Veränderungen wünschten sich die Befragten daher vor allem Transparenz und Klarheit in der Führung, gute Vorplanung und richtige Zielauswahl sowie mehr und eine bessere Kommunikation untereinander.

Wie lassen sich diese Ergebnisse nun in ein Modell von Veränderungsprozessen einordnen?

3 Modell zur Beschreibung von Veränderungsprozessen

Aus den Befragungsergebnissen wird deutlich, dass Veränderungsprozesse an unterschiedlichen Ebenen ansetzen müssen, um die Chancen einer erfolgreichen Implementierung zu erhöhen (vgl. Kraus et al., 2004). Es geht zum einen um die Frage nach der Richtung, in die eine Organisation gehen will (Strategie), zum zweiten um die (Neu-)Gestaltung von Aufbau- und Ablaufprozessen (Struktur) und zum dritten um die Einbindung der Mitarbeiter/-innen in den Veränderungsprozess (Kultur). In das nachfolgend beschriebene Phasenmodell sind demnach sowohl die Entwicklungsbesonderheiten einer Organisation als auch Faktoren, die auf personaler Ebene liegen, einzubeziehen (Keuper & Groten, 2007; Kotter & Rathgeber, 2006).

Phase 1: Die Phase des tiefgreifenden Einschnittes

In dieser Phase treffen handelnde Akteure in einer Organisation auf neue Herausforderungen, die für sie zugleich große Veränderungen bedeuten. Beispiele hierfür sind Strukturveränderungen, Arbeitsplatzabbau im großen Umfang, Outsourcing, Fusion mit anderen Unternehmen oder internen Unternehmensbereichen oder eben ein Umzug in ein modernes Gebäude und damit verbundene

Veränderungen in den Arbeitsabläufen der Mitarbeiter/-innen. Die Ursachen und Hintergründe können auf wirtschaftliche oder nichtwirtschaftliche Faktoren zurückgeführt werden. Der Wandel kann spontan, schleichend oder kontinuierlich erfolgen. Auch externe Faktoren spielen als Auslöser eine wichtige Rolle. So können Umwelteinflüsse, Katastrophen oder andere Spontanereignisse zu Veränderungsbedarfen führen. Wie Kotter und Rathgeber (2006) beschreiben, ist in dieser frühen Phase den meisten Organisationsmitgliedern die Notwendigkeit für Veränderungen nicht bewusst. Nicht selten wird die Krise so lange wie möglich ignoriert oder negiert. Die Mitarbeiter/-innen müssen also zunächst von der Notwendigkeit der Veränderung überzeugt werden und davon, dass rasches Handeln erforderlich ist. Die Reaktionen der Organisationsmitglieder auf wahrgenommene Veränderungsbedarfe sind sowohl von persönlichen, wie auch kulturellen Kriterien abhängig. Beide Dimensionen sind nur mittel- bis langfristig nachhaltig veränderbar (Kotter & Rathgeber, 2006). In dieser Phase kommt es darauf an, die Betroffenen rechtzeitig zu informieren und für Transparenz zu sorgen. Die Hintergründe und Zusammenhänge von Entscheidungen sollten klar und verständlich kommuniziert werden, die Chancen aber auch die Risiken der Veränderungsprozesse offen gelegt und motivierende Überzeugungsstrategien formuliert werden. Vor allem aber sollte – so u. a. Kotter und Rathgeber (2006) Dringlichkeit erzeugt werden, um Veränderungsbereitschaft bei den Organisationsmitgliedern zu wecken.

Phase 2: Die Phase der Reaktionen im Erlebensmuster

Veränderungen gehen zunächst mit Einschnitten in den Handlungsspielraum der Organisationsmitglieder einher. Die Ungewissheit zukünftiger Entwicklungen und das Aufgeben von stabilen Mustern sind bei den Mitarbeitern/Mitarbeiterinnen nicht selten mit Angst und Stress verbunden. Nur wenige nehmen die neue Herausforderung als Chance wahr (vgl. Kruse, 2005). Die Verunsicherung beginnt mit dem Gefühl, dass etwas nicht mehr so ist und bleiben kann, wie es war. Der Rückweg ist praktisch abgeschnitten. Es gibt kein Zurück mehr. Die Umsetzung ist bereits im vollen Gange. In dieser Phase können v. a. zwei entgegengesetzte Reaktionsmuster unterschieden werden:

Die Gruppe der Defensiven: Sie erleben die Veränderungen eher als Bedrohung der eigenen Existenz. Bei ihnen entsteht das Gefühl der Ohnmacht. Nicht selten ist bei den Defensiven das Selbstwertgefühl eher gering ausgeprägt. Sie sind weniger selbstbewusst, weniger durchsetzungsstark und weniger in der Lage, das eigene Verhalten zu reflektieren. Bei diesen Personen ist die Gestaltungsmotivation eher gering ausgeprägt. Folgende Reaktionen sind typisch für diese Personengruppe: „Es macht sowieso keinen Sinn, etwas zu unternehmen."; „Wir können nichts bewirken."; „Die machen sowieso mit uns, was sie wollen.".

Die Gruppe der Aktiven: Sie bringen die Motivation mit, Dinge verändern zu wollen. Sie erleben Unsicherheit eher als Herausforderung. Diese Personen sind vorrangig intrinsisch motiviert, haben eine große Gestaltungsmotivation und ein eher starkes Selbstwertgefühl. Sie sind eher als die Defensiven in der Lage, ihr eigenes Verhalten zu reflektieren. Folgende Reaktionen sind typisch: „Wir werden etwas unternehmen."; „Das ist eine echte Chance für uns."; „Endlich passiert etwas."; „Ich habe Lust, etwas gestalten zu können."

In dieser Phase kommt es darauf an, die beiden Personengruppen zu identifizieren. Ziel ist es herauszufinden, was die Akteure antreibt und was sie aufhält. Die zentrale Frage lautet: Warum verhalten sie sich so, und weshalb sind sie für oder gegen anstehende Veränderungen? Daraufhin ist ein Projektteam zusammenzustellen, welches sich durch Glaubwürdigkeit, analytische und kommunikative Fähigkeiten, Durchsetzungskraft und anhaltendes Engagement auszeichnet. Zudem ist eine Zielvorstellung und eine Strategie für die Veränderung zu entwickeln, und es ist dafür Sorge zu tragen, dass möglichst viele Organisationsmitglieder die Strategie verstehen und akzeptieren (vgl. Kotter & Rathgeber, 2006).

Phase 3: Die Phase der nachhaltigen Reaktionen

Die Antworten auf persönliche Veränderungen können vielschichtig sein. Die individuellen Reaktionsmuster sind insbesondere durch bisherige Erfahrungen geprägt. Denken wir an die Erfahrungen, die in der Vergangenheit mehr oder weniger gut gelaufen sind. So werden positive Erfahrungen, z. B. beruflicher Aufstieg, mehr Verantwortung oder persönliche Anerkennung eher als Chance gesehen. Der Arbeitsplatzverlust, Rückstufung im Gehalt oder Entzug der Führungsverantwortung werden dagegen eher als Risiko gesehen. In dieser Phase können die Mitglieder unterschiedlich reagieren:

Abwehr als Reaktion: Der ungewohnten Situation wird mit zum Teil heftiger Gegenwehr begegnet. Dies kann einem aktiven oder passiven Aggressionshintergrund zu Grunde liegen. Aktiv bedeutet, dass Widerstand in Form konkreter Handlungen wie z. B. Rebellion, Aufruhr oder Aktionismus erfolgt. Mitarbeiter/-innen unterbreiten zum Beispiel Falschinformationen. Letztendlich wird die Folgebereitschaft der handelnden Personen in Frage gestellt. Die passiv-aggressive

Form erfolgt in der Form von Verweigerung, beispielsweise werden Aufgaben nicht erledigt oder Mitarbeiter/-innen melden sich krank. Ziel der Abwehrstrategien ist es, alles zu unternehmen, um die Veränderung möglichst nicht zuzulassen.

Resignation als Reaktion: Die handelnden Akteure haben wenig Hoffnung auf Erfolg. Häufig liegen Vorerfahrungen zu Grunde, die den Organisationsmitgliedern das Gefühl geben, dass ihr Handeln nicht zum gewünschten Ergebnis führt. In Extremfällen fühlen sich die Akteure traumatisiert, d. h. die negativen emotionalen Erfahrungen aus der Vergangenheit überlagern alles andere und lassen keine neue Sichtweise zu. Am Ende ergeben sie sich ihrem Schicksal.

Aktive Auseinandersetzung als Reaktion: Die Organisationsmitglieder sind bereit, sich aktiv mit der neuen Situation auseinanderzusetzen. Häufig haben sie in der Vergangenheit die Erfahrung gemacht, etwas aus eigenem Antrieb verändern und gestalten zu können. Diese Personen übernehmen gerne Verantwortung und neue Aufgaben, um selbst noch etwas lernen zu können. Sie arbeiten häufig selbstständig, brauchen wenig Kontrolle und sind verlässlich. Rückschläge erleben sie als Herausforderung, eine neue Lösung zu finden. In dieser Phase kommt es darauf an, Aufgaben konkret zu delegieren und die Verantwortungsübernahme sicherzustellen. Die Mitarbeiter/-innen brauchen klare Rollenzuteilungen, Handlungsspielräume und Unterstützung, auf die sie sich verlassen können. Das Topmanagement sollte eine Vorbildrolle übernehmen, mit der die Maßstäbe, die an Mitarbeiter/-innen und Führungskräfte angelegt werden, auch auf der Leitungsebene eingehalten werden. Zudem ist es wichtig, erste sichtbare (Teil-)Erfolge vorweisen zu können.

Phase 4: Die Phase der Stabilisierung

In dieser Phase lernen die Organisationsmitglieder, mit der neuen Situation umzugehen. Neue Konzepte werden ausprobiert und Erfahrungen gesammelt. Es entsteht das Gefühl, dass es doch voran geht. Nun kommt es auf eine klare Strategie an, in der Meilensteine und Schlüsselaufgaben definiert werden, weitere Erfolge sichtbar und motivierende Leistungserwartungen formuliert werden. Die Mitarbeiter/-innen und Führungskräfte sollten das Gefühl bekommen, dass sie selbst Teil des Erfolges sind. Bei Rückschlägen und Misserfolgen kommt es darauf an, die Ursachen rechtzeitig zu identifizieren, Lösungen zu erarbeiten und die Mitarbeiter anzuspornen, dass sie (nach wie vor) auf dem richtigen Weg sind. In den nachfolgenden Wochen, Monaten, manchmal auch Jahren werden sich

Phasen der Stabilisierung und Destabilisierung abwechseln. Es gilt einen Weg zu finden, sich mit der wechselseitigen Dynamik zu arrangieren. Jetzt kommt es darauf an, nicht nachzulassen und beharrlich die weiteren Veränderungsprozesse zu verfolgen, bis das Ziel verwirklicht ist. Dazu gehört auch, an den neuen Verhaltensweisen festzuhalten und alte Traditionen loszulassen. Um Nachhaltigkeit in der Neuausrichtung zu erlangen und künftige Veränderungsprozesse erfolgreich zu gestalten, müssen also auch Fragen der Führungs- und Unternehmenskultur betrachtet werden (vgl. Kotter & Rathgeber, 2006).

4 Handlungsempfehlungen

Sorge für aktive Beteiligung durch Übertragung von konkreten Aufgaben und Sicherung von Handlungsspielräumen! Je mehr die Mitarbeiter/-innen am Veränderungsprozess partizipieren können, desto stärker identifizieren sie sich mit den Zielen und Aufgaben im Veränderungsprozess. Deshalb ist es von entscheidender Bedeutung, an die Organisationsmitglieder frühzeitig im Entwicklungsprozess konkrete Aufgaben zu delegieren, Handlungsspielräume zu sichern und für gleiches Verständnis zu sorgen.

Formuliere klare, verständliche Ziele, Abläufe und Meilensteine! Nichts ist nachteiliger als Unklarheiten im konkreten Ablauf. Für den Projekterfolg ist es deshalb von entscheidender Bedeutung, dass verbindliche Termine und Schlüsselaufgaben identifiziert werden. Dabei sollte jeder Beteiligte wissen, was und wann etwas auf ihn zukommt. Das Management sollte eine Überzeugungsstrategie kommunizieren, bei der Hintergründe und Zusammenhänge von Entscheidungen klar werden. In dem Konzept sollten die Chancen und die Risiken gleichermaßen aufgezeigt werden.

Stelle die Chancen heraus, etwas Neues zu lernen! Wenn die Beteiligten das Gefühl haben, ihr Wissen und ihre Erfahrungen zu erweitern, dann spornt sie das in der Regel an. Deshalb ist es wichtig, Lernchancen für die Mitarbeiter/-innen herauszuarbeiten und ihnen das Gefühl zu geben, dass sie sich durch die Veränderungsprozesse im Unternehmen auch persönlich weiterentwickeln können.

Formuliere motivierende Leistungserwartungen! Für die Mitarbeiter/-innen ist es wichtig, dass sie eindeutig wissen, was das Management von ihnen will. Insofern sind konkrete Erwartungen zu formulieren, und diese sind an die individuellen Möglichkeiten der Mitarbeiter/-innen anzupassen. Aufgaben sind nach klaren Spielregeln zu delegieren. Dabei sind die Potenziale und Antreiber des Einzelnen zu erkennen und lösbare Aufgaben zu delegieren.

Nutze Widerstände und Probleme als Triebkraft! Dass nicht alles optimal läuft, ist in der Regel normal. Auftretende Widerstände müssen jedoch aktiv angegangen und hinterfragt werden. Bei der Lösung von Problemen sollte eine win-win-Situation angestrebt werden. Alle Beteiligten sollten die Gelegenheit haben, am Lösungsprozess zu partizipieren. Das heißt aber nicht, dass jede Lösung immer im Einverständnis mit allen Beteiligten erfolgt. Das Management hat die Aufgabe, auch unpopuläre Entscheidungen zu treffen, wenn es die Situation erfordert. Jedoch sind jedem Organisationsmitglied bei der Lösung von Problemen ausreichend Unterstützungsangebote zur Verfügung zu stellen.

Stelle sichtbare Erfolge heraus! Fortschritte im Veränderungsprozess sollten sichtbar sein. Nur wenn alle Beteiligten das Gefühl entwickeln, dass sie etwas aus eigener Kraft geschafft haben, entsteht Mut zur Bewältigung zukünftiger Aufgaben. Das Management sollte die Wertschätzung der Mitarbeiter/-innen sehr ernst nehmen. Nur wenn die Mitarbeiter/-innen erkennen, dass auch ihre Vorgesetzten ihre Leistung richtig einzuschätzen wissen, entsteht das Gefühl, ernst genommen zu werden.

Sorge für eine offene und vertrauensvolle Feedbackkultur! Nur in einem Umfeld, wo die Möglichkeit besteht, ein offenes und ehrliches Feedback zu bekommen, besteht auch die Chance, dass Menschen sich verändern. Das Wort „Feedback" ist in vieler Munde, aber nur wenige investieren ausreichend in das Thema. Feedbackgespräche im Rahmen von Mitarbeiter-Vorgesetzten-Gesprächen allein reichen nicht aus. Wenn sich nachhaltig durch Feedback etwas verändern soll, dann sind dauerhafte Interventionen nötig. Besonders wichtig ist, dass ausgesprochenes Feedback nicht eine Form der Bewertung darstellt, sondern für den Feedbacknehmer Lösungsangebote bereitstellt, bei denen er aus eigenem Antrieb die Veränderungen selbst vornehmen kann. Dabei ist zu beachten, dass der Feedbacknehmer die Ursache-Wirkungs-Beziehung seines Verhaltens für sich selbst nachvollziehen kann, d. h. versteht, was sein Verhalten bei anderen Personen bewirken kann.

Bibliografie

Doppler, K. & Lauterburg, C. (2005). Change Management: Den Unternehmenswandel
  gestalten. Frankfurt am Main: Campus.

Häußler, C. (2008). Die Entstehung und Dynamik von Widerständen in organisationalen
  Veränderungsprozessen: Ein Blickwinkel aus chaostheoretischer, konstruktivistischer und
  systemischer Perspektive. Unveröffentlichte Masterarbeit. Universität Duisburg-Essen.

Keuper, F. & Groten, H. (Hrsg.). (2007). Nachhaltiges Change Management: Interdisziplinäre
  Fallbeispiele und Perspektiven. Wiesbaden: Gabler.

Kotter, J. & Rathgeber, H. (2006). Das Pinguin-Prinzip - Wie Veränderung zum Erfolg führt.
  München: Droemer.

Kraus, G., Becker-Kolle, C. & Fischer, T. (2004). Handbuch ChangeManagement. Berlin:
  Cornelsen.

Kruse, P. (2005). Next Practice: Erfolgreiches Management von Instabilität: Veränderung durch
  Vernetzung. Offenbach: Gabal.

Mayring, P. (2010). Qualitative Inhaltsanalyse: Grundlagen und Techniken. Weinheim: Beltz.

Ulrich Naumann

Serviceportfolios von Bibliotheken im Umbruch: Herausforderungen an Management und Organisation. Ein Überblick zur Thematik aus betriebswirtschaftlicher Sicht

1 Einleitung

Die folgende Darstellung ist die erweiterte Textgrundlage für einen Power-point-Vortrag, der bei der Veranstaltung „Serviceportfolios von Bibliotheken im Umbruch: Herausforderungen an Management und Organisation" gehalten wurde. Ort war der 4. Leipziger Kongress für Information und Bibliothek im März 2010, Veranstalter die VDB-Kommission für Management und betriebliche Steuerung zusammen mit der DBV-Managementkommission.

Neben diesem Überblick zum Thema „Serviceportfolios" aus betriebswirtschaftlicher Sicht waren dort als weitere Themen vorgesehen: „Anforderungen an und Kosten von neuen Bibliotheksdienstleistungen" (Berndt Dugall), „Hochschuleigenes Publizieren als Service von Bibliotheken" (Ulrich J. Schneider), „Einsatz von Social Software und Web 2.0-Anwendungen" (Wolfgang Tiedtke), „Innovationsmanagement und Produktportfolio an einer Hochschulbibliothek" (Rudolf Mumenthaler), „Innovationen in der Medienbearbeitung" (Michael Golsch) und „CRM: Beschwerdemanagement in einer Öffentlichen Bibliothek" (Volker König). An dieser Zusammenstellung sieht man bereits, wie weit die Thematik gefasst werden kann und sollte, um die Entwicklungen und den Wandel in den betrieblichen Arbeitsaufgaben und Dienstleistungen der Bibliotheken zu beschreiben. Initiierung, Implementierung und Steuerung solcher Veränderungen gehören zu den Managementaufgaben der Bibliotheken. Sie dürfen sich nicht allein auf die Bibliotheksleitungen beziehen, sondern müssen von einer breiten Mitarbeiterschicht getragen werden, um die Bibliothek (weiterhin) erfolgreich „am Markt" zu positionieren.

2 Die Position einer Bibliothek am Markt

Im letzten Satz ist die Formulierung „am Markt" bewusst in Anführungszeichen gesetzt worden. Die Bereitschaft zur Veränderung des betrieblichen Geschehens und der angebotenen Dienstleistungen, also die Beschäftigung mit dem Portfolio, hängt entscheidend von der Position der Bibliothek im Markt ab. Denn wie jedes offene soziale System ist auch die Bibliothek durch zweiseitige Marktbeziehungen definiert. Als Nachfrager agiert sie auf den Märkten, auf denen von ihr Personal, Sachgüter und auch Dienstleistungen beschafft werden. Als Anbieter ist sie auf den Absatzmärkten mit verschiedenen von ihr aufgrund ihres Potenzials angebotenen Dienstleistungen vertreten. Daher soll zunächst ein kurzer Ausflug in die Marktformentheorie gemacht werden, um uns über die Position einer Bibliothek am Markt zu verständigen.

2.1 Die Bibliothek als Marktteilnehmer

Als Nachfrager kann die Bibliothek versuchen, Marktmacht gegenüber der Marktgegenseite, also den Anbietern von Personal, Sachgütern und auch Dienstleistungen, auszuüben, indem sie sich etwa Beschaffungskonsortien anschließt, um durch Abnahme größerer Mengen günstigere Beschaffungspreise zu erzielen.[1] An welche Grenzen die Zusammenarbeit in Konsortien stößt, zeigt das Marktverhalten eines der größten und wichtigsten Anbieter auf dem Print- und Online-Zeitschriftenmarkt, der Fa. Elsevier. Elsevier setzt absatzstrategisch mit einer aggressiven Preispolitik auf Marktsegmentierung bis zur Bibliotheks(system)ebene, um einen möglichst hohen Profit mit der Kopplung von Print- und Online-Produkten zu erzielen (Abschöpfungsstrategie). Eine solche Marktmacht kann nicht innerhalb des bestehenden Marktsystems, sondern nur durch Systemrevolution (wie etwa mit dem Verfahren des open access) gebrochen werden. Auch in einem für die heutige Bibliotheksarbeit essentiellen Arbeitsbereich, dem Einsatz eines Online-Informations-systems für die Bearbeitung des Medienzugangs, die Medienverwaltung und die Medienvermittlung, zeigen sich starke Konzentrationsprozesse auf wenige international agierende Anbieter, deren Produkt- und Preispolitik mangels geeigneter Ausweichmöglichkeiten und bereits getätigter hoher Investitionen gefolgt werden muss.[2]

---

1 Vgl. Degkwitz, Andreas; Andermann, Heike: Angebots-, Nutzungs- und Bezugsstrukturen elektronischer Fachinformation in Deutschland. In: ABI-Technik (2003), S. 12-31.
2 S. hierzu auch die Dissertation von Jörg Albrecht: Integrierte elektronische Bibliothekssysteme in wissenschaftlichen Bibliotheken Deutschlands, Diss. HU Berlin, 2010.

In einem anderen Bereich, der Nachfrage nach qualifiziertem Personal, sind ebenfalls Umbrüche zu beobachten, die durch die Gesetzgebung und die Tarifparteien ausgelöst worden sind. Die Föderalismusreform 2006 hat den Ländern das bis dahin durch das Bundesbesoldungsgesetz geregelte Besoldungsrecht für Beamte und Richter zurückgegeben. Auch bei den Angestelltentarifen – unabhängig von dem Wechsel vom BAT zu einer der Spielarten des TVöD – sind bedeutende länderbezogene Verzerrungen eingetreten, die für zukünftige Mitarbeiter neben der erwarteten inhaltlichen Attraktivität des zukünftigen Arbeitsplatzes auch die Frage nach einer leistungsgerechten Vergütung zum Entscheidungsproblem für die Bewerbung um eine Stelle und die Annahme eines entsprechenden Angebots werden lassen.[3] Allerdings wird es Bibliotheken kaum gelingen, wegen der Einbindung in ein umfassenderes Personalmanagement der vorgesetzten Einrichtungen (Kommunen, Körperschaften des Öffentlichen Rechts) hier direkt dem potenziellen Mitarbeiter entsprechend günstigere finanzielle Angebote zu machen.

Als Anbieter kann sie versuchen, mit den klassischen sieben P-Elementen des Dienstleistungs-Marketing-Mix (hier kommen zu den vier „P" des Konsumgüter-Marketingmix (Product, Price, Place, Promotion, also Produkt-, Preis-, Distributions- und Kommunikationspolitik) die drei „P" People, Processes und Physical Facilities, also Dienstleistungspersonal, Dienstleistungserstellungsprozess und physisch fassbare Leistungspotenziale des Anbieters) ihre Absatzmärkte zu stabilisieren und zu erweitern. Die Preispolitik spielt dabei als Marketing-Instrument kaum eine Rolle.[4] Auf die Produktpolitik kommen wir später zurück.

2.2 Die Position gegenüber der Marktgegenseite

Wenn wir die oben formulierte Hypothese aufgreifen, dass die Bereitschaft zur Veränderung des betrieblichen Geschehens und der angebotenen Dienstleistungen entscheidend von der Position der Bibliothek im Markt abhängt, muss festgestellt werden, dass unabhängig von den Nachfrage-Marktbeziehungen einer Bib-

---

3 Hier ist in Berlin eine besonders unübersichtliche Situation entstanden. Nicht nur verhandeln die Hochschulen je eigene Tarifverträge mit den Gewerkschaften, sondern auch die nach wie vor ungleiche Bezahlung mit West- und Osttarifen, das Gelten von TV-VKA, TV-L und BAT nebeneinander und die Personalbeschaffungskonkurrenz durch die Bibliotheken der Bundesbehörden und außeruniversitären Forschungseinrichtungen erschweren das Gewinnen neuer qualifizierter Mitarbeiterinnen und Mitarbeiter.

4 Meffert u.a. weisen darauf hin, dass in den letzten Jahren teilweise eine Erweiterung auf über 30 Marketinginstrumente zu beobachten war, s. hierzu z.B. Meffert, Heribert; Bruhn, Manfred: Dienstleistungsmarketing: Grundlagen – Konzepte – Methoden. 6., vollst. neubearb. Auflage. - Gabler, Wiesbaden 2009, S. 22.

liothek auf der Angebotsseite bei den Bibliotheken eine wichtige Unterscheidung zwischen der Marktposition einer Öffentlichen und einer wissenschaftlichen Bibliothek notwendig ist.

Grundsätzlich ist festzustellen, dass auf der Angebotsseite, der morphologischen Markformenlehre (begründet von Heinrich von Stackelberg) folgend, die Marktformen im Bereich der Bibliotheken und darüber hinaus im Informationsmarkt sich im Wesentlichen auf die Formen Monopol und Oligopol beschränken, da wenige Anbieter vielen potenziellen Nachfragern gegenüberstehen:

Anbieter \ Nachfrager	einer	wenige	viele
einer	bilaterales Monopal	beschränktes Monopol	Monopol
wenige	beschränktes Monopson	bilaterales Oligopol	Ologopol
viele	Monopson	Oligoopson	Polypol

Morphologisches Marktformenschema[5]

Für den Bibliothekstyp Öffentliche (Allgemein-)Bibliothek lässt sich aus dem Marktformenschema ableiten, dass sie in einer oligopolistischen Struktur anbietet, die aber trotz der vielen potenziellen Kunden als Käufermarkt zu interpretieren ist. Der Kunde entscheidet, ob er die Dienstleistungen, die ihm die Öffentliche Bibliothek anbietet, nutzen will oder nicht. Öffentliche Bibliotheken konkurrieren weniger mit anderen Bibliotheken als in starkem Maße mit all den anderen Freizeitangeboten, die der Kunde nutzen kann (Sport, Fernsehen, Theater, Kino usw.). Da auch die Freizeit ein knappes Gut ist, wird sie vom Kunden dafür verwendet, was ihm den größten persönlichen Nutzen verspricht.[6]

Die wissenschaftliche (institutionengebundene) Bibliothek agiert dagegen in einer oligopolistischen und teilweise in einer monopolistischen Struktur auf einem Verkäufermarkt. Sie bietet Dienstleistungen an, die der Kunde in Anspruch nehmen muss, um bestimmte persönliche Ziele, und sei es „nur" ein Hochschul-

---

5 Nach der Quelle: http://wirtschaftslexikon.gabler.de/Archiv/54450/marktformen-v3.html [Letzter Aufruf: 6.2.2010].
6 Insbesondere die Jugendbibliotheken beklagen einen Kundenschwund bei männlichen Jugendlichen zwischen 12 und 18 Jahren, weil bei ihnen andere Freizeitinteressen, etwa das Spielen am Computer, dominieren, und versuchen mit entsprechenden Angeboten gegenzusteuern.

abschluss, zu erreichen. Um ein Extrembeispiel zu bringen: Wer gerne in der Gutenberg-Bibel blättern will, muss sich den Bedingungen unterwerfen, die die Handvoll Bibliotheken setzen, die noch eine Gutenberg-Bibel in ihrem Bestand haben. Aber auch wer in Berlin studienunterstützend ein Lehrbuch ausleihen möchte, ist in der Regel auf „seine" Bibliothek angewiesen, da ihm die Lehrbuch-sammlungsbestände anderer Universitäten am Ort verschlossen sind, obwohl er grundsätzlich dort als Nutzer zugelassen werden kann.

Hinzu kommt für die wissenschaftlichen institutionsgebundenen Bibliotheken eine Bestehensgarantie. Wissenschaftliche Bibliotheken, die unverzichtbarer Bestandteil der Hochschulinfrastruktur sind, werden unabhängig von ihrem Marktverhalten mangels unmittelbarer Konkurrenz vor Ort solange existieren, wie die Hochschule existiert.[7] Dabei kann sich ein Bedeutungswandel der Marktposition vollziehen, indem die Bibliothek durch ihre Angebote auf Kunden verzichtet, die sonst zur direkten örtlichen Inanspruchnahme gezwungen wären. Das umfangreiche Bereitstellen elektronisch aufbereiteter Materialien, teilweise von der Bibliothek selbst erworben und angeboten, macht manchen Besuch überflüssig. Angesichts der ungeheuren Menge an gedruckten Medien, die nicht so bald oder nie in die digitale Welt der Nullen und Einsen transformiert werden, erscheint ihre Position als Anbieter auf einem Verkäufermarkt aber kaum verändert.[8] Auch bei den elektronischen Angeboten, selbst wenn die Hochschulbibliothek nicht explizit darauf hinweist, ist das Nutzungsangebot von ihrer Bereitschaft und ihren finanziellen Möglichkeiten abhängig, wird also letztlich von ihr bestimmt. Die unmittelbare Bindung an die Leistungsbereitschaft der Bibliothek wird nur durch die DFG-Nationallizenzen aufgebrochen, die jedem nach Anmeldung zugänglich sind.[9]

2.3 Die Position gegenüber der Marktnebenseite

Die Marktbetrachtung wäre aber unvollständig, wenn bei den Marktbeziehungen nur die Marktgegenseite und nicht auch die Marktnebenseite, also die Konkurrenz durch andere Bibliotheken, betrachtet würde. Hier sehe ich erhebliche Schwierigkeiten, unsere aufgabengleiche Marktnebenseite, die anderen Bibliotheken,

---

7 Eine gedanklich reizvolle Untersuchung, bis zu welchem Umfang eine Universität die Literaturversorgung an einen externen Dienstleister übergeben kann (outsourcing), führt allerdings zum Ergebnis, dass dies vollständig möglich ist.
8 Selbst das ehrgeizige GOOGLE-Digitalisierungsprojekt mit 15 Millionen Büchern entspricht etwa gegenwärtig nur 15 Jahresproduktionen an gedruckten Büchern.
9 S. http://www.nationallizenzen.de/ [Letzter Aufruf: 7.2.2012]

als Konkurrenten sowohl auf der Nachfrageseite als auch auf der Angebotsseite zu erkennen. Unter dem Thema „Die Bibliothek im Wettbewerb" erscheinen in der Regel nur Publikationen, die sich mit dem Wettbewerb zu anderen nichtbibliothekarischen Einrichtungen wie Museen, Theatern, dem Freizeitmarkt insgesamt oder auch dem Informationsmarkt[10] auseinander setzen und dabei die Bibliothek im Vergleich zu diesen Konkurrenten besser gegenüber dem „Kunden" positionieren wollen.[11] Dieser fehlende Wettbewerb mag für wissenschaftliche Bibliotheken, die in einer Stadt zur einzigen Hochschule gehören, aufgrund ihrer lokalen Sonderstellung noch unmittelbar einleuchten. Aber auch in Berlin mit einem umfassenden Bestand von mehreren hundert wissenschaftlichen Bibliotheken, darunter vier Universitätsbibliotheken und die Staatsbibliothek zu Berlin, ist kein Wettbewerb zu spüren.

Es mag aus der Tradition der bibliothekarischen Arbeit, aber auch aus ihrer wirtschaftlichen Stellung als Einrichtungen, die weitgehend auf die Kostendeckung ihrer Arbeit verzichten können,[12] begründet sein, dass Bibliotheken andere Bibliotheken grundsätzlich nicht als Konkurrenten sehen. Wir können jedenfalls bei der Betrachtung des Marktverhaltens von Bibliotheken feststellen, dass das Verhältnis der Bibliotheken zueinander nicht durch Konkurrenz, sondern durch Kooperation geprägt ist. Es handelt sich oftmals um (betriebswirtschaftlich interpretiert) betriebliche Zusammenschlüsse. Dies sind Vereinigungen weiterhin selbstständig bestehender Betriebe mit dem Zweck gemeinschaftlicher Aufgabenerfüllung. In der Praxis spielt der damit erreichte Synergieeffekt eine große Rolle, nämlich die Tatsache, dass durch das Zusammenarbeiten bisher getrennt arbeitender Bereiche mehr Wertschöpfung produziert wird.

Auf Bibliotheken und ihre Arbeitsaufgaben angewandt kann man zwischen betrieblichen Zusammenschlüssen bei der „Schaffung der Dienstleistungsvo-

---

10 S. hierzu die umfassende Monographie von Kuhlen, Rainer: Informationsmarkt – Chancen und Risiken der Kommerzialisierung von Wissen. Konstanz: Universitätsverlag, 1995. ISBN 978-3-87940-529-9

11 Vgl. z. B. Rogge, Stefan: Beispiel Stadtbibliothek Berlin-Mitte: Die Bibliothek im Wettbewerb, in: Zukunft der Bibliothek - Bibliothek der Zukunft: Dokumentation der Fachtagung der Freien Universität Berlin und der ÖTV Berlin am 21. November 2000 / hrsg. von Rolf Busch. Berlin, 2001, S. 71-83.

12 Bibliotheken sind als „Aufwandswirtschaften" anzusehen, die etwa 98 % ihrer Kosten nicht erwirtschaften, sondern als Zuschuss von den Unterhaltsträgern erhalten müssen. Selbst wenn man viele der nutzerorientierten Dienstleistungen mit einer Gebühr versehen würde, könnte der Kostendeckungsgrad vielleicht auf 6 oder 8 % erhöht werden, was nach wie vor einen Zuschuss für über 90 % der Kosten erfordert. - S. dazu auch: Naumann, Ulrich: Peterchens Milchbubenrechnung und Was verdienen Bibliotheken?: Zwei Beiträge zur aktuellen Diskussion über die Finanzausstattung der Berliner Hochschulbibliotheken, Berlin 1997. Online verfügbar unter http://www.ub.fu-berlin.de/~naumann/pete.html [Letzter Aufruf: 14.2.2010].

raussetzungen" (Potenzialaufbau durch Erwerbung und Katalogisierung) und Zusammenschlüssen bei den Dienstleistungen selbst differenzieren. Hierzu sollen einige Beispiele aus Vergangenheit und Gegenwart folgen.

Beispiele bei der Erwerbung von Medien sind:

– das Sondersammelgebietsprogramm der Deutschen Forschungsgemeinschaft: etwa 35 Bibliotheken in der Bundesrepublik versuchen, jede auf der Welt erscheinende wissenschaftliche Publikation wenigstens einmal für die Bundesrepublik zu beschaffen.
– die Sammlung Deutscher Drucke
– die Lektoratskooperation der Öffentlichen Bibliotheken
– die koordinierte Erwerbungsabstimmung in den USA (früher: Farmington-Plan, heute: „Conspectus").[13]

Bei der Katalogisierung von Medien sind beispielhaft zu nennen:

– der Preußische und Deutsche Gesamtkatalog und die „Berliner Titeldrucke"
– die (über)regionale Verbundkatalogisierung in den Bundesländern
– die Zeitschriftendatenbank
– die Verzeichnisse alter Drucke (VD 16, VD 17, VD 18)
– das Handbuch der historischen Buchbestände
– der Aufbau des Verbundkatalogs maschinenlesbarer Daten (heute KVK)[14]
– große Verbundsysteme mit Tausenden von Teilnehmern wie das OCLC (Online Computer Library Center) u.a. mit dem WorldCat.[15]

Bei der Benutzung von Medien sind beispielsweise zu nennen:

– der Deutsche Fernleihverkehr
– die elektronische Dokumentlieferung
– das JASON-Projekt (Journal Articles Send On Demand) in NRW

---

13 S. hierzu http://wiki.iuk.hdm-stuttgart.de/erwerbung/index.php/Conspectus [Letzter Aufruf: 14.2.2010]

14 „Der Karlsruher Virtuelle Katalog (KVK) ist ein Meta-Katalog zum Nachweis von mehr als 500 Millionen Büchern und Zeitschriften in Bibliotheks- und Buchhandelskatalogen weltweit." Quelle: http://www.ubka.uni-karlsruhe.de/hylib/virtueller_katalog.html [Letzter Aufruf: 15.2.2010]

15 Aus der Website von OCLC: „Das 1967 gegründete Online Computer Library Center OCLC ist eine auf Mitgliedschaft basierende Non-Profit-Organisation, die sich im öffentlichen Interesse für den breiteren, computergestützten Zugang zum weltweiten Wissen und die Senkung der damit verbundenen Kosten einsetzt. Mehr als 72.000 Bibliotheken in 86 Ländern und Regionen auf der ganzen Welt setzen OCLC-Services ein, um Bibliotheksmaterialien zu suchen, zu erwerben, zu katalogisieren, zu verleihen und zu bewahren." Quelle: http://www.oclc.org/de/de/about/default.htm [Letzter Aufruf: 6.2.2010]

- SUBITO[16] (elektronische Dokumentenbeschaffung)
- regionale Erwerbungs- und Benutzungskooperation.[17]

Gemeinsames Handeln zum Zweck der je eigenen Aufgabenerfüllung ist vor allem im Bereich der Katalogisierung und der Benutzung durch ein Geben und Nehmen bestimmt, dessen langfristige Ausgewogenheit ein entscheidendes Argument für den Zusammenschluss ist.

Bei SUBITO zeigt sich in gewisser Weise eine erste Tendenz, aus dem eigenen Angebot Vorteile gegenüber den Nachfragern zu erzielen, da SUBITO-Leistungen nicht kostenfrei oder auf Verrechnungsbasis abgegeben werden, sondern vom Endkunden bezahlt werden müssen. Auch das Einschalten von „Absatzmittlern" wie den Fernleihzentralen der Verbünde hat dazu geführt, dass für deren Vermittlungsdienste zusätzliche Kosten entstehen, die von den Endkunden zu tragen sind.

Auch im Bereich von Neuerungen, die durch den Einsatz von Informationstechnik gefördert werden, wollen die Bibliotheken sich durch den isolierten Einsatz dieser Technik keinen Marktvorsprung gegenüber ihren unmittelbaren Mitkonkurrenten verschaffen, sondern sind im Gegenteil bestrebt, andere Bibliotheken durch Überlassung von Programmen oder die kooperative Weiterentwicklung solcher Programme an ihren Fortschritten und Erfolgen teilhaben zu lassen („best practice"). Der Bibliothekskongress in Leipzig und die anderen Bibliothekartage legen mit ihrer Vielfalt von Informationsveranstaltungen hiervon ein Zeugnis ab.

Wir können daher als Zwischenergebnis festhalten: Aufgrund der groben Analyse der Marktsituation[18] (betrachtet für die Marktgegenseite und die Marktnebenseite des Betriebs „Bibliothek") richten sich qualitative Verbesserungen bestehender Produkte oder die Neuentwicklung von Produkten primär an die unmittelbare örtliche Nachfragerseite, die registrierten und die potenziellen Benutzerinnen und Benutzer einer Bibliothek, und sind auf sie ausgerichtet. Es sind kundenorientierte Vorhaben, die nicht aus einer Wahrnehmung oder dem Ziel einer verbesserten Position gegenüber der Marktgegen- oder Marktnebenseite resultieren.

---

16 Vgl. die Darstellung des SUBITO-Angebotes unter der URL: http://www.subito-doc.de/ [Letzter Aufruf: 6.2.2010]

17 So z.B. in Hamburg (Staats- und Universitätsbibliothek Carl von Ossietzky und Fachbibliotheken der Universität)

18 Es ist dem Verfasser bewusst, dass eine eingehendere Analyse des Marktformenmodells von Bibliotheken vielschichtiger angelegt sein müsste. Für die hier zu treffenden Aussagen mag es aber bei dieser grundsätzlichen Ebene bleiben.

Allerdings kann nicht unberücksichtigt bleiben, dass durch den zwischenbetrieblichen Leistungsvergleich, wie etwa den BIX,[19] die Bibliotheken in einen
„Quasi-Wettbewerb" gedrängt werden können, wenn die Unterhaltsträger nicht
nur die Erfolgsmeldungen einer guten Platzierung zur Kenntnis nehmen, sondern
auch kritisch nach den Gründen einer schlechten Platzierung fragen. Der BIX soll
jedoch weniger dem zwischenbetrieblichen Leistungsvergleich dienen, sondern
nach eigener Zielsetzung auch als Marketing-Instrument gegenüber den Unterhaltsträgern eingesetzt werden.

> „Der BIX ist ein freiwilliges Vergleichsinstrument für Öffentliche und wissenschaftliche
> Bibliotheken. Sein Ziel ist es, die Leistungsfähigkeit von Bibliotheken kurz, prägnant und
> dennoch in aussagekräftiger Form zu beschreiben. Er macht die Situation einer Bibliothek
> mit Hilfe von Kennzahlen transparent und trägt damit zur Verbesserung der Kommunika-
> tion zwischen Bibliothek, Verwaltung, Öffentlichkeit und Politik bei."
>   „Jede Bibliothek, die am BIX teilnimmt, bekommt für ihre Leistungen Punkte in vier
> ‚Disziplinen': Ausstattung/Angebote, Nutzerorientierung, Wirtschaftlichkeit und Entwick-
> lungspotenzial. Die Punktwerte werden zu einem Gesamtranking addiert und erlauben
> gleichzeitig differenzierte Einblicke in die Arbeit der Bibliotheken."[20]

Für einen Leistungsvergleich ist die Beteiligung am BIX gemessen an der Gesamt-
zahl der deutschen Bibliotheken nur sehr gering, und in der Regel treten in
diesem „Wettbewerb" nur Bibliotheken gegeneinander an, die sich durch Voraus-
berechnungen eine gute Position innerhalb der Indikatorensätze des BIX ausge-
rechnet haben.

3 Portfolio-Management als Teil der Produktpolitik

Oben wurde bereits das 7 P-Marketingmix eines Dienstleistungsbetriebes
erwähnt. Zum Themenkreis der Produktpolitik eines Betriebes innerhalb des
Marketing-Ansatzes gehört auch das vorhandene oder zu entwickelnde Portfolio bzw. das damit verbundene Portfolio-Management. Dabei sind im Bereich des

---

19 S. dazu Xalter, Simon: Der „Bibliotheksindex" (BIX) für wissenschaftliche Bibliotheken –
eine kritische Auseinandersetzung. Tübingen, 2006. – Online verfügbar unter der URL http://
w210.ub.uni-tuebingen.de/dbt/volltexte/2006/2440/pdf/BIX_OPUS_Tue_Xalter.pdf [Letzter
Aufruf: 25.2.2010]
20 Aus der Projektseite des BIX: http://www.bix-bibliotheksindex.de/index.php?id=2 [Letzter
Aufruf: 25.2.2010]

Dienstleistungsmarketing aber auch die Potenziale zu beachten, die aus dem Personal und den vorhandenen oder zu schaffenden Fazilitäten zu gewinnen sind.

3.1 Der Begriff „Portfolio"

Portfolio ist die anglisierte Version des Begriffs Portefeuille (frz. *porter*, »tragen« und *feuille*, »Blatt«, dt.: Brieftasche). In der Herleitung des Begriffs sind Bezüge zu dem Tragebehältnis für Blätter nicht zu übersehen, so etwa die Trennung von Ministerposten mit und ohne „Portefeuille", also Minister ohne Geschäftsbereich, die keine Aktentasche mit Unterlagen für die Kabinettssitzung mitführen mussten.

In der Wirtschaftswissenschaft wurde der Portfolio-Ansatz, der inhaltlich auf eine jahrtausendalte wirtschaftliche bzw. kaufmännische Verhaltensweise zurückzuführen ist,[21] 1952 von Harry M. Markowitz zuerst für den Finanzmarkt als Berechnungsmethode für die Klassifikation von Portfolios entwickelt.[22]

In Erweiterung der finanzwirtschaftlichen Betrachtungsweise wird im betrieblichen Marketing und im Marketing-Management unter Portfolio eine Kollektion von Produkten, Dienstleistungen, Projekten oder Marken verstanden, die ein Betrieb anbietet. Das Betriebsportfolio beschreibt die Geschäftsfelder und die dafür bestehende Marktposition eines Betriebs (Marktanteil, Wachstum). Das Produktportfolio ist die Verfeinerung des Betriebsportfolios bis zum einzelnen Produkt (Anteil am Umsatz, Gewinn, Zuwachsraten usw.). Ziel einer Aufstellung der beiden Portfolios eines Betriebs (Geschäftsfelder und Produkte oder Dienstleistungen) ist die Ableitung strategischer Vorgaben für die Geschäftsentwicklung.

---

21 Wie so oft in der betriebswirtschaftlich orientierten Erklärung menschlichen Verhaltens ist das Denken in Portfolios keine wissenschaftliche Entdeckung der Betriebswirtschaftslehre, sondern nur die Beschreibung von Verhalten, für das eine verbale oder formalisierte Erklärung gefunden wird. Das Überlegen, welche Produkte besonders marktfähig sein, welche Produkte man zu einer ertragsträchtigen Marktreife entwickeln sollte, welche Produkte kurzfristigen oder dauerhaften Gewinn abwerfen oder beibehalten werden sollten, um die Expansion des Betriebs zu fördern, und auf welche Produkte man im Angebot verzichten sollte, weil sie keinen persönlichen erwerbswirtschaftlichen Nutzen mehr haben, ist so alt wie das wirtschaftliche Handeln der Menschheit.

22 Markowitz, Harry: Portfolio Selection. In: Journal of Finance, 7 (1952), S. 77-91. - Markowitz wurde 1990 für seine Theorie der Portfolio-Auswahl mit dem Wirtschaftsnobelpreis (zusammen mit Merton H. Miller und William Sharpe) ausgezeichnet.

3.2 Die Portfolio-Matrix der Boston Consulting Group

Eine erste theoretische und graphische Fassung des erweiterten Portfolio-Ansatzes für den Aufbau und die Beurteilung eines Portfolios wurde 1969 von der Boston Consulting Group (B.C.G.) geliefert.[23] Theoretische Grundlage für diese Überlegungen ist der Lebenszyklus eines Produktes.

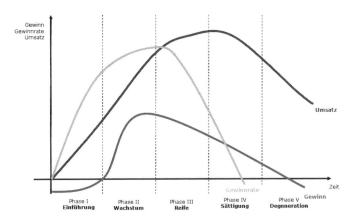

Produktlebenszyklus[24]

Der Lebenszyklus wird hier unter dem Aspekt des Gewinns aus einem Produkt hergeleitet. Während das Produkt in der Einführungsphase trotz steigenden Umsatzes noch nichts zum Betriebsergebnis beiträgt, steigert es den Gewinn in der Wachstums- und der Reifephase, um sich dann nach einiger Zeit bei sinkendem Umsatz wieder als Verlustbringer zu erweisen. Andere Lebenszyklus-Modelle orientieren sich am technologischen Wert eines Produktes[25] und der technologischen Entwicklung des Marktes, an Modeerscheinungen und anderen Kriterien, wie dem Produktnamen, die für die Aufnahme oder Ablehnung[26] eines Produktes im Markt eine Rolle spielen können.

23 Zum Ansatz s. die Kurzdarstellung der B.C.G: http://209.83.147.85/publications/files/Product_Portfolio_Jan1970.pdf [Letzter Aufruf: 7.2.2010]

24 Abbildung entnommen http://de.wikipedia.org/wiki/Produktlebenszyklus [Letzter Aufruf: 7.2.2010]

25 Standardbeispiel ist hier die Entwicklung des VW-Käfers, dem es durch geringfügige technische Verbesserungen gelang, sich 70 Jahre auf dem Markt zu halten. S. hierzu Haupt, Heiko: Vom KdF-Wagen zum Beetle. In: http://www.spiegel.de/auto/aktuell/0,1518,256280,00.html [Letzter Aufruf: 15.2.2010]

26 Um noch ein Beispiel aus der Automobil-Industrie zu bringen: General Motors stellt 2010

Auf dieser eindimensional am Gewinn orientierten Basis werden die verschiedenen Produkte und Dienstleistungen eines Betriebes (bei umfassenden Angeboten ist auch eine Zusammenfassung zu Produkt- oder Dienstleistungsbereichen möglich) im Boston Consulting Group-Portfolio je nach Stand im Produktlebenszyklus in Abhängigkeit vom relativen Marktanteil und Marktwachstum in vier Kategorien eingeteilt: Question Marks, Stars, Cash Cows und Poor Dogs.

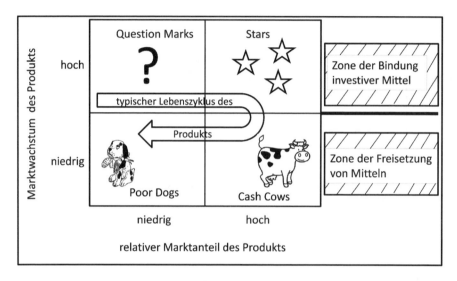

BCG-Matrix[27]

Der Lebensweg eines typischen Produktes verläuft vom Question Mark über Star und Cash Cow zum Poor Dog.

Die **Question Marks** (auch Fragezeichen oder Nachwuchsprodukte) sind neu entwickelte Produkte. Sie haben ein hohes Wachstumspotenzial, allerdings bisher nur geringe Marktanteile. Das Management steht vor der Entscheidung, ob es investieren oder das Produkt aufgeben soll. Im Falle einer Investition benötigt das Produkt liquide Mittel, die es jedoch nicht selbst erwirtschaften kann.

---

die Produktion seines Erfolgsmodells „Hummer" (cash cow) ein, nachdem der Markt keine solchen großvolumigen Fahrzeuge auch aus ökologischen Gründen akzeptiert und sich die Verkaufsrate innerhalb von 3 Jahren auf 20 % verringert hat (poor dog).
27 Vgl. dazu auch: http://knol.google.com/k/-/-/165p32sn01zue/qktyye/bildschirmfoto-199. png [Letzter Aufruf: 7.2.2012]

Die **Stars** haben nicht nur einen hohen Marktanteil, sondern auch ein hohes Marktwachstum. Den Investitionsbedarf, der sich aus dem hohen Marktwachstum ergibt, decken sie allerdings bereits mit hohem Einnahmevolumen.

Die **Cash Cows** (Melkkühe) haben einen großen Marktanteil, jedoch nur noch ein geringes Marktwachstum. Sie produzieren stabile hohe Einnahmevolumina und können ohne weitere Investitionen „gemolken" werden.

Die **Poor Dogs** sind die Auslaufprodukte im Unternehmen. Sie haben ein geringes Marktwachstum, manchmal sogar einen Marktschwund sowie einen geringen Marktanteil. Zusätzlich entsteht sogar die Gefahr der Etablierung eines Verlustbringers.

Es ist aber nicht nur wichtig, die einzelnen Produkte nach dem Stand ihres Lebenszyklus zu beurteilen, sondern auch die Mittelbindung durch das Portfolio zu analysieren. Hierbei ist besonders auf den Finanzausgleich im Portfolio zu achten. Die Produkte im Portfolio sollten sich gegenseitig stützen und finanzieren können. Ein *Question Mark* kann nur dann zur Marktreife und zum Markterfolg entwickelt werden, wenn z.B. die *Cash Cow* diese Erweiterung bezuschusst. Auch die langfristige Entwicklung des Betriebs ist im Portfolio zu berücksichtigen. So sollten immer Produkte in den einzelnen Bereichen vertreten sein. Ein Unternehmen ohne Nachwuchsprodukte hat sicher kaum Chancen auf dem zukünftigen Markt. In der Regel versuchen Firmen deshalb, in ihrem Portfolio ein ausgewogenes Verhältnis von neuen, im Markt zu entwickelnden zu im Markt etablierten Angeboten zu erreichen. Es kann aber auch zu den Portfolio-Entscheidungen gehören, erfolgversprechende Produkte durch Firmenübernahmen einzukaufen, um den Entwicklungsaufwand zu sparen und das Produkt mit der entsprechenden Marktkenntnis gewinnbringend zu vermarkten. Viele start-up-Betriebe mit erfolgversprechenden Produkten erreichen deshalb keine eigene Marktreife, wohl aber ihre Produkte.

    Der Ansatz der Boston Consulting Group ist in der Folgezeit vielfältig aufgenommen worden und hat zu verschiedenen, die Betrachtungsweise erweiternden Ansätzen geführt. In der Portfolio-Analyse des Beratungsunternehmens McKinsey wird die gewinnorientierte Eindimensionalität zur Erklärung der „Marktattraktivität" und der „relativen Wettbewerbsposition" (als Wettbewerbsvorteil) aufgegeben und eine Vielfalt quantitativer und qualitativer Faktoren als erfolgsbestimmend für Portfolio-Strategien angenommen. Ein anderes Beratungsunternehmen, Arthur D. Little, verknüpft den Lebenszyklus mit der Wettbewerbsposition. Die Dimension der relativen Marktposition wird mit einer Bewertung der strategischen Geschäftsfelder des Unternehmens bzw. ihrer Phase im Produktlebenszyklus verknüpft. Es sind aber auch Kombinationen anderer Dimensionen denkbar. Die Portfolio-Analyse und die daraus abgeleiteten Wettbewerbsstrategien werden vor allem von Beratungsunternehmen eingesetzt, um das Marktpotenzial einer von ihnen beratenen Firma abzuschätzen und Entwicklungsstrategien aufzuzeigen, die die Markt- und Gewinnchancen des Betriebs erhöhen. Die Portfolio-Analyse zählt damit zu den verbreitetsten Analyse- und Planungsinstrumenten des strategischen Managements.

An positiven Aspekten der verschiedenen Portfolio-Modelle kann herausgehoben werden, dass eine zweckmäßige Verteilung von Ressourcen vorgenommen werden kann, einfache Wettbewerbsstrategien für die verschiedene Produkte entwickelt werden können, die auf klar definierten strategischen Zielen beruhen und letztlich ein Gesamtunternehmensbild mit seinen Stärken und Schwächen im Markt erarbeitet werden kann. Damit kann der Portfolio-Analyse eine unterstützende Funktion für eine vorausgehende Stärken-Schwächen-Analyse (SWOT)[28] zugesprochen werden.

Als Probleme werden benannt, dass die Komplexität betrieblichen Geschehens ungenügend berücksichtigt wird, wodurch wichtige Entscheidungsfaktoren übersehen werden können. Abhängigkeiten und Verbundeffekte zwischen Produkten werden nicht erkannt. Daher sind aus allgemeiner Erkenntnis vorgeschlagene Strategien, die für einzelne Produkte aus der Zuweisung zu den Lebenszyklusphasen angeraten sein können, für spezielle Probleme insbesondere in der Kuppelproduktion[29] nicht anwendbar.

Für größere Unternehmen ist auch ein mehrstufiger Portfolio-Ansatz anwendbar. So hat z.B. die Volkswagen AG inzwischen zehn verschiedene Automobilmarken unter einem Konzerndach (in ihrem Betriebs-Portfolio) vereinigt, die sich gegenseitig in der Ertragssituation des Gesamtkonzerns beeinflussen. Aber auch

---

28 Die SWOT-Analyse (engl. Akronym für Strengths (Stärken), Weaknesses (Schwächen), Opportunities (Chancen) und Threats (Gefahren)) wird im Bereich der Betriebswirtschaft in Deutschland häufig übersetzt mit „Analyse der Stärken, Schwächen, Chancen und Risiken". Die SWOT-Analyse ist ein weit verbreitetes Instrument zur Situationsanalyse, welches nicht nur in der strategischen Unternehmensplanung eingesetzt wird. Innerhalb des Marketings lässt sich der SWOT-Ansatz z. B. im Bereich der Produktpolitik, insbesondere für die Festlegung des Produktlebenszyklus, einsetzen. – Eine Einsatzmöglichkeit der SWOT-Analyse im Bibliotheksbereich wurde im Rahmen der Marketing-Studie COMBI (Controlling und Marketing in wissenschaftlichen Bibliotheken. Bd. 1 : Zwischenergebnisse und Arbeitsmaterialien ; 1998, S. 63) für die Universitätsbibliothek Magdeburg durchgeführt.
29 Kuppelproduktion (auch Koppelproduktion, Verbundproduktion) liegt dann vor, wenn bei der Herstellung eines Produktes mit technischer Notwendigkeit mindestens ein weiteres Produkt anfällt. (Z.B. fällt bei der Gasgewinnung aus Kohle auch Koks an, der unabhängig vom Gasverkauf vermarktet werden kann.) Gewinnmindernd wäre es, wenn das weitere Produkt nicht absetzbar, sondern sogar zu hohen Kosten entsorgt werden muss.

innerhalb der einzelnen Marken (bei VW etwa die deutsche Modellpalette mit 17 Modellen vom (in Brasilien produzierten) Fox bis zum Phaeton) sind Portfolio-Analysen möglich.

3.3 Die Grenzen des Portfolio-Ansatzes für Bibliotheken

Auch wenn in bibliotheksbezogenen Publikationen, insbesondere den Arbeiten von Rafael Ball, betont wird, dass das Basisinstrument der Portfolio-Analyse bei der Bestimmung eines ausgewogenen Produktkatalogs für eine leistungsfähige, zukunftsorientierte bibliothekarische Einrichtung hilft,[30] sind solche Aussagen mit der gebotenen Zurückhaltung zu bewerten.

Klaus Ceynowa, der sich mit der Portfolio-Analyse im Rahmen seiner Betrachtungen zur Prozesskostenrechnung in Bibliotheken beschäftigt hat,[31] weist darauf hin, dass den Bibliotheken ein wesentliches Moment fehlt, das allen Portfolio-Ansätzen implizit zugrunde liegt: das Streben nach Gewinn. Das Erzielen von Gewinn lässt Fragen der relativen Marktposition, also der Position gegenüber möglichen Marktkonkurrenten, relevant werden. Eine schlechte relative Marktposition auf dem Wettbewerbsmarkt kann leicht zur Verdrängung der eigenen Produkte durch die vom Kunden bevorzugten Konkurrenzprodukte führen. Ohne Gewinnstreben fehlt in den Bibliotheken eine wichtige Bezugsbasis für die oben vorgestellten Portfolio-Ansätze. Andererseits sind wissenschaftliche Bibliotheken, wie oben dargestellt, in einer vergleichbar komfortablen Marktposition, da sie sich keinem Wettbewerbsmarkt aussetzen müssen und als Oligopolisten bzw. Monopolisten das Markgeschehen weitgehend aus einer Position der Stärke beeinflussen können. Das klingt zugegeben angesichts der auch mir bekannten finanziellen Engpässe, Abhängigkeiten und sonstigen Restriktionen in diesem Zusammenhang etwas merkwürdig, eine Marktformenbetrachtung lässt aber keinen anderen Schluss zu.

---

30 S. Ball, Rafael: Von Melkkühen, lahmen Pferden und toten Tieren: Bibliotheksdienstleistungen in der Portfolio-Analyse. In B.I.T. online, 4 (2001), H. 2, S. 139-146, hier S. 146. – Online verfügbar unter http://www.b-i-t-online.de/archiv/2001 02 idx.html [Letzter Aufruf: 13.2.2010]. - S. auch Ball, Rafael: Die Diversifizierung von Bibliotheksdienstleistungen als Überlebensstrategie. In B.I.T. online, 2 (1999), H. 1, S. 11-22. - Online verfügbar unter http://www.b-i-t-online. de/archiv/1999-01/index.html [Letzter Aufruf: 13.2.2010]

31 S. hierzu Ceynowa, Klaus: Von der Kostenverwaltung zum Kostenmanagement: Überlegungen zum Steuerungspotenzial einer Kostenrechnung für Hochschulbibliotheken. In: Bibliotheksdienst, 32 (1998), H. 2, S. 263-287, hier S. 266 f. und S. 274 ff. . – Online verfügbar unter http://bibliotheksdienst.zlb.de/1998/1998_02_Betriebsorganisation01.pdf [Letzter Aufruf: 13.2.2010]

Eine weitere Überlegung knüpft an den Analyseansatz „Lebenszyklus" an. Wenn wir von den klassischen Hauptprodukten[32] einer Bibliothek (Medienerwerb, Medienerschließung, Medienbereitstellung und Medienvermittlung) ausgehen, kann gefragt werden, ob im Sinne von *Question Marks*, *Stars*, *Cash Cows* und *Poor Dogs* die Hauptprodukte überhaupt einen Lebenszyklus aufweisen, der von der Markteinführung bis zum Verschwinden aus dem Markt führt. Es ist leicht erkennbar, dass dies nicht der Fall ist. Wenn man das Produkt „Bibliothek" nicht grundsätzlich in Frage stellt und einer Lebenszyklus-Betrachtung unterwirft (und hierzu neigen manchmal törichte Entscheider), müssen diese Produkte Arbeitsaufgaben der Bibliothek sein. Natürlich ist nicht zu verkennen, dass innerhalb der einzelnen Produkte Innovationen stattgefunden haben: Beim Medienerwerb vom Raub einzelner Handschriften durch König Minos in der Antike über die Vervielfältigung zum Verkauf durch Skriptorien in den mittelalterlichen Klöstern, der käuflich zu erwerbenden Massenproduktion nach der Erfindung Gutenbergs, mit beweglichen Lettern zu drucken bis hin zu digitalisierten Angeboten, die gegen eine Lizenz zu erwerben und zur Nutzung bereit gestellt werden. Jedoch hat sich nichts dabei an der grundsätzlichen Aufgabe, dem Produkt, geändert, Medien zum Erschließen und Bereitstellen zu erwerben. Ähnliche Feststellungen ließen sich auch für die Medienerschließung, die Medienbereitstellung und die Medienvermittlung treffen.

Wir kommen also zur negativen Einschätzung: Die erwerbswirtschaftlich orientierte Portfolio-Analyse ist kein geeignetes Instrument für die Management-Aufgaben in einer Bibliothek.

4 Portfolio-Überlegungen für Bibliotheken

Auch wenn das erwerbswirtschaftlich orientierte Portfolio-Modell für Bibliotheken nicht geeignet ist, muss die Idee des Portfolio-Managements selbst nicht verworfen werden. Die Grundidee des Portfolio-Ansatzes aufnehmend ist das Produktangebot einer Bibliothek daraufhin zu durchleuchten, ob sich darunter Produkte befinden, die nicht dem Betriebsziel der Bibliothek dienen und unter Kostengesichtspunkten aufgegeben werden können bzw. ob mit anderen oder weiteren Produkten das Betriebsziel besser erreicht werden kann. Hierbei kann der Begriff „Gewinn" auch durch den vielfältiger schillernden Begriff des „Nutzens" ersetzt werden und gefragt werden, ob die von der Bibliothek für die Erreichung ihres Betriebsziels eingesetzten Produkte „nützlich" sind. Diese unter

---

32 Zu den Produkten und Produktkatalogen von Bibliotheken s. Abschnitt 4

dem Begriff der „Wirkungsforschung" geführte Diskussion kann hier nicht weiter verfolgt werden, ist aber zweifellos als übergeordneter Gesichtspunkt im Rahmen der Portfolio-Überlegungen zu beachten.[33]

Bibliotheken arbeiten in der Regel mit einer Sachzielsetzung, die mehr oder weniger unscharf als „optimale Literatur- und Informationsversorgung" beschrieben werden kann. Diese Sachzielsetzung ist nicht das Ergebnis eigener betriebs- und erfolgsorientierter Entscheidungen, sondern fremdbestimmt, in der Regel durch den Unterhaltsträger vorgegeben.[34] Die Produktpolitik einer Bibliothek ist also weitgehend von anderen Interessen geleitet und nur in engen Grenzen verschiebbar, die durch das übergeordnete Sachziel vorgegeben sind.[35] Andererseits bietet die relativ unscharfe allgemein gehaltene Aufgabenbestimmung Raum für Interpretationen dieser Aufgabe und damit für ein eigenständiges produktpolitisches Handeln.

4.1 Produktkataloge als Grundlage der Portfolio-Überlegungen

Für die Analyse der Produktpolitik dienen Produktkataloge. Dies entspricht dem erwerbswirtschaftlichen Ansatz, muss jedoch für die Bibliotheken in einem entscheidenden Punkt verändert werden: es müssen in die Produktpolitik-Betrachtung Produkte aufgenommen werden, die im herkömmlichen Sinn keine Produkte sind.

Nach Philip Kotler ist alles, was in einem Markt zum Gebrauch oder Verbrauch angeboten werden kann, was einen Wunsch oder ein Bedürfnis befriedigt, ein Produkt. Produkte können hiernach sein: physische Objekte, Dienstleistungen, Personen, Orte, Organisationen und Ideen. Entscheidend dabei ist, dass dieses Produkt an einen Dritten, jemanden außerhalb des Betriebes Stehenden, abgegeben wird. Wollte man diesen marketingorientierten Produktbegriff zum konstituierenden Merkmal bibliothekarischer Produktkataloge nehmen, könnte

---

33 S. hierzu die Beiträge im Bibliotheksportal des Kompetenznetzwerks für Bibliotheken: http://www.bibliotheksportal.de/hauptmenue/themen/management-organisation/leistungs-messung/ [Letzter Aufruf: 25.02.2010]

34 So etwa das Berliner Hochschulgesetz in § 86 Abs. 1: „Die Bibliotheken haben die Aufgabe, die für Forschung, Lehre und Information erforderliche Literatur und andere Informationsträger zu sammeln, zu erschließen und zur Nutzung bereitzustellen." Ein weitergehender Auftrag ist dort – und in keinem anderen Landeshochschulgesetz – nicht enthalten.

35 Zu den konstitutiven Entscheidungen des Betriebs gehören unter anderem die Bestimmung des Leistungsprogramms, die Wahl des Standorts und die Wahl der Rechtsform. Diese Entscheidungen können von der Bibliothek in der Regel nicht eigenverantwortlich getroffen werden.

man sich nur auf Produkte beziehen, die unmittelbar als Dienstleistungen gegenüber Dritten sichtbar sind: z.B. die Ausleihe von Medien, die Informationsarbeit, Schulungen, das Bereitstellen von Arbeitsmöglichkeiten in der Bibliothek einschließlich des dort frei zugänglichen Bestandes. Als Ergebnis würden nur wenige der bibliothekarischen Tätigkeiten in einem solchen Produktkatalog aufgeführt werden.

In seinen Überlegungen zur Anwendung der Kosten-Leistungs-Rechnung in Bibliotheken hat Ceynowa darauf hingewiesen, dass für das Kostenmanagement diese dienstleistungsorientierten Produktfestlegungen zu kurz greifen.[36] In erwerbswirtschaftlichen Betrieben sollen durch die Kostenrechnung mit der mehrfachen Umlage der betrieblichen Gemeinkosten (von Hilfskosten- über Vorkosten- und Endkostenstellen zum Kostenträger) letztlich die Selbstkosten eines Produktes für Kalkulationszwecke ermittelt werden. Damit kann ein für die Kostendeckung notwendiger (wenn auch nicht immer erzielbarer) Marktpreis festgelegt werden. Dieser Kostenrechnungsansatz ist in den nicht auf Gewinn oder die Ermittlung von Marktpreisen, sondern auf die Sachzielbefriedigung orientierten Bibliotheken nicht zweckmäßig. Kostenrechnung dient in den Bibliotheken dem nutzungsorientierten Kostenmanagement zur Verringerung des Ressourcenverbrauchs der notwendigen bibliotheksbezogenen Dienstleistungen. Ziel ist also die betriebsinterne Steuerung aller Kosten, die in den verschiedenen Arbeitsprozessen anfallen, sei es beim Potenzialaufbau oder bei den unmittelbaren Dienstleistungen.[37]

Unabhängig von der von Ceynowa favorisierten Methode der Prozesskostenrechnung muss deshalb in den Produktkatalogen der Bibliotheken neben den unmittelbar an den Markt abgegebenen Produkten der sonst entstehende erhebliche Gemeinkostenblock durch die Definition weiterer „Produkte" in Einzelkostenblöcke zerlegt werden. Ceynowa nennt die Kosten, die für die Vorbereitung einer an Dritte abzugebenden Dienstleistung entstehen, „Kapazitätskosten" bzw. „Potenzialkosten".[38] Letztlich handelt es sich bei genauer Betrachtung in den Bibliotheken um drei Kostenbereiche, die zu unterscheiden sind:
– die Bereitstellungskosten: sie entstehen durch das Bereitstellen oder Vorhalten des vorhandenen Bestandes ohne Neuerwerb von Medien und ohne

---

36 S. Ceynowa, Klaus: Von der Kostenverwaltung zum Kostenmanagement: Überlegungen zum Steuerungspotenzial einer Kostenrechnung für Hochschulbibliotheken. In: Bibliotheksdienst, 32 (1998), H. 2, S. 266 f.
37 S. Naumann, Ulrich; Nowak, Sean; Rabe, Heiko: Die Einführung der Kosten- und Leistungsrechnung im Bibliothekssystem der Freien Universität Berlin. In: Verwaltung und Management: Zeitschrift für moderne Verwaltung, 2008, H. 4, S. 208-212.
38 S. Ceynowa, Klaus; Coners, André: Kostenmanagement für Hochschulbibliotheken. - Frankfurt am Main: Klostermann, 1999, S. 24 ff.

Interaktion mit den Nutzern (Kosten, die nur aus der Tatsache entstehen, dass die Bibliothek als Gebäude mit ihren Beständen existiert)
– die Potenzialkosten: sie entstehen, wenn das Potenzial zur Erbringung einer konkreten Dienstleistung ohne Interaktion mit den Nutzern geschaffen wird
– die Prozesskosten: sie entstehen bei konkreten Dienstleistungen in der Interaktion mit den Nutzern.

Die Aufschlüsselung der nicht den Dienstleistungen direkt zurechenbaren Gemeinkosten (Bereitstellungs- und Potenzialkosten) durch Bildung weiterer Produkte ist deshalb von hoher Relevanz für eine Kostensteuerung und letztlich auch für die Produktpolitik und das Portfolio-Management, weil hierunter etwa 70 % der Personalkosten, etwa 80 % der Sachkosten und etwa 90 % der Raumkosten fallen. Eine mehrstufige Umlage dieser Kosten auf die einzelnen Dienstleistungen als Kostenträger würde keine verwertbaren Ergebnisse bringen, unabhängig von allen Abgrenzungsproblemen, die kostenrechnerisch damit verbunden sind. Die Freie Universität Berlin hat deshalb bei der Einführung der Kosten-Leistungs-Rechnung in ihren Bibliotheken 39 solcher bibliotheksbezogener[39] „Produkte" festgelegt, von denen 24 dem Potenzialaufbau und (nur) 15 den Dienstleistungsprozessen zuzuordnen sind. Die 39 Produkte gliedern sich in sechs Produktgruppen (Aufbau und Nachweis des Medienbestandes, Erhaltung des Medienbestandes, Zentrale Dienstleistungen, Mediennutzung, Information – Beratung – Schulung, Besondere Dienstleistungen). Die ersten drei Gruppen repräsentieren im Wesentlichen die Potenzialkosten, die folgenden drei Gruppen die Prozesskosten.

Für das Portfolio-Management muss berücksichtigt werden, dass es sich bei den festgelegten 39 Produkten nicht um je einzeln zu betrachtende Produkte handelt, über die im Sinne einer strategisch ausgerichteten Portfolioanalyse isoliert entschieden werden kann. Es handelt sich in vielen Fällen um Kuppelprodukte, die dem prozessualen Ablauf vor allem im Bereich der Medienbeschaffung, aber auch der Medienbereitstellung entsprechen. Selbst wenn man sich betriebsintern entscheidet, bestimmte Produkte nicht mehr selbst herzustellen, kann eine Dienstleistung zwar an Dritte übertragen werden, muss dann aber in der Kostenrechnung als Outsourcing-Kosten berücksichtigt werden – im Gegensatz zum erwerbswirtschaftlichen Betrieb, der ein „poor dog" vom Markt nimmt, um keine weiteren Verluste zu erleiden. So kann die von uns als Produkt definierte Dienstleistung „Profilentwicklung und Medienauswahl" komplett an Lie-

---

39 Neben diesen bibliotheksbezogenen Produkten wurden für eine vollständige Kostenbetrachtung weitere ca. 40 „allgemeine" Produkte wie Personal- und Haushaltsverwaltung herangezogen, die in allen Kostenstellenbereichen der Freien Universität Berlin anfielen und insoweit keine speziellen bibliotheksbezogenen Produkte sind.

feranten übertragen werden, die aufgrund von approval plans[40] oder anderen im Voraus festgelegten Erwerbungsprofilen die Auswahl und Beschaffung der Literatur übernehmen. Auch die sich daran anschließende Medienbearbeitung kann weitgehend in fremde Hände gelegt werden, die das Medium regalfertig anliefern und auch noch die Beschickung der Regale übernehmen können.[41] Die Potenzialaufbaukosten aber bleiben, weil die nutzungsgerechte Medienauswahl und -erschließung unverzichtbare Bestandteile des vom Unterhaltsträger beauftragten Sachziels „Optimale Literatur- und Informationsversorgung" sind, auch wenn sie durch betriebsfremde Dienstleister wahrgenommen werden.

4.2 Erweiterungen des Kerngeschäfts der Bibliotheken durch Portfolio-Maßnahmen

Wir haben oben festgestellt, dass sich Entscheidungen über das Produktportfolio einer Bibliothek am Auftrag der Bibliotheken orientieren müssen. Produkte (Potenzialleistungen und Dienstleistungen), die für die Erfüllung des Auftrags notwendig sind, müssen aus einer Abschätzung, ob sie im Portfolio einer Bibliothek verbleiben können, ausgeklammert bleiben. Lediglich eine durch die Kosten-Leistungsrechnung gestützte, aber nicht ausschließlich daran orientierte strategische Entscheidung des Selbermachens oder Fremdbezugs (make-or-buy-Entscheidung) ist hierbei möglich. Wenn Teile des Kerngeschäfts an Dritte verlagert werden, sollen Kapazitäten und Mittel für Erweiterungen des Portfolios freigesetzt werden. Ein Beispiel dafür ist die starke Anlehnung der Katalogisierung an Katalogisierungsverbünde. Hierbei wird das unverzichtbare Kerngeschäft der Medienbeschaffung und Medienerschließung durch Nutzung der im Verbund bereits vorhandenen Metadaten beschleunigt. Damit werden bei unverändertem Personalbestand qualifizierte Ressourcen frei, um sich anderen Aufgaben zu widmen, die nicht unmittelbar zum Kerngeschäft der optimalen Literatur- und Informationsversorgung gehören. Andererseits begibt sich eine Bibliothek durch den Verlust von ursprünglichen Kernkompetenzen (Medienauswahl und Medienerschließung) in langfristige Abhängigkeiten, die nicht ohne erheblichen Aufwand wieder aufgebaut werden können.

---

40 S. hierzu http://wiki.iuk.hdm-stuttgart.de/erwerbung/index.php/Approval_Plan [Letzter Aufruf: 14.2.2010]. - S. auch Griebel, Rolf: Outsourcing in der Erwerbung – neue Zauberformel oder Weg zum effektiven Beschaffungsmanagement? In: Nur was sich ändert, bleibt: 88. Deutscher Bibliothekartag in Frankfurt am Main. Frankfurt a.M. 1999; S. 157-174.
41 S. hierzu z.B. die Angebote der ekz.bibliotheksservice GmbH,
Quelle: http://www.ekz.de/ekz/angebote/medien.php [Letzter Aufruf: 15.2.2010]

Es wäre jedoch ein Trugschluss zu glauben, dass durch eine beschleunigte und weniger personalintensive Bearbeitung von Teilen des Kerngeschäfts automatisch finanzielle und personelle Ressourcen gewonnen werden können, die für eine Ausweitung des Portfolios benötigt werden. Rafael Ball hat in einer sicherlich überzogenen Formulierung davon gesprochen, dass ein hervorragender Medienbestand durch eine falsche Erschließung und benutzerunfreundliche Kataloge derart verschlüsselt werden kann, dass er „zum Selbstzweck formalbibliothekarischer Autisten" verkommt.[42] Selbst wenn man durch Outsourcing des Kerngeschäfts Personalressourcen freibekommt, würde es nicht viel nützen, wenn es sich um solche „Autisten" handelt, die kurz- oder mittelfristig für keine anderen Aufgaben eingesetzt werden können. Wir erinnern uns, dass zu den „7 P" des Dienstleistungsmarketings neben einer erfolgreichen Produktpolitik auch das für den Betriebserfolg notwendige Personal gehört. Und es darf auch nicht übersehen werden, dass die „Physical Facilities" für eine Ausweitung des Dienstleistungsangebots gegeben sein müssen, z.B. eine „Digitalization on demand" zunächst den Aufbau entsprechender personeller und gerätetechnischer Kapazitäten voraussetzt.[43]

Im Grunde geht es bei der Überlegung, in welche Richtung das Produktportfolio einer Bibliothek ausgeweitet werden kann, um das aus dem Marktmodell abgeleitete Markterweiterungsschema, auch als Ansoff-Matrix bekannt.

Märkte / Dienstleistungen	gegenwärtige Märkte	neue Märkte
gegenwärtige Dienstleistungen	Marktdurchdringung	Marktentwicklung
neue Dienstleistungen	Dienstleistungsentwicklung /-innovation	Markterweiterung

Ansoff-Matrix[44]

---

42 Ball, Rafael: Die Diversifizierung von Bibliotheksdienstleistungen als Überlebensstrategie. In B.I.T. online, 2 (1999), H. 1, S. 11-22. – Zitiert nach der nicht seitenstrukturierten Online-Ausgabe. – Im Internet findet sich allerdings keine Entgegnung auf eine solche Feststellung.
43 S. z.B. Johannsen, Nina: Digitalisierung auf Benutzerwunsch: Überlegungen zu einem Konzept für das Bibliothekssystem der Freien Universität Berlin. – Berlin : Institut für Bibliotheks- und Informationswissenschaft der Humboldt-Universität zu Berlin, 2008. – 61 S., [3] Bl. : Ill., graph. Darst. - (Berliner Handreichungen zur Bibliotheks- und Informationswissenschaft; 225). Online verfügbar unter der URL: http://www.ib.hu-berlin.de/~kumlau/handreichungen/h225/ [Letzter Aufruf: 12.2.2010]
44 Graphik nach: Meffert, Heribert; Bruhn, Manfred: Dienstleistungsmarketing: Grundlagen – Konzepte – Methoden. 6., vollst. neubearb. Auflage. - Gabler, Wiesbaden 2009, S. 152.

Bei der **Marktdurchdringung** geht es darum, die vorhandenen Produkte den Marktteilnehmern, die auf dem Markt als potenzielle Kunden vorhanden sind, näher zu bringen. Wachstum wird hier in einem bestehenden Absatzmarkt der bibliothekarischen Dienstleistungen angestrebt, indem die Kennzahl „tatsächliche Nutzer bezogen auf die potenziellen Nutzer" („Marktanteil") erhöht wird. Dies geschieht durch verschiedene die Inanspruchnahme der Dienstleistungen fördernde Maßnahmen. Für wissenschaftliche Bibliotheken bietet sich z. B. eine vergrößerte Erwerbungssumme zur Ausstattung der Lehrbuchsammlung an, um zunächst durch dieses Angebot die Kundenbindung zu verstärken und zugleich eine gewisse Schwellenangst in der Benutzung der Bibliothek zu überwinden, die dann zu späteren, auch gezielten Ausleihen im übrigen Bestand führen kann. Für die wissenschaftlichen Bibliotheken, die in Institutionen eingebunden sind (Universitätsbibliotheken und Fachbibliotheken in Universitäten), ist zudem feststellbar, dass sich die Frage der Marktdurchdringung alle Jahre neu stellt, weil ständig neue Studierendengenerationen nachwachsen, also ein reger Austausch der Kunden auf der Marktgegenseite stattfindet. Damit ändert sich in der Regel nicht das Marktvolumen (die Zahl der Studierenden), aber die mit den Dienstleistungen ansprechbaren Studierenden.

Bei der Marktentwicklung werden neue Zielgruppen angesprochen, die sich für ein bestehendes oder allenfalls leicht angepasstes Produkt interessieren könnten. Bleiben wir bei unserem Beispiel der Kataloge: Komfortable OPACs, die einen mehrdimensionalen Sucheinstieg ermöglichen, machen es natürlich grammatikalisch nicht mehr so versierten Benutzern oder Benutzern, die nach einem Sachbegriff suchen, leichter möglich, den Bestand der Bibliothek zu ermitteln und für ihre Nutzung einzubeziehen.

Für die Portfolio-Betrachtung ist relevant, dass es sich bei der Marktdurchdringung und der Marktentwicklung in der Regel um Angebote und Dienstleistungen des Kerngeschäfts handelt, die in etwas veränderter Form, aber mit der gleichen Zielsetzung angeboten werden: den Zugang zu gesammeltem und gespeichertem Wissen zu ermöglichen und auch die Information über dieses und anderes weltweit verfügbare Wissen zu vermitteln.

Bei der **Dienstleistungsentwicklung** wird die Inanspruchnahme der Dienstleistungseinrichtung Bibliothek durch neue oder verbesserte Angebote im bestehenden Markt angestrebt. Es handelt sich um Verbesserungen der bestehenden Produkte, aber um keine grundlegend neuen Angebote. Im Grunde geht es darum, einerseits die bestehenden Dienstleistungen besser zu vermitteln, andererseits auch darum, durch Verbesserungen bei den Potenzialprodukten das Angebot an Dienstleistungen deutlicher zu machen. Die Einführung verbesserter OPAC-

Oberflächen sowie die Integration der verschiedenen Medienangebote unter eine einheitliche Suchstrategie („GOOGLE-like") sind zu solchen Maßnahmen der Produktentwicklung zu zählen. Dies zeigt sich insbesondere beim vermehrten Angebot an elektronischen Diensten. Sie fristen in der gegenwärtigen Nachweisstrategie („nur was im Besitz der Bibliothek ist, wird auch im Bestandskatalog nachgewiesen") oft nur ein zwar sehr kostenträchtiges, aber wenig genutztes Schattendasein. Ähnliches gilt für die in vielen Fachdisziplinen unverzichtbare unselbstständige Literatur aus Zeitschriften und Sammelwerken, die nicht in die herkömmlichen Monographien-orientierten Nachweisinstrumente einer Bibliothek integriert sind.[45] Mit geringfügigen Innovationen wird ein bestehendes Produkt attraktiver gemacht, mit radikalen Innovationen, wie etwa dem Einsatz des Softwareprodukts Primo der Fa. ExLibris,[46] werden dagegen signifikante Leistungsangebotsverbesserungen erzielt. Das Portfolio wird jedoch nicht erweitert.

Wenn wir auf das oben vorgestellte Marktpositionen-Modell zurückgreifen, kann vor allem eine wissenschaftliche Bibliothek auch darauf verzichten, in diesem Angebotsfeld etwas für die Nutzer zu tun. Es ist nicht zwingend erforderlich, die Katalogisierung durch eine elektronisch gestützte Version abzulösen oder durch eine Plattform wie Primo alle Angebote in eine Suchoberfläche einzubinden: Wer die Bestände der Bibliothek nutzen muss, weil er sie sonst nicht verfügbar findet, kann auch gezwungen werden, sich mit nach den Preußischen Instruktionen geführten Kartenkatalogen als Sucheinstieg zu befassen, um seinen Literaturbedarf zu befriedigen. Warum sollte man da knappes Personal und knappe Sachmittel einsetzen, um hier Verbesserungen zu erreichen?

Erst mit der **Markterweiterung** wird das Portfolio der Bibliothek gegenüber dem Kerngeschäft erweitert. Bei der Markterweiterung werden neue Produkte in neuen Märkten eingeführt. Dies ist in der Ansoff-Matrix der betriebspolitisch

---

45 Ausnahmen finden sich in Spezialbibliotheken, etwa der Bibliothek des Kieler Instituts für Weltwirtschaft oder der Bibliothek des Deutschen Bundestages, die ihre Zettelkataloge nach dem „System Gülich" aufgebaut haben. S. hierzu Scheerer, Holger: Gülich online: Die Retrokonversion des Zettelkatalogs der Bundestagsbibliothek. In: Bibliotheksdienst, 41 (2007), S. 893-901. Online verfügbar unter: http://www.zlb.de/aktivitaeten/bd_neu/heftinhalte2007/ Erschliessung010807.pdf [Letzter Aufruf: 16.2.2010]

46 „Primo schließt die Lücke zwischen den aktuellen Bibliothekssystemen und den heute allgemein verbreiteten Nutzererwartungen. Bibliotheken können mit Primo ihre Position als bevorzugter Ausgangspunkt für die Nutzer bei ihrer Suche nach Information zurück erobern. Bibliotheken bieten mit Primo ihren Nutzern eine überlegene ‚One Stop'-Discovery und Delivery-Lösung. Primo vereint den Reichtum der Bibliothekssammlungen mit dem einzigartigen Wert der Katalogisierungsdienste der Bibliothek und mit den Nutzererfahrungen des Internetzeitalters." Quelle: http://www.exlibrisgroup.com/de/category/PrimoForYourLibrary [Letzter Aufruf: 14.2.2010]

riskanteste Quadrant, der aber auch die größten Chancen enthält. Die Ausweitung der betrieblichen Tätigkeit auf neue Produkte in neuen Märkten ist für den Bereich der hier betrachteten Betriebe, die Bibliotheken, nicht unbegrenzt möglich. Solche Erweiterungen dürfen nur – schon im Interesse der Unterhaltsträger und der Nutzer – nicht zu Lasten des weiterhin bestehenden und eingeforderten Kerngeschäfts gehen.

Rafael Ball führt in seinem Aufsatz zur Diversifizierung der Bibliotheksdienstleistungen als Überlebensstrategie unter der Zwischenüberschrift „Innovation als Aktion" Beispiele für die Übernahme weiterer infrastruktureller Dienstleistungen im Hochschul- und Wissenschaftssektor auf. Sie verlassen das bisherige Kerngeschäft des Wissensammelns, Wissenbereitstellens und Wissenvermittelns und sind teilweise mit völlig neuen Anforderungen an die Dienstleistungseinrichtung verbunden. Die hier genannten Innovationen erfolgen nach Ball nicht als Reaktion auf veränderte Rahmenbedingungen (Ball bezeichnet ein solches Verhalten als „maßnehmend"). Die Einführung dieser Neuerungen erfolgt aus dem Bestreben heraus, als proaktiv gestaltete Neuerungen mit Einfallsreichtum und bewusstem Eingehen von Risiken für einen möglichen Erfolg „maßgebend" zu wirken.

Ball nennt solche neuen Produkte, wobei zu beachten ist, dass manche „maßgebende" Produktbildung auf die von Ball zum damaligen Zeitpunkt wahrgenommene Leitungsfunktion einer renommierten Spezialbibliothek zurückzuführen ist:[47]

– das Führen einer Publikationsdatenbank aller Mitarbeiter einer Einrichtung,[48]
– die Übernahme von Verlagsfunktionen,[49]
– die Etablierung neuer Sammelgebiete, etwa die Integration von Softwaresammlungen in den Bestand einer Bibliothek,

47 S. hierzu Ball, Rafael: Die Diversifizierung von Bibliotheksdienstleistungen als Überlebensstrategie. In B.I.T. online, 2 (1999), H. 1, S. 11-22. – Zitiert teils wörtlich nach der nicht seitenstrukturierten Online-Ausgabe. Rafael Ball war damals Leiter der Zentralbibliothek des Forschungszentrums Jülich.
48 Als ein Beispiel s. die an der Universitätsbibliothek der Freien Universität Berlin seit 1993 geführte Online-Publikationsdatenbank mit insgesamt 200.000 Quellen: http://www.ub.fu-berlin.de/unibibliographie/ [Letzter Aufruf: 7.2.2010]
49 S. hier z.B. die gemeinsame Web-Site von 17 deutschen Hochschulverlagen: http://www. ubka.uni-karlsruhe.de/portale/ag_univerlage/ [Letzter Aufruf: 20.2.2010]. – Um in der Sprache der Portfolio-Analyse zu bleiben: In den Angeboten der Hochschulverlage finden sich kaum die „stars" und die „cash cows", etwa die Lehrbücher der an der Universität beschäftigten Professoren, sondern oftmals Publikationen, für die sich ein gewinnorientierter Verlag kaum interessiert. Auch der von der Universitätsbibliothek der Freien Universität betriebene Verlag veröffentlicht hauptsächlich die Ausstellungskataloge der Bibliothek, die eher dem Schriftentausch und der Öffentlichkeitsarbeit denn einer Einnahmeerzielung dienen.

- die Etablierung eines neues Erwerbungsmanagements unter Einbeziehung von Lieferanten und Document-Delivery-Systemen,
- die Integration des Übersetzungs- und Sprachendienstes einer Hochschule oder Forschungseinrichtung in den organisatorischen und strukturellen Verantwortungsbereich der Bibliothek,[50]
- die Etablierung eines proof-readings für wissenschaftliche Manuskripte,[51]
- die Übernahme von teilqualitativer und quantitativer Bewertung von Publikationsverzeichnissen bei Berufungen oder Einstellungen,
- die Organisation und feste Installierung von Ausstellungen und Vorträgen in der Alleinverantwortlichkeit der wissenschaftlichen Bibliotheken,
- die Ausgründung von Funktionsbereichen unter Mitarbeiterbeteiligung,
- die Übernahme von Archivdiensten durch den Bibliotheksbereich,
- die Erschließung von Archivmaterialien und die Bereitstellung von Findbüchern und Datenbanken,
- die Etablierung eines Dossierdienstes für Geschäftsführung bzw. Hochschulleitung und deren politische und historische Fragestellungen.

Diese Liste ließe sich sicherlich um weitere Dienstleistungen ergänzen:
- die Einbindung der Bibliothek in die Bachelor-Ausbildung, etwa im Modul „Allgemeine Berufsvorbereitung" mit entsprechenden von Bibliotheksmitarbeitern zu benotenden Arbeitsergebnissen, eine neue Dienstleistung auf neuen Märkten, und zwar nicht wegen des Inhalts der dort angebotenen Dienstleistungen, sondern der Beteiligung an der Hochschullehre,[52]
- eine „Hausaufgabenhilfe für Grundschulkinder", wie sie z.B. von der Stadtbibliothek Tempelhof-Schöneberg angeboten wird,[53]

---

50 S. hierzu den Sprachendienst der Zentralbibliothek des Forschungszentrums Jülich: http://www.fz-juelich.de/zb/sprachendienst_start/ [Letzter Aufruf: 20.2.2010]
51 Wenn damit das Redigieren von wissenschaftlichen Texten hinsichtlich ihrer Zitationsgenauigkeit gemeint ist, ist der angeführte Aufsatz von Ball mit seinen zahlreichen Fehlern in den Literaturangaben ein schlechtes Beispiel. Ein proof-reading des Textes selbst auf seine „Wissenschaftlichkeit" dürfte mit den Qualifikationen des vorhandenen Personals kaum leistbar sein. Vergleichbares gilt auch für die nächste Position in dieser Liste.
52 S. hierzu auch: Wissenschaftliche Bibliotheken in Deutschland unterstützen die neuen Studiengänge durch die nachhaltige Förderung von Informations- und Medienkompetenz: Hamburger Erklärung des Vereins Deutscher Bibliothekare e.V. (VDB). In: Bibliotheksdienst, 44 (2010), H. 2, S. 199-201.
53 S. http://www.berlin.de/ba-tempelhof-schoeneberg/presse/archiv/20061017.1320.49381. html [Letzter Aufruf: 14.2.2010]

–   Kulturarbeit (Ausstellungen und unterschiedliche Veranstaltungen wie Lesungen, Kindertheater, mit denen die Bibliothek einen Beitrag zum kulturellen Leben der Kommune leistet.

Dagegen sind verstärkte Schulungsangebote im Bereich der „Informationskompetenz" auch außerhalb der Bibliotheksräume[54] ohne eine produktive Einbindung in die Hochschullehre zu den oben genannten Aktivitäten im Bereich der Marktdurchdringung zu rechnen, weil die Ergebnisse letztlich zu einer verbesserten Nachfrage nach den von der Bibliothek angebotenen Dienstleistungen führen. Aus demselben Grund rechnen wir die Verbesserungen des räumlichen und zeitlichen Angebots nicht zu den Portfolio-Erweiterungen einer Bibliothek. „Komfort"-Arbeitsplätze mit Strom- und Netzanschluss oder einer bibliothekseigenem EDV-Ausstattung und ein 7/24-Betrieb sind Maßnahmen der Marktdurchdringung oder auch Produktentwicklung, ändern aber nichts am Kerngeschäft, sondern dienen seiner Optimierung. Ob die „Digitalisierung auf Benutzerwunsch" zu solchen neuen Dienstleistungen gezählt werden, ist fraglich. Bisher wurden den Nutzern bereits Kopien, auch digitalisierte Dateien im Rahmen der Fernleihe bereitgestellt. Die Digitalisierung ganzer Werke auf Benutzerwunsch kann auch als Erweiterung des bisherigen Handelns verstanden werden (Produktentwicklung). Man sollte sich deshalb auch sprachlich hüten, jede Erweiterung bisheriger Tätigkeiten als Ausweitung des Produkt-Portfolios zu bezeichnen – auch wenn sie für die Außendarstellung der Bibliothek als wirksame Werbemaßnahme gelten mag.

Strittig wäre sicherlich die Übernahme von "Komfort-Funktionen" für die Nutzer, etwa das Betreiben eines Cafés. Hier entfernt sich die Bibliothek doch sehr weit von ihrem Kerngeschäft und macht privatwirtschaftlichen Betreibern direkt massive Konkurrenz.

Auch das Event-Marketing, bei dem Bibliotheksräume für andere Zwecke[55] vermietet werden, kann unserer Auffassung nicht zur Erweiterung des Produkt-Portfolios, allenfalls zur Verbesserung des Images gerechnet werden. Ähnliches

---

54 „Die Roadshow der Universitätsbibliothek [Freiburg] dient dazu, die elektronischen Angebote und Dienstleistungen der Bibliothek, unter besonderer Berücksichtigung der verschiedenen Fächer, den Studierenden wie dem Lehrpersonal der Albert-Ludwigs-Universität vor Ort näher zu bringen. Die jeweils zuständigen Fachreferent(inn)en der UB, unterstützt durch weitere Bibliotheksmitarbeiter(innen), präsentieren an einem bestimmten Tag die betreffenden Angebote und Dienstleistungen an zentralen Stellen der jeweiligen Institutsgebäude mithilfe von PC, Beamer und Leinwand." Quelle: http://www.ub.uni-freiburg.de/index.php?id=1121 [Letzter Aufruf: 14.2.2010]
55 So wurde die Hochzeit des Schauspielers Heiner Lauterbach (mit Viktoria Skaf) in der Bayerischen Staatsbibliothek mit 380 Gästen gefeiert.

gilt für die von der Universitätsbibliothek Mannheim veranstaltete ‚After-BiB-Party'. Sie wird von der dortigen Bibliotheksleitung als Chance gesehen, durch den Event das Image der Bibliothek als offene, flexible und unverstaubte Einrichtung zu fördern, damit das Image der Bibliothek zu verbessern, ihren Bekanntheitsgrad zu steigern und – last, but not least - zusätzliche Mittel für die Universitätsbibliothek zu erwirtschaften.

4.3 Grenzen der Erweiterungen des Kerngeschäfts der Bibliotheken durch Portfolio-Maßnahmen

Es wird erkennbar, dass manche neuen Produkte ohne eine wesentlich erweiterte Qualifikation des vorhandenen Bibliothekspersonals in das Portfolio aufgenommen werden können (so etwa das Führen des Publikationsverzeichnisses der Hochschulangehörigen als Hochschulbibliographie). Andere Produkte erfordern jedoch ein völlig anders qualifiziertes Personal. Die Übernahme von Verlagsaktivitäten erfordert eine buchhändlerische Ausbildung oder die Kenntnisse von Verlagskaufleuten, weil die Bibliothek nunmehr auf ihrer Marktgegenseite tätig wird. Die Übernahme der archivalischen Aufgaben ist nur im Ansatz mit dem Sammeln und Speichern von Informationen vergleichbar, erfordert aber eine gründliche Ausbildung als Archivar, um den Aufgaben gerecht zu werden. Das spricht nicht gegen eine organisatorische Einbindung des Archivs in die Bibliotheksverwaltung, um für die relativ kleinen Betriebseinheiten keine eigene Verwaltungsstruktur aufbauen zu müssen. Rafael Ball weist deshalb zurecht darauf hin, dass für eine erfolgreiche Ausweitung der betrieblichen Aktivitäten genügend Personal bereit stehen muss, das auch im Rahmen ständiger Weiterbildung und Zusatzqualifikation solche Dienstleistungen in einem die Benutzer befriedigenden Umfang anbieten kann. Hinzu kommt der Aufbau entsprechender physisch fassbarer Leistungspotenziale (Raumangebot, Geräte).

Für die Einschätzung dieser Möglichkeiten kann die Stärken-Schwächen-Analyse der Bibliothek eine wertvolle Hilfestellung liefern. Diese ist immer ein Vergleich zwischen dem Vorhandenen und dem Gewollten und muss sich vor allem auf die vorhandenen Personalressourcen und die finanziellen Möglichkeiten stützen. Hierbei spielen auch weitere Gesichtspunkte eine Rolle wie etwa die Tarifsituation. Aufgrund der einschränkenden Tarifbestimmungen etwa des BAT bzw. den bisher auch in neuen Tarifverträgen fortgeltenden Eingruppierungsvorschriften darf das Potenzial der Mitarbeiter nur im Rahmen ihrer Eingruppierung ausgeschöpft werden (sofern man überhaupt von den Fähigkeiten der Mitarbeiterinnen und Mitarbeiter (Eignungsprofil) Kenntnis erhält). Dies betrifft z. B. die Sprachkenntnisse der Mitarbeiterinnen und Mitarbeiter. Auch im Falle von freiwerdenden Stellen ist bei einer Neudefinition zur Abdeckung von im Rahmen der geplanten Markterweiterung einzuführender weiterer Aufgaben die Stellenwertigkeit zu beachten, da es kaum gelingt, hier eine notwenige Höhergruppierung wegen der geplanten neuen Aufgaben zu erreichen.

Eine Überprüfung des Erfolgs von Portfolio-Veränderungen oder -erweiterungen kann sich bei den Bibliotheken nicht unmittelbar in der Geldgröße „Gewinn" ausdrücken, sondern muss durch Methoden der qualitativen Leistungsmessung erfolgen. Neben den Indikatorensets, die durch verschiedene Institutionen wie die IFLA und ISO angeboten werden,[56] können auch Ergebnisveränderungen in einer Balanced Score Card,[57] die für die Bibliothek aufgestellt worden ist, für diese Überprüfung genutzt werden.

5 Zusammenfassung

Kehren wir zum Ausgangspunkt unserer Überlegungen zurück. Ausgehend von dem Marktmodell, in dem Bibliotheken arbeiten, kommen wir zu der Feststellung, dass Bibliotheken in der relativ günstigen Position sind, auf ihrem engeren Markt als oligopolistisch oder sogar monopolistisch organisierte Anbieter ihrer Dienstleistungen auftreten zu können. Sie sind damit keinem starken Wettbewerbsdruck einer Marktnebenseite ausgesetzt und müssen ihr Verhalten und ihre Produkte wie im Wettbewerbsmarkt nicht unbedingt der Nutzernachfrage anpassen. Wir sehen deshalb die Bereitschaft zur Veränderung des betrieblichen Geschehens und der Anpassung und Ausweitung der angebotenen Dienstleistungen entscheidend abhängig von der Position der Bibliothek im Markt. Da wir es nicht mit einem Wettbewerbsmarkt zu tun haben, fehlt ein entsprechender Anpassungsdruck und damit auch die Einsicht in die Notwendigkeit, intensive Bemühungen um eine Ausweitung der angebotenen Dienstleistungen, des Portfolios, zu unternehmen. Es wurde betont, dass diese Marktposition bei den wissenschaftlichen Bibliotheken ausgeprägter als bei den Öffentlichen Bibliotheken ist, die sich zwar kaum einer Marktnebenseite mit vergleichbaren Produkten, sondern eher einem „Freizeitmarkt" gegenüber sehen, auf dem sie sich behaupten müssen, um die Förderung ihrer Unterhaltsträger nicht zu verlieren.

---

56 S. z.B. Poll, Roswitha; Boekhorst, Peter te: Leistungsmessung in wissenschaftlichen Bibliotheken: internationale Richtlinien. - München: Saur, 1998. - 172 S.: graph. Darst. - ISBN: 3-598-11387-0
57 S. Ceynowa, Klaus; Coners, André: Balanced Scorecard für wissenschaftliche Bibliotheken. - Frankfurt am Main: Klostermann, 2002. - X, 152 S. - Ll., graph. Darst. - ISBN: 3-465-03207-1. - (Zeitschrift für Bibliothekswesen und Bibliographie : Sonderheft ; 82)

Bei einer näheren Betrachtung der Marktnebenseite wurde zudem festgestellt, dass Bibliotheken sich keineswegs gegenseitig die Kunden durch verbesserte Produkte streitig machen, sondern auf vielen Feldern im Bereich der Medienbeschaffung, Medienerschließung und Mediennutzung im Sinne eines betrieblichen Zusammenschlusses kooperieren. Ansätze zu einer verbesserten Produktpolitik werden deshalb nicht wegen des Marktdruckes, sondern aus einer Entscheidungshaltung der Verbesserung der örtlichen Nutzungsbedingungen oder der Verbesserung der Position in der Hochschule (Mittelwettbewerb zwischen den verschiedenen Einrichtungen) generiert. Hierzu kann der BIX eine Hilfestellung geben, aber die verschiedenen Formen der qualitativen Leistungsmessung für Bibliotheken, die für solche Produktstrategien eine Rolle spielen können, werden damit nicht erfasst.

Die Portfolio-Analyse bietet sich für eine Durchleuchtung des Produktangebots an. Sie kann aufzeigen, welche Produkte für den Betrieb langfristig das Verbleiben im Markt sichern können und auf welche Produkte man aus Gründen einer unnötigen Kapitalbindung verzichten kann. Hierzu wurden verschiedene Modellansätze vorgestellt, die von den Überlegungen der Boston Consulting Group 1969 ausgegangen sind. Es wurde aber gezeigt, dass die Ansätze nicht unmittelbar in die Welt der Bibliotheken mit ihrem Dienstleistungsprofil übertragen werden können. Hierfür fehlt das für die strategischen Überlegungen erwerbswirtschaftlich orientierter Portfolio-Management-Ansätze notwendige Formalziel der Gewinnmaximierung. Damit sind die dort erarbeiteten Modelle nicht übertragbar auf die sachzielorientierten, fast vollständig fremdfinanzierten und fremdgesteuerten Aufwandswirtschaften, um die es sich bei Bibliotheken in öffentlicher Trägerschaft handelt. Die Kategorie „Gewinn" muss bei der Sachzielorientierung durch den wesentlich schwerer messbaren Begriff des „Nutzens" bzw. „outcome" ersetzt werden.

Dennoch kann die Idee der Portfolio-Analyse, das Produktangebot einer Bibliothek auf Unverzichtbares, Nützliches und Überflüssiges zu durchleuchten, aufgegriffen werden. Hierzu ist ein Produktkatalog zu definieren, der prozessuale Zusammenhangsarbeiten – nicht zu detailliert - in einem Produkt abbilden kann. Hierbei muss aber über den Begriff „Produkt als Absatzleistung an Dritte" hinausgegriffen werden. Bei der Produktbildung müssen auch die notwendigen Vorleistungen für die Leistungserstellung, der Potenzialaufbau, berücksichtigt werden. Allerdings zeigt sich hier, dass im Gegensatz zu erwerbswirtschaftlichen Betrieben die Bibliothek zwar auf die Eigenerstellung mancher Produkte verzichten kann, sie diese dann aber durch Fremdleistungen hinzukaufen muss, um ihren fremdbestimmten Auftrag der Literatur- und Informationsversorgung zu erfüllen.

Unter Nutzung der Ansoff-Matrix für das Aufzeigen von Möglichkeiten, wie eine Bibliothek ihr Portfolio verändern kann, wurden die verschiedenen Ausprägungen der Matrix, nämlich Marktdurchdringung, Marktentwicklung, Produktentwicklung und Markterweiterung besprochen. Bei der Markterweiterung werden konkret neue Produkte auf neuen Märkten betrachtet, was diese Überlegungen mit dem Portfolio-Management verbindet. Dabei wird unsere Auffassung verdeutlicht, dass eine Portfolio-Ausweitung nur in Bereiche möglich ist, die nicht zum bibliothekarischen Kerngeschäft gehören. Alle anderen Maßnahmen, etwa die Verbesserung der Nachweissituation der Bestände oder bessere Nutzungsmöglichkeiten der Bibliothek, werden von uns nicht als Portfolio-Ausweitungen, sondern als Ansätze zur Verbesserung der drei erst-genannten Ausprägungen der Ansoff-Matrix angesehen.

Anhand einer von Rafael Ball übernommenen Liste solcher Portfolio-Erweiterungen mit engerem bibliothekarischem Bezug und reinen wissenschaftsfördernden Dienstleistungen wurde erörtert, dass viele dieser Erweiterungen nur durch anders qualifiziertes Personal vorgenommen werden können. Die hier geforderten Qualifikationen sind üblicherweise im Mitarbeiterstamm nicht vorhanden und es bedarf daher eines langen personalentwicklungspolitischen Atems, um allmählich solche Veränderungen durch Stellenumwidmungen zu erreichen. Das setzt gleichzeitig wirksame Rationalisierungsmaßnahmen im Kerngeschäft voraus, da eine Personalausweitung wegen einer geplanten Portfolio-Erweiterung kaum Realisierungschancen seitens der Unterhaltsträger hat. Das Portfolio-Management muss also eine Stärken-Schwächen-Analyse zum Ausgangspunkt nehmen, in der die personellen und finanziellen Möglichkeiten genauer betrachtet werden, weil Einsparungen, die sich aus dem herkömmlichen Analyseansatz der Portfolio-Analyse mit der Aufgabe unrentabler Produkte (poor dogs) ergeben können, in den Bibliotheken kaum in dem erforderlichen Umfang erzielbar sind.

Bibliographie

Albrecht, Jörg: Integrierte elektronische Bibliothekssysteme in wissenschaftlichen Bibliotheken Deutschlands, Diss. HU Berlin, 2010. – Online verfügbar unter http://repo.ub.rub.de/ bibliographie/14226007X/Diss2010.pdf [Letzter Aufruf: 7.2.2012]

Ball, Rafael: Die Diversifizierung von Bibliotheksdienstleistungen als Überlebensstrategie. In B.I.T. online, 2 (1999), H. 1, S. 11-22. - Online verfügbar unter http://www.b-i-t-online.de/ archiv/1999-01/index.html [Letzter Aufruf: 13.2.2010]

Ball, Rafael: Von Melkkühen, lahmen Pferden und toten Tieren: Bibliotheksdienstleistungen in der Portfolio-Analyse. In B.I.T. online, 4 (2001), H. 2, S. 139-146. – Online verfügbar unter http://www.b-i-t-online.de/archiv/2001-02-idx.html [Letzter Aufruf: 13.2.2010].

Ceynowa, Klaus: Von der Kostenverwaltung zum Kostenmanagement: Überlegungen
zum Steuerungspotenzial einer Kostenrechnung für Hochschulbibliotheken. In:
Bibliotheksdienst, 32 (1998), H. 2, S. 263-287. – Online verfügbar unter http://biblio-
theksdienst.zlb.de/1998/1998_02_Betriebsorganisation01.pdf [Letzter Aufruf: 13.2.2010]

Ceynowa, Klaus; Coners, André: Balanced Scorecard für wissenschaftliche Bibliotheken. -
Frankfurt am Main: Klostermann, 2002. - X, 152 S. - ll., graph. Darst. - ISBN: 3-465-03207-1.
- (Zeitschrift für Bibliothekswesen und Bibliographie : Sonderheft ; 82)

Ceynowa, Klaus; Coners, André: Kostenmanagement für Hochschulbibliotheken. - Frankfurt am
Main: Klostermann, 1999.

Degkwitz, Andreas; Andermann, Heike: Angebots-, Nutzungs- und Bezugsstrukturen elektronischer Fachinformation in Deutschland. In: ABI-Technik (2003), S. 12-31.

Griebel, Rolf: Outsourcing in der Erwerbung – neue Zauberformel oder Weg zum effektiven
Beschaffungsmanagement? In: Nur was sich ändert, bleibt: 88. Deutscher Bibliothekartag
in Frankfurt am Main. Frankfurt a.M. 1999; S. 157-174.

Haupt, Heiko: Vom KdF-Wagen zum Beetle. In: http://www.spiegel.de/auto/
aktuell/0,1518,256280,00.html [Letzter Aufruf: 15.2.2010]Johannsen, Nina: Digitalisierung
auf Benutzerwunsch: Überlegungen zu einem Konzept für das Bibliothekssystem der
Freien Universität Berlin. – Berlin : Institut für Bibliotheks- und Informationswissenschaft
der Humboldt-Universität zu Berlin, 2008. – 61 S., [3] Bl. : Ill., graph. Darst. - (Berliner
Handreichungen zur Bibliotheks- und Informationswissenschaft; 225). Online verfügbar
unter der URL: http://www.ib.hu-berlin.de/~kumlau/handreichungen/h225/ [Letzter
Aufruf: 12.2.2010]

Kuhlen, Rainer: Informationsmarkt – Chancen und Risiken der Kommerzialisierung von Wissen.
Konstanz: Universitätsverlag, 1995. ISBN 978-3-87940-529-9

Markowitz, Harry: Portfolio Selection. In: Journal of Finance, 7 (1952), S. 77-91.

Meffert, Heribert; Bruhn, Manfred: Dienstleistungsmarketing: Grundlagen – Konzepte –
Methoden. 6., vollst. neubearb. Auflage. - Gabler, Wiesbaden 2009.

Naumann, Ulrich: Peterchens Milchbubenrechnung und Was verdienen Bibliotheken?: Zwei
Beiträge zur aktuellen Diskussion über die Finanzausstattung der Berliner Hochschulbibliotheken, Berlin 1997. Online verfügbar unter http://www.ub.fu-berlin.de/~naumann/
pete.html [Letzter Aufruf: 14.2.2010]

Naumann, Ulrich; Nowak, Sean; Rabe, Heiko: Die Einführung der Kosten- und Leistungsrechnung im Bibliothekssystem der Freien Universität Berlin. In: Verwaltung und
Management: Zeitschrift für moderne Verwaltung, 2008, H. 4, S. 208-212.

Poll, Roswitha; Boekhorst, Peter te: Leistungsmessung in wissenschaftlichen Bibliotheken:
internationale Richtlinien. - München: Saur, 1998. - 172 S.: graph. Darst. - ISBN:
3-598-11387-0

Rogge, Stefan: Beispiel Stadtbibliothek Berlin-Mitte: Die Bibliothek im Wettbewerb, in:
Zukunft der Bibliothek - Bibliothek der Zukunft: Dokumentation der Fachtagung der Freien
Universität Berlin und der ÖTV Berlin am 21. November 2000 / hrsg. von Rolf Busch. Berlin,
2001, S. 71-83.

Scheerer, Holger: Gülich online: Die Retrokonversion des Zettelkatalogs der Bundestagsbibliothek. In: Bibliotheksdienst, 41 (2007), S. 893-901. Online verfügbar unter: http://www.
zlb.de/aktivitaeten/bd_neu/heftinhalte2007/Erschliessung010807.pdf [Letzter Aufruf:
16.2.2010]

Wissenschaftliche Bibliotheken in Deutschland unterstützen die neuen Studiengänge durch die
nachhaltige Förderung von Informations- und Medienkompetenz: Hamburger Erklärung

des Vereins Deutscher Bibliothekare e.V. (VDB). In: Bibliotheksdienst, 44 (2010), H. 2, S. 199-201.

Xalter, Simon: Der „Bibliotheksindex" (BIX) für wissenschaftliche Bibliotheken – eine kritische Auseinandersetzung. Tübingen, 2006. – Online verfügbar unter der URL http://w210. ub.uni-tuebingen.de/dbt/volltexte/2006/2440/pdf/BIX_OPUS_Tue_Xalter.pdf [Letzter Aufruf: 25.2.2010]

Webseiten

http://209.83.147.85/publications/files/Product_Portfolio_Jan1970.pdf [Letzter Aufruf: 7.2.2010]

http://de.wikipedia.org/wiki/Produktlebenszyklus [Letzter Aufruf: 7.2.2010]

http://knol.google.com/k/-/-/165p32sn01zue/qktyye/bildschirmfoto-199.png [Letzter Aufruf: 7.2.2012]

http://wiki.iuk.hdm-stuttgart.de/erwerbung/index.php/Approval_Plan [Letzter Aufruf: 14.2.2010].

http://wiki.iuk.hdm-stuttgart.de/erwerbung/index.php/Conspectus [Letzter Aufruf: 14.2.2010]

http://wirtschaftslexikon.gabler.de/Archiv/54450/marktformen-v3.html [Letzter Aufruf: 6.2.2010]

http://www.berlin.de/ba-tempelhof-schoeneberg/presse/archiv/20061017.1320.49381.html [Letzter Aufruf: 14.2.2010]

http://www.bibliotheksportal.de/hauptmenue/themen/management-organisation/leistungs-messung/ [Letzter Aufruf: 25.02.2010]

http://www.bix-bibliotheksindex.de/index.php?id=2 [Letzter Aufruf: 25.2.2010]

http://www.ekz.de/ekz/angebote/medien.php [Letzter Aufruf: 15.2.2010]

http://www.exlibrisgroup.com/de/category/PrimoForYourLibrary

http://www.fz-juelich.de/zb/sprachendienst_start/

http://www.nationallizenzen.de/ [Letzter Aufruf: 7.2.2012]

http://www.oclc.org/de/de/about/default.htm [Letzter Aufruf: 7.2.2012]

http://www.subito-doc.de/ [Letzter Aufruf: 6.2.2010]

http://www.ub.fu-berlin.de/unibibliographie/ [Letzter Aufruf: 7.2.2010]

http://www.ub.uni-freiburg.de/index.php?id=1121 [Letzter Aufruf: 14.2.2010]

http://www.ubka.uni-karlsruhe.de/kvk/kvk/kvk_hilfe.html

http://www.ubka.uni-karlsruhe.de/portale/ag_univerlage/ [Letzter Aufruf: 20.2.2010]

Dorothee Nürnberger
Allgemeine Herausforderungen an das Personalmanagement in Bibliotheken

Management und Führung

Die zunehmende Globalisierung und Digitalisierung in allen Bereichen des Lebens machen sich vor allem in unserer Berufswelt als Bibliothekarinnen und Bibliothekare durch eine immer höhere Komplexität verbunden mit steigender Veränderungsgeschwindigkeit drastisch bemerkbar. Sicher muss erfolgreiches Personalmanagement darauf andere Antworten geben als früher. Unabhängig von der Veränderungsdynamik gibt es jedoch auch einige Punkte, die beim Umgang mit Menschen in Institutionen von gleichbleibend grundsätzlicher Bedeutung sind.

Aufgrund der Erfahrungen aus einem 30jährigen Berufsleben, davon etwa die Hälfte im Bereich Direktionsassistenz/Personalentwicklung, tragen vor allem folgende Punkte zum Erfolg von Einrichtungen bei:
– Ausgeprägte Führungspersönlichkeiten
– Mutige und weise Entscheidungen
– Kreative Lösungen
– Systematisches und strukturiertes Vorgehen

„Es wird zu viel gemanagt und zu wenig geführt."[1]

Das Wort „Management" ist heute in aller Munde: Projektmanagement, Informationsmanagement, Qualitätsmanagement, Produktmanagement etc. – alles wird gemanagt. Personalmanagement hat in dieser Aufzählung sicher auch seinen Platz und seine Berechtigung. In der Regel ist der Begriff *Management* jedoch auf den Umgang mit harten Faktoren ausgerichtet, so z.B. auf finanzielle Ressourcen, Personalstellen, Kennzahlen aller Art. Wenn wir uns der Antwort auf die Frage

---

1 Münchhausen, Marco von und Fournier, Cay von: Führen mit dem inneren Schweinehund. Frankfurt/Main: Campus Verlag 2007. Münchhausen und Fournier stellen dies in einer Pyramide dar, deren untere Hälfte den Bereich Management bezeichnet, bestehend aus den Feldern fachliche Kompetenz und methodische Kompetenz. Die obere Hälfte der Pyramide setzt sich zusammen aus den Feldern Soziale Kompetenz und Ethische Kompetenz und werden der „Führung" zugeordnet.

nähern wollen, was erfolgreiche Personalarbeit ausmacht, so spielen darüber hinaus andere Faktoren eine Rolle.

Ist von *Personal*management die Rede, ist der Umgang mit Menschen gemeint, und wo es „menschelt", kommt man mit fachlich-methodischem Management allein nicht weiter. Management meint in aller Regel die rechenbare Steuerung und Messung von Vorgängen und Ergebnissen. *Prozessoptimierung* ist hier ein Schlüsselwort.

Dass das beim Umgang mit Menschen nicht ganz so einfach ist und nicht so stringent funktioniert, weiß jeder aus den Erfahrungen des täglichen (Arbeits-) Lebens. Will man dort etwas bewegen, braucht es vor allem Wertschätzung und verlässliche Führung. Das betonen nicht nur unzählige Untersuchungen und Seminare, sondern dies sagt uns ebenfalls unsere ganz eigene, persönliche Erfahrung. Für unser Thema heißt dies: Wenn wir uns über Personalmanagement Gedanken machen, müssen wir auch über Führung nachdenken.

Viele erfolgreiche Bibliotheken sind häufig eng mit den Namen erfolgreicher Führungspersönlichkeiten verknüpft. Denkt man an Bibliothek A, fällt einem sofort Herr X ein, bei Bibliothek B hat man sogleich Frau Y vor Augen. Diese Personen bilden das Gesicht der Bibliotheken in der Öffentlichkeit. Die jüngere Vergangenheit im Bibliothekswesen zeigt uns einige eklatante Beispiele, wo ein Wechsel in der Führung in kurzer Zeit einer Bibliothek ein völlig neues Gesicht verliehen und ihre Entwicklung auf unglaubliche Weise dynamisiert hat. Daraus lässt sich schließen, dass einzelne Menschen das Geschick von Einrichtungen maßgeblich prägen und bestimmen können.

Was macht eine Führungspersönlichkeit aus?

Anforderungsprofile für Führungskräfte gibt es viele. In jeder Stellenausschreibung ist die Liste der geforderten Fähigkeiten lang. Aus dem Erleben im Arbeitsalltag heraus zeichnen sich Führungskräfte insbesondere durch die im Folgenden genannten Eigenschaften aus.

Ausgeprägte und erfolgreiche Führungspersönlichkeiten...

- ...sind visionär und wissen genau „Da will ich hin!". Sie haben ganz klar ein Ziel vor Augen, dass sie mit aller Kraft unbeirrt verfolgen, und sie verstehen es, dieses Ziel auch anderen zu vermitteln.
- ...sind entschlossen.
- Nach dem Abwägen der Möglichkeiten, fällen sie eine Entscheidung und beginnen, beherzt voranzuschreiten. Sie tun das Notwendige und Alles, was möglich ist, um ihr Ziel zu erreichen – und manchmal machen sie sogar das

Unmögliche möglich. Das heißt, sie finden kreative Lösungen, wo zunächst kein Weg zu sein scheint.

– …sind engagiert und dynamisch und verstehen es, die Menschen in ihrer Umgebung zu begeistern. Die Aussage „Nur wenn in mir selbst ein Feuer brennt, kann ich in anderen ein Licht entzünden" charakterisiert sie in besonderem Maße.

– …sind ehrgeizig, haben aber vor allem erkannt, dass „einsame Spitze" kein erstrebenswerter Zustand ist. Echte Führungspersönlichkeiten sind dialogbereit und offen für neue Meinungen und Ideen.

– …wertschätzen die Menschen in ihrer Umgebung und sind delegationsfähig. Ihr Credo heißt: „Gemeinsam sind wir stark. Ich gebe dir Raum und vertraue deiner Kompetenz."

Die Rolle der Wertschätzung

Ein Drittel der in einer Umfrage[2] befragten deutschen Arbeitnehmer war der Meinung, „dass Manager vor allem dann Erfolg haben, wenn sie die Qualität ihrer Mitarbeiter erkennen". Der Schlüsselbegriff Wertschätzung stand in den letzten Jahren zunehmend auf der Agenda und hat dabei teilweise eine nahezu inflationäre Verwendung erfahren,[3] „Haben Sie heute schon gelobt?" und das empathisch, zeitnah und authentisch, drängt sich manchen Vorgesetzten angesichts des Berges an Arbeit, täglich zu lösender Probleme und drängender Termine als geradezu penetrant auf.

Dabei muss Wertschätzung nicht in Lobeshymnen ausarten, nach denen den Beteiligten in dem Moment vielleicht gar nicht zumute ist. In einer Unternehmenskultur, die die Selbstständigkeit im Handeln der Mitarbeiterinnen und Mitarbeiter anstrebt und von Interesse, Wertschätzung und Respekt geprägt ist,[4] kann dies durch vertrauensvolle Zusammenarbeit und eine gute Feedback-Kultur ganz pragmatisch stattfinden. Ein kurzes „OK" vom Chef beispielsweise kann sehr wertschätzend ausdrücken: „Innerhalb der klar abgesteckten und kommunizierten Rahmenbedingungen agiere kompetent, kreativ und eigenverantwortlich!" Dies stellt ggf. hohe Anforderungen an die Mitarbeiterin oder den Mitarbei-

---

2 Chefs sollen Entscheider sein. [Ergebnisse einer repräsentativen Umfrage des Marktforschungsinstituts BVA.] Pressenotiz dpa. In: Hannoversche Allgemeine Zeitung, Nr. 188, 13.08.2011, S. III/1

3 Vasek, Thomas: Inflation der Anerkennung. In: brand eins (2011) Nr. 5. S. 1-4

4 Leitbild der Technischen Informationsbibliothek und Universitätsbibliothek Hannover, Hannover: TIB/UB 1999

ter, aber es setzt auch Kräfte, Engagement und Ideen frei und verschafft durch das vermittelte Vertrauen in die eigene Kompetenz ein gutes Gefühl, so dass Selbstvertrauen und Motivation gestärkt werden und gleichzeitig die Aussage „Wir sind EIN Team"[4] gelebte und erlebte Bedeutung bekommt. Dass dies auch tatsächlich im Arbeitsalltag so gesehen wird, beweisen die Antworten der Beschäftigten der TIB/UB bei der letzten Mitarbeiterbefragung: Wertschätzung und der Wunsch nach größtmöglicher Selbstständigkeit bei Gestaltung und Organisation der Arbeit sind denn auch Werte, denen besondere Bedeutung beigemessen wird.[5]

Mutige und weise Entscheidungen

Entscheidungsfreudigkeit wurde in der genannten Umfrage unter deutschen Arbeitnehmern als die am häufigsten genannte wichtige Eigenschaft von Vorgesetzten benannt. Der Mut, sich für einen Weg oder eine Lösung zu entscheiden, sich klar dazu zu bekennen und den Weg dann auch zu gehen, selbst wenn zu dem Zeitpunkt der Erfolg oder mögliche Risiken nur eingeschränkt abschätzbar sind, ist eine der Voraussetzungen für erfolgreiche Führung ebenso wie auch für erfolgreiches Personalmanagement. Zaudern und Zögern, ob es vielleicht zu einem späteren Zeitpunkt noch eine bessere Alternative gegeben hätte, lähmt oft mehr als spätere geringfügige Kurskorrekturen an Aufschub erfordern. Es geht nicht um Aktionismus und Schnellschüsse, aber „Anfangen!" und „Beginnen!" sind nach konzentrierter Abwägung der überschaubaren Vor- und Nachteile die Zauberworte. Starten kann und sollte man ggf. durchaus niedrigschwellig. Das heißt: es muss nicht gleich das Ziel sein, 100% zu erreichen, 40% oder 50% können auch schon ein Erfolg sein – und im Zweifelsfalle sogar weiser. Abgesehen davon, dass Unentschlossenheit Unsicherheit, Misstrauen und Spekulationen fördert, fordern Mitarbeiter dynamische Entscheidungsfähigkeit durchaus auch praktisch ein. In den Antworten zur Mitarbeiterbefragung in der TIB/UB werden lange Entscheidungswege und -dauer als einer der wesentlichen Faktoren beschrieben, die, wenn sie denn trotz allen Bemühens um Stringenz vorkommen, in der Arbeit als am hinderlichsten erlebt werden.

---

5 Ergebnisse der Mitarbeiterbefragung 2011 in der Technischen Informationsbibliothek und Universitätsbibliothek Hannover, Hannover: imug Beratungsgesellschaft mbH und TIB/UB 2011

Kreative Lösungen

Für richtige Lösungen gibt es kein Patentrezept. Dies gilt auch für Personalmanagement und Führung. Was „richtig" bedeutet, kann für jede Situation, jeden Zeitpunkt und jede einzelne Einrichtung etwas Unterschiedliches sein. Gerade Bibliotheken arbeiten unter sehr verschiedenen Bedingungen. Eine One-Person-Library, eine Stadtteilbibliothek oder eine große, wissenschaftliche Universalbibliothek brauchen ganz unterschiedliche Konzepte und Strategien, um erfolgreich zu sein. Zu bestimmen, was für sie überhaupt richtig oder erfolgreich bedeutet, was ein wichtiges Alleinstellungsmerkmal sein kann oder wann Kooperation gefragt ist, ist eine der wesentlichen Führungsaufgaben.

Budgetkürzungen, Personaleinsparungen, Verwaltungsvorschriften, behördliche Auflagen und vieles mehr kann der Lösung von Problemen im Wege stehen. Wo dennoch findige Ideen Raum greifen und unorthodoxe Wege erprobt werden, sind fähige Führungspersönlichkeiten am Werk, die mutig und weise voranschreiten, dabei ihre Mitarbeiter mitnehmen und immer eine Perspektive sehen, wenn Hindernisse unüberwindlich erscheinen.

Systematisches und strukturiertes Vorgehen

Nachhaltigkeit wird heute in allen Lebensbereichen gefordert. Nachhaltigkeit ist damit auch eine Anforderung an gute Führungsarbeit und gutes Personalmanagement. Entscheidungen sind voraussichtlich dann weise und damit nachhaltig, wenn sie auf ihre langfristige Wirkung hin getroffen werden und auf einem systematischen und strukturierten Vorgehen aufbauen. Es sollte eine klare Strategie erkennbar sein, nach innen und außen nachvollziehbar, die nicht als Zickzack-Kurs erlebt wird, der Modeerscheinungen folgt. Auch kreative Lösungen und unorthodoxe Wege müssen zu einem Gesamtkonzept passen, in dem ein Schritt auf dem anderen aufbaut und eine Maßnahme die andere ergänzt. Die einzelnen Aktivitäten sollten sich zu einem Ganzen verbinden und wo immer möglich bewusst proaktiv gestaltet werden. Dies ist im Bereich Personalmanagement und -führung teilweise immer noch nicht selbstverständlich. Projekte im wissenschaftlichen Fachkontext zur Entwicklung neuer Dienstleistungen zum Beispiel werden nach allen Regeln der Kunst und des Projektmanagements hochprofessionell geplant und organisiert. Die Beantwortung der Fragen „Wie soll unsere Bibliothek in 5 Jahren aussehen? Wie bilden wir unsere Strategie personaltechnisch ab? Welche Schwerpunkte entwickeln wir weiter? Welche Kompetenzen benötigen wir dazu? Haben wir Menschen mit diesen Kompetenzen im Haus, müssen/können wir sie heranbilden oder müssen wir sie von außen einwerben?" erfolgt dagegen häufig deutlich unstrukturierter, und eine Systematik dahinter erschließt sich oftmals auf Anhieb nicht.

Dass Mitarbeiterinnen und Mitarbeiter tatsächlich Interesse an klaren Strukturen und am Erkennen der Systematik dahinter haben, zeigt sich auch hier wieder an den Ergebnissen der Mitarbeiterbefragung in der TIB/UB. Die Beschäftigten äußern nachdrücklich den Wunsch, die Wege zur Entscheidungsfindung noch besser nachvollziehen zu können und über die Funktion bestimmter Maßnahmen und Projekte in der TIB/UB noch besser orientiert zu sein.

Top-Themen für das Personalmanagement

Das bisher Dargestellte spiegelt eine persönliche Sichtweise wider, die sich aus langjähriger Berufserfahrung sowie aus einem Fundus an Gelesenem und einer ganzen Reihe von Qualifizierungs- und Fortbildungsmaßnahmen im Bereich Personal- und Organisationsentwicklung speist. Wie sehen Andere die aktuellen Anforderungen an Personalmanagement? Studiert man die Fachliteratur und Internetquellen der letzten Monate und Jahre daraufhin, welche Themen dort als die wichtigsten für die Personalarbeit der nächsten Jahre bewertet werden, so stößt man auf 4 Schwerpunkte, die sich in allen Berichten und Umfragen als besonders bedeutend wiederholen.[6] Je nach Aktualität und Hintergrund der jeweiligen Untersuchung wechseln die Themen teilweise die vier Spitzenreiter-

---

6 Vgl. dazu folgende Literatur:
Themen und Trends im HR-Management. In: Personalführung (2009) Nr. 10, S. 60-62
Deutsche Gesellschaft für Personalführung e.V. [Hrsg.]: Trendstudie Trends im Personalmanagement. Düsseldorf: DGFP e.V. 2009. PraxisPapiere 4/2009
Deutsche Gesellschaft für Personalführung e.V. [Hrsg.]: DGFP-Studie: Megatrends und HR-Trends. Düsseldorf: DGFP e.V. 2011. PraxisPapiere 7/2011
Survey of Global HR Challenges: Yesterday, today and tomorrow. World Federation of Personnel Management Associations Alexandria, VA [Hrsg]. New York, NY: PricewaterhouseCoopersLLP 2005
Fox, Adrienne [World Federation of Personnel Management Associations, Alexandria, VA]: Talent Management Still No. 1 HR Priority. In: WorldLink, 20(2010), Nr. 4, S. 1,7
Wirtschaftswunderland Deutschland: zwischen Vollbeschäftigung und Talente-Tristesse. Ergebnisbericht der Kienbaum-HR-Trendstudie 2011. Gummersbach: Kienbaum Communications GmbH & Co. KG 2011
Kienbaum-Studie 2008 Personalentwicklung. Gummersbach: Kienbaum Management Consultants GmbH 2008
Wabel, Claudia und Klese, Lea: Neue Rolle für den Chef. In: Personalwirtschaft (2011), Nr. 2, S. 37-39

positionen, die Einschätzung ihrer Wichtigkeit in der Rangfolge aller übrigen Themen bleibt jedoch gleich. Diese Themen sind:

- Führungskräfteentwicklung
- Talentmanagement/Kompetenzmanagement
- Change Management/Strategische Belegschaftsplanung/Demographie
- Attraktivität als Arbeitgeber/Mitarbeiterbindung

Als weitere wichtige Themen kommen Fort- und Weiterbildung, Gesundheitsmanagement und Wertewandel vor, jedoch erst mit nächster Priorität.

Ein Wort zur Fortbildung

Auch wenn hier nicht in den vier Top-Themen vertreten, ist die Notwendigkeit von Fort- und Weiterbildung als Element von Personalmanagement von so grundlegender Bedeutung, dass das Thema nicht unerwähnt bleiben soll. Ganz gleich, ob Vorgesetzte und Kollegen es immer gerne sehen, wenn Schreibtische wieder einmal leer bleiben, weil diejenigen „auf Fortbildung" sind: Wer sich heute noch die Zeit nimmt anzuzweifeln, ob das denn „wirklich nötig" ist und nicht jemand „lieber seine Arbeit tun sollte", der steht längst auf verlorenem Posten. Fortbildung *ist* Arbeit. In unseren stark IT-basierten Berufsfeldern jagt eine Neuerung die andere, eine Systemversion die nächste. Portale, Open Access, Gateway-Lösungen, wissenschaftliche Wikis oder Blogs schießen wie Pilze aus dem Boden und sind dabei, die angestammte Informationsinfrastruktur komplett zu verändern. Soziale Netzwerke und andere Instrumente des Web 2.0 haben auch in den Wissenschaftsbereich Einzug gehalten. Bibliotheken sollen hier nicht nur mitmachen und folgen, sondern selbst neue Wege kreieren und Forschung betreiben, wie z.B. aktuell im Bereich Science 2.0,[7] wo die weitere Integration von Instrumenten des Web 2.0 in den Forschungs- und Publikationsprozess vorangetrieben wird.

Wie kann man hier auf der Höhe der Zeit und des Wissens bleiben – oder eben sogar einen Schritt voraus? In Institutionen, die erfolgreich sein wollen, ist ein progressives, offenes Fortbildungsklima unabdingbar. Fort- und Weiterbildung müssen selbstverständliche Forderung an jeden Einzelnen und an die ganze Institution sein und jede nur denkbare Förderung erfahren. Leider können wir selbst am Ende eines Tages nicht einfach auf „Update" klicken, und das neue

---

[7] http://www.zbw.eu/veranstaltungen/vortraege/docs/2012-workshop-science-2-0.htm Überprüfungsdatum: 22.04.2012

Wissen ist in unsern Köpfen installiert. Es geht nicht ohne Fortbildung. Ob dabei E-Learning, Blended Learning oder rein konventionelle Methoden, ob Einzeltraining oder Multiplikatorenschulungen zum Einsatz kommen, hängt vom Thema, von den Zielgruppen und den umgebenden Bedingungen ab. Wichtig ist auch hier, systematisch vorzugehen, so früh wie irgend möglich Bedarfe vorauszusehen und zeitnah zielgruppenspezifische Angebote aufzulegen. Die mittelfristige Fortbildungsplanung sollte zukünftige wichtige Kompetenzen im Blick haben, gleichzeitig müssen kurzfristig realisierte Aktivitäten schnellen, oft unvorhersehbaren Entwicklungen gerecht werden.

Fortbildung muss regelmäßig Thema in jeder Abteilung, in jedem Team und in jeder Direktionsetage sein – und nicht nur einmal im Jahr, wenn Budget und Programm zur Sprache kommen. Es sollte überall ein garantiertes *Anrecht* auf Fortbildung formuliert werden, offensiv beworben und realisiert; dies bringt einen anderen Blick auf das Thema, als er oftmals vorherrscht und wirkt motivierender als eine Diskussion um Pflicht, Hol- und Bringschuld.

Die vier Top-Themen und die TIB/UB Hannover

Die oben genannten 4 Top-Themen wurden in der Hauptsache für Unternehmen der freien Wirtschaft ermittelt. Einrichtungen des Öffentlichen Dienstes und damit auch Bibliotheken arbeiten zwar unter anderen Voraussetzungen, jedoch bewegen sie sich in derselben Umwelt, und im Zuge der Globalisierung wirken sich die raschen Veränderungen unweigerlich auch auf sie aus. Wir gehen hier also von der Hypothese aus, dass die genannten vier Themen auch als die Top-Themen für die Personalarbeit in Bibliotheken betrachtet werden können.

Im Folgenden wird dargestellt, mit welchen Maßnahmen die TIB/UB, speziell die Personal*entwicklung* der TIB/UB, in diesen Top-Themen des Personalmanagements aktiv ist. Die Arbeit der Personal*administration* der TIB/UB bildet einen eigenen, umfassenden Bereich, der hier näher nicht beschrieben wird. Personalentwicklung und Personalverwaltung arbeiten eng zusammen und beschreiten dabei gemeinsam einen Weg „vom Verwalten zum Gestalten".[8]

---

8 Geke, Michael, Horn, Nicole und Gräßler, Ralf: Vom Verwalter zum Gestalter. In: Personal (2010), Nr. 7/8, S. 41-42

Die Personalentwicklung der TIB/UB Hannover

In den Jahren 2001/2002 wurde in der TIB/UB mit dem Aufbau der Personalentwicklung begonnen, zunächst schrittweise mit Einzelmaßnahmen und projektorientiert, später dann zunehmend systematisch. Es wurde eine Stabsstelle Personalentwicklung (PE) eingerichtet und nach und nach ein eigenes PE-Budget etabliert. Einige der Maßnahmen im Bereich der Personal- und Organisationsentwicklung sind mittlerweile mit Kennzahlen in die Balanced Scorecard der TIB/UB aufgenommen worden. 2003 wurde das erste Personalentwicklungskonzept auf den Weg gebracht.[9] Inzwischen erschien die Fortschreibung des Konzepts,[10] das sich wie schon die erste Fassung aus der Unternehmensstrategie ableitet und mit seinen Handlungsfeldern auf den Aussagen des Leitbilds der TIB/UB gründet. Das Konzept benennt die Ziele für jedes Handlungsfeld und stellt den bisher jeweils erreichten Stand dar. Zu allen Handlungsfeldern gibt es einen Ausblick, welche Schritte innerhalb der nächsten 5 Jahre unternommen und welche Maßnahmen voraussichtlich angegangen werden sollen. Das Konzept ist ganzheitlich ausgerichtet, dabei immer stark praxisorientiert. Es ist ganz konkret auf die Bedingungen und Bedarfe der TIB/UB angepasst und erhebt nicht den Anspruch, darüber hinaus Geltung oder Bedeutung zu haben. Was sich für die TIB/UB als wesentlich, praktikabel und wegweisend erwiesen hat, muss dies in keiner Weise für Einrichtungen anderer Art, Beschaffenheit und Kultur sein. Auch hier gilt wieder, dass jede Einrichtung herausfinden muss, was für sie die zentralen Punkte sind und welche Möglichkeiten vor dem Hintergrund finanzieller, administrativer und personeller Zwänge überhaupt bestehen, um Maßnahmen zu realisieren.

Führungskräfteentwicklung in der TIB/UB Hannover

In der TIB/UB wurde ein zweijähriges, 5-moduliges Führungskräfte-Entwicklungsprogramm (FEP) etabliert. Das FEP orientiert sich an bewährten, ähnlichen Programmen und ist eine verpflichtende Fortbildungsmaßnahme. Das heißt, alle Beschäftigten der TIB/UB mit Vorgesetztenfunktion durchlaufen die 5 Module; dabei sind alle Ebenen eingebunden vom Bibliotheksdirektor bis zur Leitung des

---

9 Personalentwicklungskonzept für die TIB/UB Hannover 2003 – 2008. Hannover: TIB/UB 2003

10 Personalentwicklungskonzept für die TIB/UB Hannover 2009 – 2014. Hannover: TIB/UB 2009

kleinsten Teams. Die Akzeptanz dieses Pflichtprogramms war gleich beim ersten Durchgang erstaunlich gut, unter anderem sicher deshalb, weil es vom Führungs- kräftezirkel der TIB/UB selbst mit aus der Taufe gehoben wurde. Das Programm basiert auf einem ganzheitlichen Kompetenzmodell, das Handlungskompetenz zum Ziel hat, die davon ausgeht, dass Fachkompetenz nur insoweit zum Tragen kommt, als Sozial-, Selbst- und Methodenkompetenz ausgebildet sind.

Die 5 Module umfassen die Themen Rolle und Aufgabe der Führungskraft, Erfolgreiche Teamleitung, Transaktionsanalyse, Umgang mit schwierigen Füh- rungssituationen und Gesundes Führen. Sie werden ergänzt durch begleitende Veranstaltungen zur Fach- und Sachkompetenz für Führungskräfte wie Rechts- fragen, Beurteilungspraxis, Umgang mit Krankheit und Sucht etc. Die Evaluie- rung des Programms ergab eine große Zustimmung, einzelne Verbesserungs- vorschläge wurden aufgenommen und im zweiten Durchgang gleich umgesetzt; dieser umfasste die Stellvertretenden Führungskräfte. Ziel war hier insbesondere, dieser oft weniger beachteten Zielgruppe die gleiche Wertschätzung zu vermit- teln wie den Führungskräften und gleichzeitig möglichen Führungsnachwuchs zu motivieren und zu qualifizieren. Begleitet wird das FEP durch ein Coaching- Angebot, das die Kolleginnen und Kollegen auf freiwilliger Basis in Anspruch nehmen können und rege nutzen. Fortgeführt wird die Führungskräfteentwick- lung für die Absolventen des Programms mit mindestens je einer Pflicht- und einer Freiwilligen-Inhouse-Maßnahme pro Jahr. Externe Veranstaltungen zu wei- teren Führungsthemen können auf Wunsch zusätzlich gebucht werden.

Talentmanagement/Kompetenzmanagement in der TIB/UB Hannover

Die Begriffe Talent- oder Kompetenzmanagement werden zum Teil synonym ver- wendet, zum Teil mit unterschiedlicher Bedeutung belegt. Hier ist damit gemeint: „Wie schafft man es, die richtigen Menschen mit den richtigen Kompetenzen zum richtigen Zeitpunkt am richtigen Ort zu haben?" Ein systematisches Kompetenz- management wird an der TIB/UB derzeit aufgebaut. Die Bedeutung dieses Themas für die Entwicklung der Bibliothek ist erkannt und im PE-Konzept berücksichtigt. Es ist geplant, eine schrittweise Potenzialanalyse und Potenzialbedarfsanalyse durchzuführen, um ein konkreteres Bild davon zu erlangen, welche Kompeten- zen in der TIB/UB schon vorhanden sind, welche evtl. ungenutzt im Verborgenen schlummern und welche erworben werden müssen. In einer kleineren Einrich- tung mag dies als übertriebenes Projekt erscheinen; man weiß, wer über welche Spezialkenntnisse, Fähigkeiten und Fertigkeiten verfügt. Bei einer Institution der

Größe der TIB/UB mit über 380 Beschäftigten ist dies jedoch ein umfangreicheres Projekt. Sicher ist grundsätzlich im Großen und Ganzen niedergelegt, welche fachlichen Qualifikationen und Abschlüsse jemand hat, jedoch sind die Daten - wie wohl in den meisten Dienststellen - als Akten in Papierform erfasst, die nie daraufhin ausgewertet wurden. Das heißt, diese Informationen sind ohne größeren Aufwand nicht gezielt suchbar. Im Hinblick auf den Datenschutz wäre die Erstellung einer umfassenden Kompetenzdatenbank jedoch ein sensibles Unterfangen.

Ein anderes Modell zur Potenzialanalyse, das derzeit in der TIB/UB diskutiert wird, ist die Erstellung von Expertenprofilen, die z.B. mit Hilfe von Mindmapping-Software alle Qualifikationen und Kompetenzen der Mitarbeiter sowie deren Rollen und Funktionen abbilden.[11] Die Erstellung der Profile könnten Teamleitungen und Mitarbeiter/innen gemeinsam vornehmen, dabei wäre ggf. die gemeinschaftliche Pflege eines frei zugänglichen, vereinbarten Glossars im Intranet/Wiki hilfreich, die gewährleisten könnte, dass die Profile auf vergleichbare Art und Weise erstellt werden. Zur Vermeidung der Datenschutzprobleme einer zentralen Datenbank wäre es eine Möglichkeit, die Profile jeweils nur bei der jeweiligen Teamleitung vertraulich zu verwahren und bei Informationsbedarf auf höherer Ebene die Teamleitungen zu befragen. Expertenprofile wären auch für die Potenzial*bedarfs*analyse nutzbar, indem z.B. für neu aufzubauende Bereiche oder Teams im Vorhinein die Profile von virtuellen Teams erstellt werden können.

Eine umfassende Planung und Abbildung des Potenzialbedarfs im Hause insgesamt muss jedoch zusätzlich auf Leitungs- und Abteilungsleitungsebene stattfinden, indem man die Unternehmensstrategie auf die Organisations- und Stellenstruktur herunter bricht und daraus die erforderlichen Kompetenzen für die zukünftigen Arbeits-, Forschungs- und Entwicklungsschwerpunkte der Bibliothek ableitet.

Will man Expertenprofile – oder auch ein anderes Konzept zum Kompetenzmanagement – erfolgreich in die Tat umsetzen, ist eine gründliche Vorbereitung inklusive vorausgehender Informations- und Schulungsveranstaltungen eine unbedingte Voraussetzung. Die Einbeziehung der Personalvertreter/innen ist in der TIB/UB bei allen PE-Maßnahmen stets von vornherein gegeben, da sie als ständige Mitglieder in der so genannten PE-Gruppe vertreten sind, die alle Ideen

---

11 Flicker, Anja: Sicherung von Wissen in Organisationen. Vortrag auf dem Round Table Personalentwicklung und Nachhaltigkeit. Dt. Bibliotheksverband, Management-kommission, 15.11.2012, Berlin. http://www.bibliotheksverband.de/fileadmin/user_upload/Kommissionen/ Kom_Management/Fortbildung/2010-11-29_-_Flicker2010-11_Stadtb%C3%BCcherei_W%C3%B Crzburg_f%C3%BCr_dbv_Round_Table.pdf , Überprüfungsdatum: 09.04.2012

und Konzepte zur Personalentwicklung vom ersten Schritt an gemeinsam plant, bevor sie zur Beschlussfassung dem Bibliotheksmanagement vorgelegt werden.

Change Management/Strategische Belegschaftsplanung/Demographie in der TIB/UB Hannover

In der TIB/UB wird die Veranlassung und Steuerung von Veränderungsprozessen in erster Verantwortung von der Bibliotheksleitung und den Abteilungsleitungen wahrgenommen. Das heißt: Die große Linie und bestimmte Parameter werden „von oben" vorgegeben, verhandelbare Spielräume dabei möglichst genau definiert. Wo immer möglich und sinnvoll, werden in der konkreten Planung und Umsetzung die Mitarbeiterinnen und Mitarbeiter an der Gestaltung von Prozessen und Strukturen beteiligt. Die Stabsstelle Personalentwicklung der TIB/UB organisiert das Veränderungsmanagement in der Praxis, bringt Gesprächspartner zusammen, konzipiert Workshops, organisiert Projektgruppen oder stellt, wo erwünscht und sinnvoll, den Kontakt zu externen Trainerinnen und Trainern oder Unternehmensberatungen her. Das Einschalten externer Begleitung wird stets kritisch geprüft. Sprechen alle Faktoren dafür, ist die Kooperation mit professionellen Beratern inzwischen eine ganz selbstverständliche und akzeptierte Arbeitsmethode. Immer dann jedoch, wenn das Planen, Gestalten und Umsetzen von Veränderungen mit Bordmitteln möglich und zweckmäßiger ist, wird dies auch praktiziert – und „nicht gewartet, bis die Gurus kommen".[12] Aufgrund gezielter Fortbildungsmaßnahmen verfügen inzwischen viele Mitarbeiterinnen und Mitarbeiter der TIB/UB über ausgeprägte Methodenkompetenz in dieser Hinsicht.

Das zuvor erwähnte Kompetenzmanagement ist ein Baustein *Strategischer Belegschaftsplanung*. Doch auch aus ganz anderen Gründen sind das Neugestalten von Stellengerüsten und das Anpassen des Mitarbeiterstammes an veränderte Bedingungen und Anforderungen immer wieder notwendig. Dies wird seit vielen Jahren ganz selbstverständlich eigentlich in jeder Bibliothek vorgenommen – nur vermutlich oft nicht unter dieser Überschrift. Bei jeder Einrichtung ganz neuer Bereiche oder Abteilungen, bei Integration oder Schließung von Zweigstellen, beim Zuschnitt neuer Teams oder bei der Optimierung von Prozes-

---

12 Senden, Manfred J, und Dworschak, Johannes: Erfolgreich mit Prozessmanagement – Nicht warten, bis die Gurus kommen. Freiburg [u.a.]: Haufe 2012

sen finden solche Überlegungen statt. Je vorausschauender, systematischer und strukturierter dies geschieht, und immer dann, wenn es einen klaren Bezug zur Unternehmensstrategie gibt, desto eher kann man von bewusster Strategischer Belegschaftsplanung sprechen.

An der strategischen Belegschaftsplanung wirkt die Stabsstelle Personalentwicklung der TIB/UB u.a. mit, indem sie an die Entwicklung der Bibliothek angepasste maßgeschneiderte Fortbildungsmaßnahmen konzipiert oder vermittelt. Weiterbildungsmaßnahmen zum Erwerb von zusätzlichen oder weiterführenden Qualifikationen, die im dienstlichen Interesse liegen, können teilweise aus dem PE-Budget finanziert werden, ansonsten wird zumindest eine Freistellung z.B. für Präsenzphasen von berufsbegleitenden Studiengängen unter Fortzahlung der Bezüge gewährt. Noch intensiviert werden soll künftig die bewusste Gestaltung von Wegen der beruflichen Entwicklung innerhalb der TIB/UB - soweit dies unter den Bedingungen des Öffentlichen Dienstes möglich ist. Das heißt, es sollen künftig deutlicher „Pfade aufgezeigt" werden, wo im Hinblick auf die strategische Entwicklung der Bibliothek voraussichtlich neue Tätigkeitsbereiche entstehen und persönliche Weiterentwicklung und der Erwerb zusätzlicher Kompetenzen sich besonders lohnen können.

Demographie-Management ist einer der Bereiche, die in der TIB/UB noch aufzubauen sind. Die Auswertung der aktuellen Mitarbeiterbefragung, in der die Bewertung aller Themenbereiche auch durch die verschiedenen Altersgruppen ermittel wurde, hat bisher keine altersbezogenen Auffälligkeiten ergeben; die Altersstruktur der Belegschaft ist ausgeglichen und gut durchmischt. In anderen Organisationen mag das ganz anders sein, und sicher wird Demographie-Management langfristig auch noch ein größeres Thema für die TIB/UB.

Schon jetzt sind die persönlichen Arbeitsbedingungen und Möglichkeiten ihrer Anpassung regelmäßig Thema in jährlichen Mitarbeiter-Vorgesetzten-Gesprächen. Vielfältige, flexible Arbeits- und Teilzeitmodelle ermöglichen eine Reduktion der persönlichen Belastung und dadurch eine möglichst ausgeglichene Work-Life-Balance in den verschiedenen Phasen des persönlichen Lebenszyklus. Als weiterer Schritt ist evtl. geplant, den konkreten Bedarf nach speziellen Schulungen für Mitarbeiterinnen und Mitarbeiter der Altersgruppe „50+" zu erheben. Hier, wie auch bei der Frage von Maßnahmen im Bereich Gesundheitsförderung, wird die Kooperation mit der Leibniz-Universität Hannover fortgesetzt, die neben Betriebsärztlichem Dienst, Betrieblichem Wiedereingliederungsmanagement und einem Ausschuss für Arbeitssicherheit und Gesundheit außerdem ein umfangreiches Fortbildungsprogramm für die Beschäftigten anbietet, das auch gesundheitsbezogene und altersspezifische Fragen berücksichtigt.

Attraktivität als Arbeitgeber/Mitarbeiterbindung

Bibliotheken haben sich in der Vergangenheit hauptsächlich über ihre Nutzungszahlen und ihren gesellschaftlichen und wissenschaftlichen Wert definiert. Dieser
Wert ist selbstverständlich nach wie vor von tragender Bedeutung, jedoch wird
für jede Bibliothek ein wesentlicher weiterer Wert immer wichtiger, nämlich der,
den sie als Arbeitgeber für ihre Mitarbeiterinnen und Mitarbeiter sowie für potenzielle Bewerberinnen und Bewerber hat. Durch die demographische Entwicklung
wird es zunehmend schwierig werden, für bestimmte Positionen (Wunsch-)Kan-
didaten zu finden, zumal die Entgeltsituation im Öffentlichen Dienst, speziell im
Bibliotheksbereich, wenig Möglichkeiten bietet, interessante Bewerberinnen und
Bewerber über ein opulentes Gehalt zu begeistern. Bei der Besetzung von nicht
bibliothekarischen Stellen, auf die sich Personen bewerben, die in Universitäts-
verwaltungen, Ministerien oder IT-Firmen zum Teil deutlich attraktivere Anstel-
lungen finden können, machen schon jetzt viele Einrichtungen die Erfahrung,
dass die nach dem Auswahlverfahren auf Platz 1 gesetzten Bewerberinnen oder
Bewerber wieder absagen und eine interessantere oder besser bezahlte Stelle bei
einem anderen Arbeitgeber antreten.

Was haben Bibliotheken dem entgegen zu setzen? Womit können sie punkten?
Betrachtet man die Homepages mancher Bibliotheken, so ist festzustellen, dass
die Notwendigkeit, hier offensiver zu werden, erkannt ist und man vermehrt mit
Fort- und Weiterbildungsmöglichkeiten, mit Gesundheitsförderung, Awards zur
Familienfreundlichkeit, attraktiven Teilzeitmodellen, interessantem Wohn- und
Lebensumfeld und dem, was eine Institution als Arbeitgeber besonders macht,
aktiv um potenzielle Bewerber wirbt.

Aber auch im Hinblick auf die bereits in den Bibliotheken beschäftigten Mitarbeiterinnen und Mitarbeiter ist es schon jetzt von Bedeutung und wird zunehmend wichtiger, Mittel und Wege zu finden, „die Besten zu binden".[13] Zum einen
möchte man gut eingearbeitete, erfahrene Leistungsträger nicht verlieren, zum
anderen kostet jede Neuausschreibung und -besetzung einer Stelle Zeit, Geld und
Energien. In Zukunft wird es für gut ausgebildete Arbeitnehmerinnen und Arbeitnehmer vermutlich leichter sein, bei anderen Institutionen interessantere oder
besser bezahlte, freie Stellen zu finden und damit der Anreiz größer werden, ein
Unternehmen zu verlassen. Auch hierauf sollten wir als Bibliotheken vorbereitet
sein und noch mehr zur Bindung guter Mitarbeiterinnen und Mitarbeiter tun.

Untersuchungen zufolge sind es vor allem die Möglichkeit zur eigenen beruflichen Entwicklung sowie das Verhalten der Vorgesetzten, die als die wichtigsten Kriterien bewertet werden, die ausschlaggebend für oder gegen eine Kün-

---

13 Rosenstiel, Lutz von: Die Besten binden. In: Personal (2011), Nr. 7/8, S. 60-62.

digung sind.[13] Andere Untersuchungen ergeben, dass den Arbeitnehmerinnen und Arbeitnehmern das Betriebsklima am wichtigsten ist und in der Wertigkeit sogar deutlich vor einer leistungsgerechten Bezahlung rangiert.[14] Zur Hebung des Betriebsklimas kann man vielerlei tun, gerade auch durch nicht monetäre Maßnahmen, d.h. es gibt hier Handlungsmöglichkeiten für jede Einrichtung, also auch für alle Arten von Bibliotheken, egal welcher Größe oder finanziellen Ausstattung.

Die TIB/UB mag aus Sicht anderer Einrichtungen aufgrund ihrer Größe und Etatsituation in einer privilegierten Lage sein. Sie ist dennoch – wie andere Institutionen auch – mit den oben beschriebenen Problemen konfrontiert, also mit den Fragen „Wie halten wir gute Mitarbeiter/innen?" und „Was kann man tun, um qualifizierte Bewerberinnen und Bewerber für die Arbeit in der TIB/UB zu gewinnen?" Die unten aufgelistete Auswahl von Maßnahmen mag einen Eindruck davon vermitteln, welche Bedeutung die TIB/UB ihrer Attraktivität als Arbeitgeber beimisst, um Antworten auf diese Fragen zu haben. Folgende Elemente im Sinne eines guten Kundenservice – in diesem Falle einmal für die internen Kunden, nämlich die bewährten und die potenziellen Mitarbeiterinnen und Mitarbeiter – bietet sie derzeit an:

– Hausinternes Fortbildungsprogramm und Fortbildungskonzept mit garantiertem Anrecht auf mindestens 5 Fortbildungstage pro Mitarbeiter/in und Jahr (Untergrenze); weitere Tage bei dienstlichem Interesse selbstverständlich
– Alle Fortbildungsangebote auch für Beurlaubte und Elternzeitler/innen
– Jährliches Kontingent zentral finanzierter Fortbildungsreisen zu Fachveranstaltungen (Bibliothekartag, Verbundkonferenz)
– Regelmäßige Info-Veranstaltungen des Direktors „Neues zur TIB/UB"
– Sprechstunden des Direktors (unbürokratisch und offen für jeden)
– Veranstaltungsreihe „Abteilungen und Projekte stellen sich vor"
– Über-den-Tellerrand-gucken: Hospitationskonzept intern wird ausgebaut; extern: Goportis
– Teamcoaching (Teamentwicklungsworkshops, Krisenintervention; professionelle Begleitung)
– Erfolgreiche Gender-Arbeit: 3. Total E-Quality Award
– Familienfreundlichkeit: hohe Flexibilität bei der Gestaltung der persönlichen täglichen Arbeitszeit, vielfältige Teilzeitmodelle
– Einrichtung von Telearbeitsplätzen
– Möglichkeit des Mobilen Arbeitens in Vorbereitung

---

14 www.welt.de/wirtschaft/article13798119/Gutes-Betriebsklima-ist-wichtiger-als-hoeherer-Lohn.html, Überprüfungsdatum: 06.04.2012

- Betriebliches Vorschlagswesen
- Regelmäßige Mitarbeiterbefragungen (offenes Reporting sämtlicher Ergebnisse und Maßnahmen)
- Monatlicher interner Newsletter
- Info-Service für beurlaubte Mitarbeiter/innen
- Jährlich abwechselnd Betriebsausflug oder Betriebsfest
- Sportangebote über Hochschulsport Leibniz-Universität Hannover
- ergänzende hausinterne Schulungen/regelmäßig Rückenschule

Einige der aufgeführten Maßnahmen, die übrigens durch Evaluierung ihre Wirksamkeit nachweisen müssen, wären ohne das zugegebenermaßen nicht unbeträchtliche PE-Budget, das die Bibliotheksleitung der TIB/UB aus Überzeugung jährlich aus den Haushaltsmitteln bereitstellt, nicht möglich. Es finden sich jedoch auch eine Reihe von Instrumenten darunter, die kein oder wenig Geld kosten und eigentlich überall einsetzbar sind. Wie anfangs erwähnt, stellen die beschriebenen Personal- und Organisationsentwicklungs-maßnahmen nur *ein* beliebiges Beispiel für im aktuellen Bibliotheksalltag praktizierte Aspekte von Personalmanagement dar. Die TIB/UB hofft, damit auf dem richtigen Weg für die derzeitigen und auch für zukünftige Herausforderungen zu sein. Jedes andere, auf die eigenen Bedingungen zugeschnittene Konzept oder Vorgehen mag für eine andere Einrichtung viel erfolgreicher sein. Wesentlich ist nur, dass jede Institution und jede Bibliothek *ihren* Weg findet und entschlossen geht.

Bibliographie

Chefs sollen Entscheider sein. [Ergebnisse einer repräsentativen Umfrage des Marktforschungsinstituts BVA.] Pressenotiz dpa. In: Hannoversche Allgemeine Zeitung, Nr. 188, 13.08.2011, S. III/1
Deutsche Gesellschaft für Personalführung e.V. [Hrsg.]: DGFP-Studie: Megatrends und HR-Trends. Düsseldorf: DGFP e.V. 2011. PraxisPapiere 7/2011
Deutsche Gesellschaft für Personalführung e.V. [Hrsg.]: Trendstudie Trends im Personalmanagement. Düsseldorf: DGFP e.V. 2009. PraxisPapiere 4/2009
Ergebnisse der Mitarbeiterbefragung 2011 in der Technischen Informationsbibliothek und Universitätsbibliothek Hannover, Hannover: imug Beratungsgesellschaft mbH und TIB/UB 2011
Flicker, Anja: Sicherung von Wissen in Organisationen. Vortrag auf dem Round Table Personalentwicklung und Nachhaltigkeit. Dt. Bibliotheksverband, Managementkommission, 15.11.2012, Berlin. http://www.bibliotheksverband.de/fileadmin/user_upload/Kommissionen/Kom_Management/Fortbildung/2010-11-29_-_Flicker2010-11_Stadtb%C

3%BCcherei_W%C3%BCrzburg_f%C3%BCr_dbv_Round_Table.pdf , Überprüfungsdatum: 09.04.2012

Fox, Adrienne [World Federation of Personnel Management Associations, Alexandria, VA]: Talent Management Still No. 1 HR Priority. In: WorldLink, 20 (2010), Nr. 4, S. 1,7

Geke, Michael, Horn, Nicole und Gräßler, Ralf: Vom Verwalter zum Gestalter. In: Personal (2010), Nr. 7/8, S. 41-42

Kienbaum-Studie 2008 Personalentwicklung. Gummersbach: Kienbaum Management Consultants GmbH 2008

Leitbild der Technischen Informationsbibliothek und Universitätsbibliothek Hannover, Hannover: TIB/UB 1999

Münchhausen, Marco von und Fournier, Cay von: Führen mit dem inneren Schweinehund. Frankfurt/Main: Campus Verlag 2007.

Personalentwicklungskonzept für die TIB/UB Hannover 2003 – 2008. Hannover: TIB/UB 2003

Personalentwicklungskonzept für die TIB/UB Hannover 2009 – 2014. Hannover: TIB/UB 2009

Rosenstiel, Lutz von: Die Besten binden. In: Personal (2011), Nr. 7/8, S. 60-62.

Senden, Manfred J, und Dworschak, Johannes: Erfolgreich mit Prozess-management – Nicht warten, bis die Gurus kommen. Freiburg [u.a.]: Haufe 2012

Survey of Global HR Challenges: Yesterday, today and tomorrow. World Federation of Personnel Management Associations Alexandria, VA [Hrsg]. New York, NY: PricewaterhouseCoopersLLP 2005

Themen und Trends im HR-Management. In: Personalführung (2009) Nr. 10, S. 60-62

Vasek, Thomas: Inflation der Anerkennung. In: brand eins (2011) Nr. 5. S. 1-4

Wabel, Claudia und Klese, Lea: Neue Rolle für den Chef. In: Personalwirtschaft (2011), Nr. 2, S. 37-39

Wirtschaftswunderland Deutschland: zwischen Vollbeschäftigung und Talente-Tristesse. Ergebnisbericht der Kienbaum-HR-Trendstudie 2011. Gummersbach: Kienbaum Communications GmbH & Co. KG 2011

Webseiten

www.welt.de/wirtschaft/article13798119/Gutes-Betriebsklima-ist-wichtiger-als-hoeherer-Lohn. html Überprüfungsdatum: 06.04.2012

http://www.zbw.eu/veranstaltungen/vortraege/docs/2012-workshop-science-2-0.htm Überprüfungsdatum: 22.04.2012

Wolfram Neubauer

"Unsere Mitarbeiter sind unser größtes Kapital": Methoden und Prozesse für ein erfolgreiches Personalmanagement an wissenschaftlichen Bibliotheken

1 Vorbemerkung

Wer sich intensiver mit dem Thema Personal, Personalführung und/oder Personalmanagement befasst, hat eine eher undankbare Aufgabe: Es existiert eine mehr oder weniger unüberschaubare Menge an theoretischen Modellen und Praxisberichten, die hierzu verfügbare Literatur füllt ganze Bibliotheken und all diese Aktivitäten werden aus einer ganzen Reihe unterschiedlicher Wissenschaftsdisziplinen gespeist. So ist das Thema Human Ressources Management (HRM)[1] heute aus keinem Betrieb, aus keiner Organisation mehr wegzudenken, da ohne moderne „Personalwirtschaft" oder modernes „Personalmanagement" die heutige, meist äußerst komplexe Arbeitswelt nicht mehr vorstellbar ist. Hieraus ergibt sich dann, dass ein „modernes HRM" mittlerweile einer der wesentlichen Erfolgsfaktoren für jede Organisation ist. Dabei geht es heute allerdings nicht (nur) um die betriebswirtschaftlichen Aspekte von HRM, sondern vor allem auch um soziologische und psychologische Elemente, es geht um Qualitätsmanagement und rechtliche Aspekte ebenso wie um die Interessen der jeweiligen Stakeholder.

War die traditionelle Auffassung von Personalarbeit in Unternehmen also primär daran ausgerichtet, „den Faktor Arbeit möglichst optimal an die rechtlichen, technologischen, organisatorischen und marktlichen Rahmenbedingungen ... anzupassen" (Holtbrügge, S. 1), so hat sich dies vor allem aufgrund dramatischer Veränderungen in der Businesswelt deutlich verändert. Heute stehen Aspekte wie Wirtschaftlichkeit, Kunden- und/oder Stakeholderzufriedenheit, Partizipation, Controlling, Work-Life-Balance u. a. im Zentrum der Diskussion. Diese Ansätze haben naturgemäß dann nicht nur Auswirkungen auf die Mitarbei-

---

[1] Der Begriff dürfte u. a. auf Arbeiten von Elton Mayo aus den 20er und 30er Jahren des letzten Jahrhunderts zurückgehen. Für die Positionierung von HRM als Thema des akademischen Diskurses spielte vor allem die *School of Industrial and Labor Relations* an der Cornell University eine bedeutende Rolle, da hier erstmals die Beschäftigung mit Personalarbeit im weitesten Sinne als Forschungsaspekt von universitärem Interesse definiert wurde. Auch im deutschsprachigen Raum ist der Begriff HR oder HRM mittlerweile standardmäßig in Gebrauch.

terinnen und Mitarbeiter selbst, auf ihre Rechte und Pflichten, auf ihre Möglichkeiten und die damit verbundenen persönlichen und professionellen Entwick-
lungschancen. Diese „neue" Ausrichtung auf den Managementaspekt hat u. a.
auch zur Folge, dass sich die Anforderungen an die HR-Verantwortlichen in einer
Organisation verändert haben. Jetzt stehen Fragen der inhaltlichen Arbeitsplatzgestaltung, des Change Managements, der Neugestaltung von Teams und Prozessen, der Mitarbeiterzufriedenheit etc. im Vordergrund der Diskussion.

	Personalverwaltung	Personalmanagement
Ziele	• Rechtmäßigkeit • Arbeitsproduktivität	• Zufriedenheit • Wirtschaftlichkeit
Leitbilder	• Bürokratie (Verwaltungsorientierung)	• Markt (Wettbewerbsorientierung)
Menschenbild	• *homo oeconomicus* • Normalarbeitskraft	• *complex man* • Organisationsmitglied
wissenschaftliche Grundlagen	• Recht • Verwaltungswissenschaften • Ingenieurwissenschaften	• Betriebswirtschaftslehre • Verhaltenswissenschaften
Umweltzustand	• statisch	• dynamisch
Antriebskräfte	• Gesetzgeber	• Wettbewerb
Instrumente	• Dienstanweisungen und Verwaltungs- vorschriften • Senioritätsprinzip • Hierarchie • formale Qualifikationen	• leistungsorientierte Anreiz- systeme • Partizipation • Personalcontrolling • Teamarbeit

Abb. 1: Inhaltliche Entwicklung der Personalarbeit in den letzten 20 Jahren

Andererseits sollten uns die veränderten Randbedingungen von Personalarbeit
nicht zu der Annahme verleiten, HRM diene ausschließlich dem Seelenheil der
Mitarbeiterinnen und Mitarbeiter. Auch modernes HRM umfasst die Auswahl
und das Einstellen von Mitarbeitern, die Abrechnung von Dienstreisen bzw. die
Kontrolle von Krankmeldungen, um nur einige wenige administrative Aufgaben
zu skizzieren, die ebenfalls den Alltag des Personalmanagements kennzeichnen.
Letztlich haben sich also die Schwerpunkte verschoben und zu den traditionellen Aufgaben sind einige wichtige neue hinzugekommen. In jedem Falle ist es
durch eine Fülle von empirischen Untersuchungen gesichert, dass ein modernes Personalmanagement einen wesentlichen Beitrag zum Erfolg der jeweiligen
Organisation beiträgt. Dieser Erfolg ist also nicht nur definiert durch die „harten"

Faktoren Strategien, Strukturen und Systeme, sondern in erster Linie auch durch die sog. weichen Faktoren Personal, Fähigkeiten und Fertigkeiten, Führungsstile und Unternehmensphilosophie (Holtbrügge, S. 6).

2 Relevante Randbedingungen für die Personalarbeit an der ETH-Bibliothek

2.1 Rechtliche/politische Randbedingungen

Wie bereits implizit erwähnt, spielen im Personalmanagement immer auch die rechtlichen Voraussetzungen eines Landes eine nicht zu vernachlässigende Rolle. Dies gilt auch und ganz besonders für Arbeitgeber aus dem öffentlichen Bereich, also aus der Welt, in der die meisten wissenschaftlichen Bibliotheken des deutschsprachigen Raums verankert sind. Dies ist auf der einen Seite eine Selbstverständlichkeit, auf der anderen Seite machen jedoch die spezifischen Bedingungen öffentlich-rechtlicher Arbeitgeber bzw. öffentlich-rechtlicher Arbeitsverhältnisse eine nach modernen Kriterien ausgerichtete Personalarbeit nicht gerade leichter. Entsprechend der Situation in allen anderen Ländern, so existieren auch in der Schweiz einschlägige rechtliche Rahmenbedingungen,[2] die mehr oder weniger alle Rechte und Pflichten der Mitarbeiterinnen und Mitarbeiter einer Organisation regeln, wobei man allerdings darauf hinweisen sollte, dass der Detaillierungsgrad der jeweiligen Gesetze im Falle der Schweiz geringer ist, als man dies in anderen Ländern beobachten kann. Neben diesen gesetzlichen Grundlagen bzw. Randbedingungen gibt es darüber hinaus einige weitere, schweiz- und/oder professionsspezifische Aspekte, die im Alltag einen nicht zu vernachlässigenden Einfluss auf das Personalmanagement ausüben:

- Die formalen Mitspracherechte der Mitarbeiterinnen/Mitarbeiter (Personal- und/oder Betriebsrat; Beauftragte für Gleichstellung, Behinderte etc.) sind relativ schwach verankert.
- Für die Besetzung von Planstellen ist zu berücksichtigen, dass es keine, an spezifische Vorbildungsniveaus gebundenen Laufbahnen gibt. Die etwa in

---

2 Für die Mitarbeiterinnen und Mitarbeiter der ETH Zürich als Einrichtung des Bundes (= die Schweizerische Eidgenossenschaft) gilt als gesetzliche Regelung das *Bundespersonalgesetz* aus dem Jahr 2001 (in seiner Ausführung vom 01.01.2012) sowie die darauf basierende *Personalverordnung des ETH-Rates...* vom 15.03.2001 (in seiner Ausführung vom 01.01.2012)

Deutschland gebräuchliche Differenzierung in die drei Laufbahnniveaus existiert in der Schweiz nicht.[3]

- Die bibliothekarische Vorbildung der Mitarbeitenden in den Schweizer Bibliotheken hat (vor allem in der Breite) noch nicht den deutschen Standard erreicht.[4]

- Aus Bibliothekssicht ist die Schweiz ein „Arbeitnehmermarkt". Dies bedeutet, dass es vor allem für Leitungsfunktionen, aber auch für einige „Spezialbereiche"[5] nach wie vor schwierig ist, entsprechendes Personal einzustellen. Diese Situation wirkt sich naheliegenderweise häufig auf die Gestaltung der jeweiligen Arbeitsverträge aus.

- Das Personalmanagement an der ETH Zürich ist grundsätzlich dezentral organisiert. Dies bedeutet im Falle der ETH-Bibliothek, dass mehr oder weniger alle entsprechenden Aktivitäten dezentral erledigt werden. Es existiert zwar eine zentrale Abteilung *Human Resources*, doch nimmt diese weniger operative Aufgaben wahr, sondern konzentriert sich schwerpunktmäßig auf strategische Fragen und übt natürlich in Personalfragen eine universitätsweit geltende Richtlinienkompetenz aus. Alle anderen relevanten Tätigkeiten[6] werden jedoch dezentral erledigt. Diese Aufgabenteilung ist durch eine universitätsinterne Vereinbarung zwischen den beiden Partnern (Bibliothek und Human Resources) im Detail[7] geregelt.

- Die generelle Richtschnur für die Personalarbeit an der ETH-Bibliothek sind die einschlägigen Aktivitäten von Industrieunternehmen.

---

3 Um dies plastisch zu illustrieren: Theoretisch könnte somit auch eine nicht akademisch vorgebildete Person die Leitung einer großen Universitätsbibliothek übernehmen. In der Praxis ist dies bis heute allerdings noch nicht eingetreten.

4 In den letzten 10 Jahren wurden hier allerdings erhebliche Anstrengungen unternommen, die Situation zu verbessern.

5 Hierzu gehören naturgemäß der Bereich IT, aber auch Systembibliothekare oder Fachkräfte für Spezialsammlungen.

6 Hiervon ausgenommen sind natürlich die Gehaltsadministration sowie die formale Ausfertigung der Arbeitsverträge. Andererseits geht die dezentrale Kompetenz soweit, dass beispielsweise die gehaltsrelevante Eingruppierung der jeweiligen Mitarbeiterinnen und Mitarbeiter durch die Bibliothek selbst erfolgt.

7 Dies gilt vor allem im Hinblick auf die jeweiligen Kompetenzen, auf Fragen der disziplinarischen Unterstellung, auf die relevanten formalen Kommunikationswege etc.

2.2 Bibliothekarische Personalarbeit im Kontext der Mission für die ETH Zürich

Trotz der tendenziell dezentral orientierten Personalarbeit an der ETH Zürich, ist es selbstverständlich, dass die entsprechenden Aktivitäten immer auch und besonders im Kontext der Universität betrachtet werden müssen. Dies bedeutet dann natürlich, dass alle bibliothekarischen Bemühungen auf der Basis universitätsweiter Vorgaben, Visionen, Mission Statements etc. erfolgen. Im täglichen Handeln an der Bibliothek bilden diese „institutionsweiten Prämissen" somit das Fundament, auf dem der bibliothekarische Alltag hinsichtlich Führungsverhalten, Organisationsstrukturen, Mitarbeiterbeteiligung etc. basiert.

Im aktuellen Leitbild[8] der ETH Zürich wird unter dem Stichwort „Arbeitgeberin" die Philosophie hinsichtlich des Führungsverständnisses deutlich: Die ETH Zürich versteht sich ihren Mitarbeiterinnen und Mitarbeitern gegenüber als verantwortungsbewusste Arbeitgeberin mit fortschrittlichen Anstellungs- und Arbeitsbedingungen. Sie bekennt sich zu einem kooperativen, fairen Führungsstil, was sach- und stufengerechte Formen der Mitwirkung einschließt, und pflegt eine offene Informationspolitik. Sie duldet keine Diskriminierung ihrer Angehörigen aufgrund von Geschlecht oder sozialer, ethnischer und religiöser Herkunft. Die ETH will den Anteil an Frauen in allen Bereichen von Forschung, Lehre und Verwaltung erhöhen. Von den Vorgesetzten aller Stufen fordert die ETH hohe menschliche und fachliche Kompetenzen.

Obwohl es natürlich klar ist, dass es sich bei solchen Aussagen immer auch um politische Statements handelt, bezieht sich die ETH-Bibliothek in ihrer Personalarbeit ganz bewusst auf diese Aussagen und versucht, diesen soweit irgend möglich gerecht zu werden; eine eigene, nur auf die Bibliotheksbelange ausgerichtete Personalkonzeption existiert allerdings nicht. Im aktuellen Strategie- und Entwicklungsplan 2012-2016[9] formuliert die ETH Zürich darüber hinaus eine „auf Qualitätssteigerung und Nachhaltigkeit bedachte Entwicklung ihres Personals, ihrer Infrastruktur...", was man aus Sicht des Personalmanagements primär in Richtung systematischer Aus- und Weiterbildung interpretieren sollte.

---

8 Vgl. hierzu: http://www.ethz.ch/about/missionstatement/index
9 Vgl. hierzu: http://www.ethz.ch/about/strategy/Strategie_2012_2016_Langversion.pdf; S.10

3 Personalarbeit im bibliothekarischen Alltag

Im Folgenden werden nun unterschiedliche Aspekte des konkreten Personalmanagements an der ETH-Bibliothek diskutiert, um auf diese Weise einen Eindruck von den realen Aktivitäten und (wenn möglich) auch von den dadurch generierten Auswirkungen auf die Mitarbeitenden der Bibliothek zu präsentieren.

3.1 Strukturen und Prozesse

Wie bereits erwähnt, läuft die Personalarbeit an der ETH Zürich zweigleisig. Einmal existiert die Abteilung Human Resources, die für die allgemeinen strategischen Vorgaben, grundsätzliche Fragen der Gehaltsgestaltung, der Adaption der gesetzlichen Rahmenbedingungen sowie der fachlichen Supervision der dezentralen Personalverantwortlichen verantwortlich ist. Innerhalb der ETH-Bibliothek werden alle anderen Personalaufgaben bearbeitet, wobei hierfür 2,2 FTE zur Verfügung stehen. Dieses Personalkontingent kommt aus dem Stellenportfolio der Bibliothek, so dass es wenig überraschend ist, dass hierdurch in Personalfragen eine enge Affinität zu einer bibliothekarisch orientierten Betrachtungsweise besteht.

Die verantwortliche Person für das Personal der ETH-Bibliothek ist über ihr eigentliches Aufgabenspektrum hinaus auch Mitglied des sog. Managementteams[10] und hat hierdurch Gelegenheit, Personalfragen kontinuierlich und systematisch in die innerbetriebliche Diskussion einzubringen. Ein, wenn nicht sogar der wesentlichste, Vorteil der direkten Einbindung der Personalarbeit in die bibliothekarische Organisation und die damit verbundenen Prozesse, ist das Faktum, dass alle Mitarbeitenden der ETH-Bibliothek auf diese Weise direkt und ohne Zeitverzögerung einen kompetenten und auch entscheidungsfähigen Anlaufpunkt haben. Dies stellt beispielsweise gegenüber der Situation bei den Forschungsbereichen der ETH Zürich einen wesentlichen Vorteil dar, den die Mitarbeitenden sehr zu schätzen wissen.

---

10 Dieses Managementteam besteht aus den Leitern der drei großen Bibliotheksabteilungen, den Leitern der Gruppen „Spezialsammlungen" und „Medienbearbeitung", dem Leiter der Gruppe „Betriebsmanagement" und der Personalverantwortlichen.

3.2 In der ETH-Bibliothek eingesetzte Führungsinstrumente

Für die tägliche Personalarbeit stehen der Bibliothek nun eine ganze Reihe von Führungsinstrumenten zur Verfügung, die den oben angesprochenen, verantwortungs- und respektvollen Umgang mit den Mitarbeitenden unterstützen und dokumentieren, oder gegebenenfalls überhaupt erst möglich machen.

3.2.1 Personalrecht des Bundes[11]

In den für alle Mitarbeitenden der ETH Zürich geltenden gesetzlichen Regelungen sind die üblichen Randbedingungen der täglichen Arbeit, alle Rechte und Pflichten von Arbeitgeber und Arbeitnehmer definiert. Naheliegenderweise bilden diese gesetzlichen Vorgaben immer die Basis der Personalarbeit und setzen somit die mehr oder weniger unverrückbaren Rahmenbedingungen.

3.2.2 (Jährliche) Mitarbeitergespräche

Jedes Jahr im dritten Quartal führen die jeweiligen Linienvorgesetzten mit ihren Mitarbeitenden sog. Mitarbeitergespräche, die mit der Diskussion und Definition der entsprechenden Zielvereinbarungen für das kommende Jahr verbunden sind.

Konkret werden in diesen (verpflichtenden) Gesprächen also einmal die für das abgelaufene Jahr vereinbarten Arbeitsziele diskutiert und auf ihre erfolgreiche Erreichung hin überprüft. Dies erfolgt mithilfe eines standardisierten Formulars, in dem die folgenden Aspekte gemeinsam diskutiert, dokumentiert und vereinbart werden:

- Aufgaben und Ziele (Welche Aufgaben sollen erfüllt, welche Ziele sollen erreicht werden?)
- Arbeitsverhalten und Kooperation (Erwartetes Arbeitsverhalten: Selbständigkeit, Kreativität, Konflikt- und Kritikfähigkeit u. a.)

---

11 Unter dem Begriff „Bund" ist an dieser Stelle die Schweizerische Eidgenossenschaft zu verstehen, für die das nationale Parlament die gesetzlichen Rahmenbedingungen vorgibt. Für die ETH Zürich als eine der beiden „Bundesuniversitäten" gilt somit das Personalrecht des Bundes; allerdings in leicht variierter Form. Ergänzt bzw. interpretiert werden die gesetzlichen Vorgaben durch entsprechende Ausführungsbestimmungen, die vom sog. ETH-Rat (vgl. hierzu: http://www.eth-bereich.ch/de/eth-rat-0) als direkt übergeordneter Einrichtung erlassen werden (vgl. hierzu: http://www.admin.ch/ch/d/sr/1/172.220.113.de.pdf)

- Personalförderungsmaßnahmen (Welche Entwicklungsschritte und -maßnahmen zur Optimierung der Aufgabenerfüllung sind notwendig? In welchem Zeitrahmen soll dies geschehen?)
- Feedback der Mitarbeitenden (Arbeitszufriedenheit, Arbeitsplatzausstattung, Kooperation im Team, Beurteilung des Vorgesetztenverhaltens, Konfliktbewältigung u. a.)
- Teil- und Gesamtbeurteilung (Beurteilung der einzelnen (genannten) Aspekte und Gesamtbewertung des Mitarbeitenden durch den Vorgesetzten)

Die Gesamtbewertung erfolgt auf einer Skala, die von „übertrifft die Anforderungen wesentlich" bis zu „erfüllt die Anforderungen nicht" reicht. Dieses Bewertungssystem soll somit die im abgelaufenen Jahr erbrachten Leistungen des Mitarbeitenden vor allem hinsichtlich der Zielerfüllung überprüfen, fokussiert sich jedoch andererseits klar auch auf die kooperative Definition von (erreichbaren) Zielen für das kommende Jahr. Da die Mitarbeitenden nicht unerheblichen Einfluss auf diese Aufgaben- und Zielfestlegung haben, ist zumindest vom Grundsatz her die einseitige Definition von (möglicherweise überhaupt nicht erreichbaren) Zielen ausgeschlossen.[12] Die erwähnte Gesamtbewertung geht darüber hinaus auch in die Gehaltsfindung für das Folgejahr ein, da ein Teil des Gehaltes auf Leistungskriterien aufbaut. Dies bedeutet konkret, dass der für die Leistungskomponente[13] zur Verfügung stehende Gesamtbetrag entsprechend der Jahresbewertung der einzelnen Mitarbeitenden der ETH-Bibliothek verteilt wird. Das Führungsinstrument „Mitarbeitergespräche" und die damit eng verbundene Leistungsbewertung haben sich in den letzten Jahren gut bewährt. Voraussetzung für ihre Akzeptanz ist natürlich, dass sich die jeweiligen Vorgesetzten (aber auch die „betroffenen" Mitarbeitenden) verantwortungsvoll mit diesem Instrument auseinandersetzen. Ebenfalls sehr hilfreich ist es, wenn die jeweilige Einrichtung (in diesem Falle die ETH-Bibliothek) einen allgemeinen Konsens hinsichtlich der Anwendungskriterien entwickelt.

---

12 Aus rechtlicher Sicht können die Vorgesetzten allerdings auch einseitige Vorgaben erzwingen. Da andererseits die Mitarbeitenden das angesprochene Formular im Sinne des Einverständnisses gegenzeichnen sollen, werden die Probleme sofort deutlich. Diese Situation ist bereits mehrmals eingetreten.

13 Die Details des für die ETH Zürich geltenden Gehaltssystems sind natürlich einigermaßen komplex und können an dieser Stelle nicht detailliert dargestellt werden. Im Grundsatz besteht das System darin, dass es insgesamt 15 sog. Lohnbänder gibt, in die die Mitarbeitenden in Abhängigkeit von ihren Aufgaben eingeordnet sind. Diese Bänder sind dann wiederum in 5 Gruppen untergliedert. Ein Mitarbeitender mit der Bewertung „erfüllt die Anforderungen gut" wird auf die Mittellinie, die sog. A-Linie eingeordnet. Bei einer Neueinstellung wird im Regelfall dieser Ansatz gewählt.

3.2.3 Definition von Jahreszielen

Sollen mit einzelnen Mitarbeiterinnen und Mitarbeitern individuelle Jahresziele vereinbart werden, so ist die Definition von Jahreszielen für die ganze Bibliothek bzw. für einzelne Abteilungen, Gruppen und Teams eine der Grundvoraussetzungen. Diese Zieldefinitionen erfolgen innerhalb der ETH-Bibliothek durch einen systematischen Prozess, der wiederum das Vorhandensein allgemeiner strategischer Ziele für die Bibliothek als Ganzes voraussetzt. Auf Basis dieses Ansatzes werden dann Bereichsziele[14] definiert und als Jahresziele vom Leitungsteam der Bibliothek als verbindlich verabschiedet. Diese Bereichsziele bilden jetzt die Grundlage für das weitere Herunterbrechen auf die Teamebene bzw. auf die Ebene des einzelnen Mitarbeitenden. Letzteres geschieht dann im Rahmen des bereits angesprochenen, jährlichen Mitarbeitergesprächs. Die Jahresziele für die ganze Bibliothek sind über das Intranet jederzeit abrufbar; für die Planung und das Review existiert ein entsprechendes Handbuch, auf das ebenfalls in elektronischer Form zugegriffen werden kann.

3.2.4 Managementteam und Führungskommunikation

Das Managementteam[15] der ETH-Bibliothek bespricht in zweiwöchentlichem Rhythmus die unterschiedlichsten bibliothekarischen Fragen, wobei häufig auch personalrelevante Fragestellungen im weitesten Sinne zur Diskussion stehen. Die entsprechenden Protokolle sind über das Intranet allen Mitarbeitenden zugänglich. Über diese schriftliche Kommunikation hinaus wird die Meinungsbildung des Managementteams auch über regelmäßige Bereichs- und Teamsitzungen transportiert, wobei natürlich darüber hinaus auch Detailfragen der jeweiligen organisatorischen Einheit zur Sprache kommen. In diesem Kontext ebenfalls erwähnt werden sollte die jährlich oder gegebenenfalls halbjährlich stattfindende Informationsveranstaltung für alle Mitarbeitenden der Bibliothek, in der der Direktor der ETH-Bibliothek über laufende und zukünftige strategische Entwicklungen berichtet. Hier geht es also einmal um eine Skizzierung laufender Projekte und ihre jeweilige Bedeutung für die Bibliothek bzw. die gesamte Universität, aber auch um Fragen, welche zukünftigen Entwicklungen innerhalb der Bibliothek zu erwarten sind. Naturgemäß sind die Mitarbeitenden besonders daran interessiert, welche Auswirkungen hierdurch für ihre Arbeitsplätze,

---

14 Die „Bereiche" an der ETH-Bibliothek dürften den Hauptabteilungen deutscher Universitätsbibliotheken entsprechen.
15 Vgl. hierzu Fußnote 10

aber auch für ihre persönliche Entwicklung zu erwarten sind. Für die Führungskräfte mit Personalverantwortung findet darüber hinaus einmal jährlich eine ganztägige „Fortbildungs- und Informationsveranstaltung" statt, die einmal der allgemeinen Information hinsichtlich Personal und Finanzen dient, des Weiteren besonders relevante Bibliotheksprojekte vorstellt und in der darüber hinaus jeweils ein besonders interessantes Fachthema[16] abgehandelt wird.

---

16 Themen für solche Diskussionen waren beispielsweise: Technische Innovationen im Bibliotheksbereich / Bedeutung von Sammlungen für Universitäten und Bibliotheken / Projektplanung / Kritische Aspekte der Personalführung.

Jahresziele 2012: Planung

Jahr	2012
Bereich	MIT
Autor/in	A. Kirstein

Jahresziele 2012: Review

Jahr	2012
Bereich	MIT
Autor/in	A. Kirstein

Code	Name	Beschreibung	Termin (Bsp: 30.07.2011)	Name	Meßgrösse	Bewertung (erreicht, weitergeführt, nicht erreicht zurückgestellt)	Ampel	Kommentar
1 JZ.MIT.2012/1	Projekt INUIT - Integration Bibliothekssystem Universität Zürich.	Zusammenlegung der technischen Bibliothekssysteme, der bibliothekarischen Datenbestände und der zugehörigen Organisation der Aufgabenabwicklung von NEBIS und IDS Zürich Universität.	Projektende 31.05.2013	Projekt INUIT - Integration Bibliothekssystem Universität Zürich.	Zeitnahe Mitarbeit in Fachausschuss, Projektleitung, Teilprojektleitung und Projektteam.			
2 JZ.MIT.2012/2	Prozesse E-Collection mit E-Citations zusammenführen	Prozesse beider Plattformen so weit wie möglich zusammenführen.	31.12.2012	Prozesse E-Collection mit E-Citations zusammenführen	Arbeitsabläufe sind überprüft und soweit möglich zusammengeführt. Schnittstellen sind geklärt.			
3 JZ.MIT.2012/3	Konzept Medienausscheiden.	Umsetzung des Konzepts im Bereich von Bestandsüberschneidungen P8/BOT/SEG.	31.12.2012	Konzept Medienausscheiden.	Dubletten sind ausgeschieden, der Bestand ist konsolidiert und die Signatur BOT ist eliminiert.			
4 JZ.MIT.2012/4	E-Journal-Nutzungsstatistiken.	Erheben und Aufbereiten der Statistiken.	31.12.2012	E-Journal-Nutzungsstatistiken.	Die Nutzungsstatistiken sind publiziert.			
5 JZ.MIT.2012/5	Website NEBIS-Verbundzentrale.	Neukonzeption und Gestaltung des Internetauftritts der NEBIS-Verbundzentrale.	31.12.2012	Website NEBIS-Verbundzentrale.	Der neue Webauftritt ist realisiert.			
6 JZ.MIT.2012/6	Jubiläum "25 Jahre NEBIS".	Der Event ist würdig organisiert und durchgeführt.	30.06.2012	Jubiläum "25 Jahre NEBIS".	Der Event ist durchgeführt und 2-3 Artikel sind publiziert.			
7 JZ.MIT.2012/7	Digitalisierungsprojekte.	Planung und Durchführung weiterer Digitalisierungsprojekte (E-rara, SIKJM, ETH-Community, MFA, ARN etc.)	31.12.2012	Digitalisierungsprojekte.	Digitalisierungsvorhaben sind erfolgreich durchgeführt.			
8 JZ.MIT.2012/8	3D-Scanner.	Einrichten eines Workflows und Digitalisierung ausgewählter Mineralien und Fossilien.	31.12.2012	3D-Scanner.	Massentauglicher Ablauf ist definiert und getestet. Präsentationsoberfläche und Archivierungsstandards sind eingerichtet.			
9 JZ.MIT.2012/9	Mobile Web-App für das Wissensportal.	Zugang zum Wissensportal für mobile Geräte.	31.12.2012	Mobile Web-App für das Wissensportal.	Web-App ist online verfügbar.			
10 JZ.MIT.2012/10	Projekt IntraNews.	Neulancierung des Intranets als News-Channel und Integration von Bonjour in die gleiche Oberfläche.	31.03.2012	Projekt IntraNews.	Das Intranet ist neu gestaltet in Betrieb.			

ETH-Bibliothek

Abb. 2: Auszug aus der Jahreszielplanung des Bereiches „Medien- und IT-Services" der ETH-Bibliothek.

3.2.5 Regelmäßige Kommunikation mit den Mitarbeitervertreterinnen und -vertretern

Wie bereits angesprochen, sind die formalen Mitbestimmungs- und Mitwirkungsrechte der Mitarbeitenden an der ETH Zürich relativ schwach ausgebaut. Andererseits existieren selbstverständlich auch in der Schweiz für den öffentlichen Bereich zuständige Verbände und Gewerkschaften, die die Interessen der Mitarbeitenden vertreten sollen und dies auch aktiv tun. Dies bedeutet allerdings nicht, dass es im bibliothekarischen Alltag konkrete, also durch gesetzliche Regelungen definierte Einsprache- bzw. Einflussmöglichkeiten geben würde. Dies gilt sowohl für Auswahl sowie das Einstellungsverfahren von neuen Mitarbeitenden, für die Definition von Lohnmaßnahmen, als auch für Probleme im disziplinarischen Bereich. Andererseits hat sich die ETH Zürich als moderner Arbeitgeber zu einem respektvollen Umgang mit ihren Mitarbeitenden verpflichtet, was für die ETH-Bibliothek bedeutet, mit den gewerkschaftlichen Vertretern in regelmäßigen Abständen auftretende Probleme und mitarbeiterrelevante Fragestellungen zu diskutieren und wenn irgend möglich Abhilfe zu schaffen. Diese Gespräche finden etwa in zweimonatlichen Abständen statt.

3.2.6 Aus- und Weiterbildungsaktivitäten

Aus- und Weiterbildungsangebote spielen innerhalb der Arbeit des Personalmanagements der ETH-Bibliothek eine wesentliche Rolle, stellen sie doch eine grundlegende Voraussetzung dafür dar, dass die Mitarbeitenden dem jeweils aktuellen Stand der Bibliotheksentwicklung folgen können. Die entsprechenden Aktivitäten fokussieren sich nun auf die Bereiche Führung/Management im weitesten Sinne auf der einen Seite und auf bibliothekarisch relevante Bemühungen andererseits. Zur Verfügung stehen hierbei einschlägige Angebote der ETH Zürich,[17] kleinere Programme der Bibliothek[18] selbst, aber auch Fort- und Weiterbildungsangebote von externen Anbietern. Die Gesamtausgaben für die vielen verschiedenen Aktivitäten und Programme werden jährlich auf empirischer Basis budgetiert und liegen im sechsstelligen Bereich.

---

17 Wie an vielen Universitäten, so gibt es auch an der ETH Zürich ein umfangreiches Angebot an einschlägigen Angeboten, die von IT-Schulungen, über Führungskurse unterschiedlichen Niveaus bis hin zu Sprachkursen reichen.

18 Die Bibliothek selbst hat etwa für alle neu eingetretenen Mitarbeitenden einen „Einführungskurs" konzipiert, der in mehr als zehn „Lektionen" alle relevanten Bereiche und Arbeitsgebiete vorstellt; die Teilnahme ist verpflichtend.

Neben diesen administrativen Führungsinstrumenten gibt es auch noch einige weitere, eher soziale Faktoren, die zwar von externen Kolleginnen und Kollegen gelegentlich etwas belächelt werden, die sich allerdings innerhalb der ETH-Bibliothek über die Jahre hinweg als sehr sinnvolle und gemeinschaftsbildende Maßnahmen erwiesen haben. So treffen sich beispielsweise eine ganze Reihe von Arbeitsteams einmal oder mehrmals jährlich zu unterschiedlichen sozialen Aktivitäten außerhalb des engeren Arbeitsbereiches. Darüber hinaus finden zweimal jährlich Veranstaltungen[19] für die ganze Bibliothek statt, die sich über die Jahre hinweg ebenfalls zu festen Konstanten im sozialen Leben der ETH-Bibliothek entwickelt haben. Dies wird u. a. auch dadurch dokumentiert, dass die weit überwiegende Zahl der Mitarbeitenden der Bibliothek daran teilnimmt.

4 Technische Unterstützung des Personalmanagements

Neben den genannten Führungsinstrumenten stehen natürlich zur Unterstützung der Personalarbeit weitere, eher technische Hilfsmittel bereit. Diese Hilfsmittel für die Tagesarbeit sind einerseits Angebote für die Universität als Ganzes und wurden andererseits als spezifische Bibliotheksapplikationen entwickelt. Darüber ist es natürlich klar, dass viele dieser Instrumente keine Spezifika der ETH-Bibliothek sind, sondern an mehr oder allen Bibliotheken im Einsatz sind.

4.1 Umfassendes Intranet-Angebot für alle Mitarbeitenden

Das Intranet der ETH-Bibliothek ist das zentrale Informationswerkzeug für alle Mitarbeitenden, ohne dessen routinemäßige Nutzung heute keine produktive Bibliotheksarbeit mehr möglich ist.[20] Alle relevanten Dienstleistungen für die Mitarbeitenden, alle wichtigen Informationen sowie alle notwendigen Bestell- und Antragsformulare sind über diese Oberfläche abgedeckt. Ziel ist es, alle einschlägigen Prozesse durch elektronisch verfügbare Anwendungen und Formulare

---

19 Hierbei handelt es sich einmal um einen immer im August stattfindenden, professionell organisierten „Betriebsausflug" und um die sog. Jahresabschlussfeier im Dezember. Die Kosten für beide Veranstaltungen werden von der Bibliothek übernommen.

20 Dies setzt natürlich voraus, dass alle Mitarbeitenden der ETH-Bibliothek eigenständigen Zugang zum Intranet haben und diesen Zugang auch routinemäßig wahrnehmen. Dies zu erreichen, hat naturgemäß einige Zeit in Anspruch genommen.

abzudecken, wobei an dieser Stelle zu beachten ist, dass es hier nicht nur darum geht, elektronische Formulare zur Verfügung zu stellen. Das eigentliche Ziel ist letztlich die digitale Abbildung aller relevanten administrativen Prozesse. Auch die jeweilige Dokumentablage[21] soll letztendlich nur noch in elektronischer Form erfolgen.

4.2 Softwareinstrument zur Bestimmung des Gehaltes

Wie angesprochen, ist das Gehaltssystem der ETH Zürich eine Mischung aus klassischer Einreihung in tätigkeitsabhängige „Lohnbänder" einerseits und einer leistungsabhängigen Komponente, die auf der Erfüllung kooperativ definierter Leistungsziele basiert. Für die konkrete Einreihung bzw. für die Berechnung fiktiver und realer Gehälter steht ein Softwaretool zur Verfügung, das eine rasche Simulation erlaubt. Dieses Instrument ist äußerst hilfreich für die Rekrutierung neuer Mitarbeitender, da durch eine Veränderung einschlägiger Parameter[22] sehr einfach auf unterschiedlichste Beurteilungen reagiert werden kann. Darüber hinaus ist es hierdurch unkompliziert möglich, mit den Bewerbern auch über Gehaltsfragen im Detail zu diskutieren. Ebenfalls eine große Hilfe ist diese Applikation in den Fällen, in denen Mitarbeitende neue Aufgaben übernehmen, da auch an dieser Stelle die neuen Randbedingungen bzw. ihre finanziell relevante Umsetzung unproblematisch simuliert werden können.

4.3 Weitere technische Applikationen

Ergänzt bzw. abgerundet wird das Angebot an Hilfsmitteln durch weitere technische Instrumente. Hierzu gehören beispielsweise der universitätsweite Einsatz von SAP für eine Vielzahl bibliothekarisch-administrativer bzw. finanziell relevanter Prozesse, die routinemäßige Anwendung eines elektronischen Systems zur Zeiterfassung[23] sowie das Angebot eines sog. „Bewerbungstools", das universitätsexterne Bewerbungen automatisiert bearbeitet.

---

21 So ist es beispielsweise trotz rechtlicher und prozessualer Schwierigkeiten das Ziel der ETH Zürich, die Personalakten der Mitarbeitenden nur noch in elektronischer Form zu führen.

22 Beispiele hierfür sind etwa: Stellenprofil der jeweiligen Position, Berufserfahrung des Kandidaten/der Kandidatin, persönliche/fachliche Einschätzung des Kandidaten/der Kandidatin durch die Bibliothek etc.

23 Beim verwendeten System handelt es sich um eine elektronische Anwendung, die weitgehend auf die Selbstverantwortung der Mitarbeitenden setzt.

5 Besonderheiten im Lebenszyklus "Anstellung - Ausscheiden"

Aus Sicht der ETH-Bibliothek spielen die Prozesse und Abläufe im Kontext der Neuanstellung bzw. des Ausscheidens von Mitarbeitenden eine wesentliche Rolle für den Erfolg und/oder Misserfolg der Arbeit der Bibliothek. Die in diesem Kontext zum Einsatz kommenden Verfahrensschritte, Prozesse und internen Abläufe sind auf der einen Seite kritische Indizien für eine mitarbeiterorientierte Personalarbeit. Andererseits stellen sie auch eine beträchtliche Unterstützung für die effiziente und effektive Abwicklung administrativer Prozesse dar, so dass es sich an dieser Stelle lohnt, diesem Thema Aufmerksamkeit zu schenken. Darüber hinaus wird hierdurch auch der hinter der Personalarbeit der ETH-Bibliothek stehende „philosophische" Ansatz deutlich. Im Folgenden werden deshalb kurz gefasst die wesentlichen Schritte und Abläufe von der Einstellung neuer Mitarbeitender bis hin zu deren Ausscheiden aus den Diensten der ETH-Bibliothek skizziert. Die angesprochenen Prozesse sind naturgemäß nicht das Ergebnis kurzfristiger Aktivitäten, sondern sind im Gegenteil das Resultat vieler kleiner Iterationsschritte, die sich über einen Zeitraum von mehreren Jahren schließlich zu einem Gesamtkonzept verdichtet haben.

5.1 Bewerbungsverfahren

Die Einstellung neuer Mitarbeitender stellt selbstverständlich für jede Organisation einen wichtigen Schritt dar, der es wert ist, systematisch betrachtet und realisiert zu werden. Aus Sicht der ETH-Bibliothek sind folgende Prozessschritte besonders zu beachten:

– Realistische/professionelle Darstellung des jeweiligen Aufgabenprofils (einschließlich der Nennung des zukünftigen Vorgesetzten für eine mögliche vorbereitende Kontaktaufnahme)
– Möglichst zeitnahe Bearbeitung der eingegangenen Unterlagen (sofortige Eingangsbestätigung; gegebenenfalls Zwischenbescheid; Absagen und Zusagen, gegebenenfalls in mündlicher und schriftlicher Form)
– Bewerbungsgespräche werden immer in einem zweistufigen Verfahren durchgeführt
– keine Mitwirkung von Personalvertretung und/oder weiteren (vermeintlichen) Stakeholdern; Einstellungsgespräche werden nicht in Form von „Gremiensitzungen" durchgeführt
– konkrete Gehaltsverhandlungen erfolgen erst im zweiten Gespräch

– nach positiver Einstellungsentscheidung erfolgt die „sofortige" Übergabe eines sog. Vorvertrages[24]

5.2 Eintritt/Probezeit

– Auf allen hierarchischen Stufen ist Teilzeitbeschäftigung[25] möglich. Dieser Ansatz hat dazu geführt, dass etwa 50 % aller Bibliotheksmitarbeitenden in diese Kategorie fallen
– Kontaktaufnahme durch den direkten Vorgesetzten vor Arbeitsantritt (Besprechung von Details des Arbeitsbeginns; Rückfragen des neuen Mitarbeitenden etc.)
– Am ersten Arbeitstag muss vorhanden sein: IT-Technik einschließlich Zugriffsberechtigung(en), Eintrag in der internen Telefonliste, Türschild, Blumenstrauß
– Begrüßung durch den Direktor, den Stellvertreter, den Personalverantwortlichen/die Personalverantwortliche
– Definierte Ansprechperson (Mentor) in der Gruppe
– Einarbeitungsplan (mindestens für die erste Woche) liegt vor
– Abschlussgespräch am ersten Arbeitstag, nach der ersten Woche, nach dem ersten Monat

5.3 Folgejahre/Routineprozesse

– Besuch des obligatorischen "Grundkurses" (= Kennenlernen der Bibliothek)
– Formalisierte Personalgespräche einschließlich Zielvereinbarung (vgl. Abschnitt 3.2.3)
– Weiterbildungsangebote[26] (vgl. Abschnitt 3.2.6)
– Geldprämien für besondere Leistungen (einschließlich einer entsprechenden Kommunikation)

---

24 Dieses Dokument erlaubt dem Kandidaten/der Kandidatin sofortiges rechtsverbindliches Handeln gegenüber dem bisherigen Arbeitgeber.
25 Aus betrieblichen Gründen ist der Umfang der Teilzeit allerdings etwas eingeschränkt. Das Mindestpensum für eine Teilzeitbeschäftigung wurde auf 60 % festgelegt; bei den Bereichsleitern (als zweite Führungsebene) wurden 90 % als Mindestarbeitspensum definiert.
26 Meist werden hierbei die Kursgebühren und sonstige Kosten von der Bibliothek übernommen. In seltenen Fällen erfolgt auch nur eine anteilige Übernahme. Bei größeren Programmen wird zwischen Mitarbeitendem und Bibliothek eine formale Vereinbarung abgeschlossen, in der die Details geregelt sind.

- Einbindung der Mitarbeitenden durch einen sog. Ideenpool mit Prämierung der besten jährlichen Idee
- Dienstaltersprämien (durch die ETH Zürich), beginnend mit 5-jähriger Betriebszugehörigkeit
- Unterstützung einfacher Stellenwechsel innerhalb der Bibliothek[27]

5.4 Austritt/Kündigung

- Kulante Handhabung der verbliebenen Urlaubsansprüche[28] und/oder Vereinbarung verkürzter Kündigungsfristen
- Formales Austrittsgespräch mit der/dem Personalverantwortlichen, vor allem hinsichtlich der Kündigungsgründe
- fristgerechte Abgabe des Arbeitszeugnisses (möglichst am letzten Arbeitstag)

5.5 Pensionierung

- Formales Austrittsgespräch mit dem Direktor der Bibliothek und der/dem Personalverantwortlichen
- offizielles Abschiedsgeschenk
- (teilweise) Übernahme der Kosten für eine Abschiedsfeier[29]
- alle pensionierten Mitarbeitenden werden zu allen offiziellen Anlässen der ETH-Bibliothek routinemäßig eingeladen

6 Schlussbemerkung

Im vorliegenden Beitrag ist es naturgemäß nicht möglich, alle Details der Personalarbeit an der ETH-Bibliothek erschöpfend darzustellen, doch lassen sich zusammenfassend einige wenige, wesentliche Merkmale skizzieren. Diese bilden, aufbauend auf der Führungsphilosophie der ETH Zürich, das Fundament für das HR-Management an der ETH-Bibliothek:

---

27 Die Idee hinter dieser Aktivität ist der Gedanke, dass mit einem internen Wechsel das Know-how der betreffenden Person der ETH-Bibliothek erhalten bleibt.

28 Gegebenenfalls kann der verbleibende Urlaubsanspruch auch in Geld abgegolten werden; nicht selten ist dies im Interesse beider Parteien.

29 Dies erfolgt im Regelfall bei langjährig tätigen Mitarbeitenden, die meist großen Wert auf einen würdigen Rahmen legen.

- Die systematische „Beobachtung" aller Mitarbeitenden der Bibliothek hinsichtlich ihres Potenzials für neue, gegebenenfalls mit größerer Verantwortung verbundene Aufgaben, ist eine der Konstanten. Dies geschieht einmal aus der Verantwortung gegenüber dem einzelnen Mitarbeitenden heraus, dient jedoch andererseits auch der „Versorgung" der ETH-Bibliothek mit qualifizierten und motivierten Mitarbeitenden. Ohne diesen Ansatz wäre der Großteil der in den letzten zehn Jahren realisierten Bibliotheksprojekte nicht möglich gewesen.
- Führungskräfte werden systematisch auf neue Aufgaben vorbereitet, wobei dies durch ganz unterschiedliche Aktivitäten erreicht wird. Eine wesentliche Rolle spielen hierbei einschlägige Schulungs- und Weiterbildungsmaßnahmen, aber auch der systematische Besuch von Tagungen und Kongressen.
- Die Personalarbeit an der Bibliothek erfolgt im Allgemeinen „vor Ort". Die Mitarbeitenden kennen ihre Ansprechpartner und die Verantwortlichen für die Personalarbeit können ein Gefühl für die Spezifika der bibliothekarischen Arbeit entwickeln.
- Grundsätzlich ist Weiterbildung als ein wesentliches Element für den Erfolg der Bibliotheksarbeit definiert.
- Die Führungspersonen innerhalb der ETH-Bibliothek haben einen wesentlichen Anteil am Erfolg/Misserfolg der Bibliotheksarbeit.

Literatur

Hawthorne, Pat: Redesigning library human resources: Integrating human resources management and organizational development. In: Library Trends (2004) 53, No.1, S.172-186.

Holtbrügge, Dirk: Personalmanagement. 3., überarb. u. erw. Aufl. - Berlin: Springer, 2007. - 278 S.

Mayo, Elton: Hawthorne and the Western Electric Company. Boston: Harvard Business School, 1945. (http://xa.yimg.com/kq/groups/30802428/1886432542/name/elton+mayo+%2B+studiu+de+caz.pdf.)

Nagelsmeier-Linke, Marlene: Personalführung. In: Frankenberger, R., Haller, Klaus: Die moderne Bibliothek. München: Saur, 2004. - S.134-146.

Nel, Pieter et al: Human resources management. 8. ed. Cape Town : Oxford Univ. Pr., 2011. - XVI, 592 S.

Beate Tröger
Personalentwicklung in der Praxis

Es ist eine Binsenweisheit: Dynamik und Veränderungen prägen mehr denn je den bibliothekarischen Berufsalltag. Das zeigt nicht zuletzt die Vielfalt aktuell erscheinender Gutachten und Empfehlungen – die Palette reicht von den verschiedenen Empfehlungen des Wissenschaftsrats über die Aussagen der KII, der Kommission für die Zukunft der Informationsinfrastruktur, bis hin zu den aktuellen Positionspapieren der DFG oder der Studie von Manfred Thaller[1] bezogen auf die künftige hochschul-orientierte Informationswelt in Nordrhein-Westfalen (NRW).

Für viele Mitarbeiterinnen und Mitarbeiter sind diese Zukunftsszenarien nicht leicht durchschaubar und nicht selten mit sorgenvollem Unbehagen hinsichtlich der eigenen beruflichen Zukunft behaftet. Und auch die Realität des täglichen Handelns verändert sich in Zeiten von Cloud und Mobile Services signifikant: Welcher Mitarbeiter wendet heute noch das Verfahren – ja, oft sogar: das Wissen – an, das ihm in der Ausbildung vor zehn oder gar zwanzig Jahren beigebracht wurde?

Angesichts dieser Veränderung, dieses dauernden Innovationsdrucks, der mit zunehmend mehr Tempo der Neuerungen einhergeht, angesichts dieser spannenden und anspannenden Entwicklung keinen Mitarbeiter zurück zu lassen, hierbei wirklich alle mitzunehmen, ist eine der zentralen Herausforderungen des modernen Bibliotheksmanagements und seiner Personalentwicklung. Ihr Ziel ist das bestmögliche Arbeitsergebnis der Bibliothek ebenso wie die größtmögliche Arbeitszufriedenheit der Mitarbeiterinnen und Mitarbeiter: Die Motivation der Mitarbeiter, ihre Kenntnisse, ihre Partizipation an den großen strategischen Prozessen und deren Realisierung entscheiden über Gelingen oder Misslingen, über Innovation oder Verharren jeder Bibliothek.

---

1 Simone Görl, Johanna Puhl, Manfred Thaller: Empfehlungen für die weitere Entwicklung der Wissenschaftlichen Informationsversorgung des Landes NRW, Berlin 2011. – s. http://www.epubli.de/shop/autor/Manfred-Thaller/2483

Soweit die Theorie – was bedeutet das nun in der Praxis?

Laut Aussage der IFLA sollten ein halbes bis ein Prozent des Gesamtetats einer Bibliothek für Maßnahmen der Personalentwicklung reserviert werden. Das klingt wenig, ist in der Umsetzung vieler wissenschaftlicher Bibliotheken im Zeitalter schwindender Sach- wie Personaletats aber weit von der deutlich kleineren Realität entfernt.

Auch in der Universitäts- und Landesbibliothek (ULB) Münster kratzten die tatsächlichen Ausgaben für Personalentwicklung lange am unteren Ende der Vorgabe der IFLA. Im Jahr 2010 dann betrugen die entsprechenden Investitionen rund 0,8 Prozent des Gesamtetats, 2011 stiegen die Mittel weiter an auf gut ein Prozent des Gesamtetats – und dieser positive Trend wird sich fortsetzen, sieht doch die ULB die Personalentwicklung als genuinen Bestandteil jeder strategischen Weiterentwicklung ihrer bibliothekarischen Services. Dies gilt umso mehr, als die Alterspyramide der Mitarbeiterinnen und Mitarbeiter einen Pik beim und rund um den Geburtsjahrgang 1960 aufweist (nicht zuletzt auch bei den Führungskräften des gehobenen und höheren Dienstes) und der Personaletat weiterhin schrumpft und dadurch Neueinstellungen erschwert. Gerade dieser letztgenannte Umstand entfaltet eine eigene Dramatik im Bereich der Drittmittelprojekte und ihrer Ergebnis-Verstetigungen: Die aus Drittmitteln finanzierten Mitarbeiter können immer weniger in den Grundhaushalt der Bibliothek übernommen werden und ihre Aufgaben wandern damit zu den sogenannten Festangestellten. Neben deren Arbeitsverdichtung ist die zweite Konsequenz dieses Umstands die Notwendigkeit, sich als Mitarbeiter immer wieder in neue Aufgaben und Inhalte einzuarbeiten.

Führungskräfteentwicklung

Diese Aspekte vor Augen, verstärkte die ULB Münster in den vergangenen Jahren ihre Anstrengungen bei der Personal- wie der Organisationsentwicklung, wobei beide Komponenten eng miteinander interagierten. Ein zentraler Aspekt war und ist hier die Führungskräfteentwicklung.

Führung bildet, das ist eine Binsenweisheit, ein Essential der Personalentwicklung: Ihre Auswirkung betrifft das Erreichen der strategischen Ziele der Bibliothek ebenso wie die Motivation der Mitarbeiterinnen und Mitarbeiter; der Zusammenhang zwischen schlechtem Führungsstil und zum Beispiel der depressiven Erkrankung Burnout scheint signifikant. Entscheidender Faktor ist hier der je unmittelbare Vorgesetzte, der mit seinem Führungsstil von Fachleuten zunehmend als zentraler Schlüssel zur Motivation und zur Eindämmung von Stresserkrankungen angesehen wird – auch weit entfernt von spektakulärem „Bossing"[2] oder dem vielzitierten Burnout.

Führungsverantwortung bewusst zu übernehmen und angemessen zu realisieren, ist gerade für viele dieser unmittelbaren Vorgesetzten, d.h. für die Kolleginnen und Kollegen des mittleren und, dies wird die Mehrzahl sein, des gehobenen Dienstes eine durchaus neue Herausforderung, wurden sie in der Vergangenheit doch häufig als herausgehobene Sachbearbeiter wahrgenommen und nahmen sich auch selbst oft so wahr. Ihre Rolle neu zu definieren und zu schärfen war eines der zentralen Ziele der initiierten Führungskräfteentwicklung in der ULB Münster.

Führungsgrundsätze

Grundlage dieser wie auch aller anderen Aspekte solcher Auseinandersetzungen mit der Vorgesetztenfunktion war für die ULB zunächst die Ausarbeitung von für das gesamte Haus geltenden Führungsgrundsätzen. Diese Grundsätze sollen die Fragen beantworten, was der an sich recht schwammige Begriff ‚Führung' eigentlich genau meint und wohin und wie zu führen sei. Das Ziel war es, eine Orientierung für die Führungskräfte zu erstellen und gleichzeitig für die Mitarbeiterinnen und Mitarbeiter eine belastbare und einforderbare Linie deutlich zu machen.

Entsprechend dieser zweiseitigen Zielsetzung waren am Prozess der Führungsgrundsätze-Entwicklung und den entsprechenden Diskussionen alle Personengruppen aus der ULB beteiligt: In zwei extern moderierten Strategie-Workshops einerseits der Führungskräfte und andererseits der Mitarbeiter (je Dezernat mit drei von den Mitarbeitern zur Teilnahme Benannten) wurden - auf den strategischen Zielen der ULB - aufsetzend notwendige Eigenschaften und Kompetenzen definiert, die eine Führungskraft zeigen sollte. Die Ergebnisse beider Workshops wiederum wurden von beiden Gruppen gemeinsam in einer dritten Veranstaltung abgeglichen und abschließend beraten. Lediglich die redaktionelle Feinarbeit unternahm am Ende des Prozesses eine kleine Arbeitsgruppe der Direktion. Die in diesem relativ aufwendigen, aber sehr erfolgreichen partizipativen

---

2 Die duz, die Deutsche Universitätszeitung, titelte unlängst zum Thema Mobbing am Arbeitsplatz: „Der Grat zwischen Durchsetzungsvermögen und Aggressivität (eines Chefs) ist schmal" und führte im Text dazu aus: „Dem Klischee nach spielt sich Mobbing oft unter Mitarbeitern ab, die auf der gleichen Hierarchiestufe stehen. In der Realität sieht das anders aus. Bei jedem zweiten Mobbingfall ist der Chef der Aggressor. Das nennt man Bossing." (duz 02/2012, S. 3).

Verfahren gefundenen Führungsgrundsätze befassen sich mit den Aspekten der grundsätzlichen Führungskultur in der ULB, ihrer Zielorientierung, dem Bereich der Personalentwicklung sowie der Organisationsentwicklung, der Information, der Zusammenarbeit und last but not least mit den nicht trivialen Kontexten von Kritik- und Konfliktfähigkeit. „Für uns setzt Führung persönliche Verantwortung voraus", heißt es im Text. „Führungskräfte müssen bereit sein zu leisten und zu leben, was sie von ihren Mitarbeiterinnen und Mitarbeitern verlangen."

An diese Ausarbeitung der Führungsgrundsätze schlossen sich verschiedene Seminare an, die ihre Fortsetzung bis heute finden. Eine wichtige Rolle spielten dabei Veranstaltungen zum Thema Führung und soziale Kompetenz, in denen die Führungskräfte der ULB u.a. mit der Methode der kollegialen Beratung vertraut wurden. Diese Seminare fanden zunächst nach Dienstgraden getrennt statt, um den Kolleginnen und Kollegen des mittleren und gehobenen Dienstes mit Führungsverantwortung die Möglichkeit ihrer Rollenfindung zu erleichtern, ohne sie durch die Sandwichposition ihren Vorgesetzten des höheren Dienstes gegenüber unter Druck zu setzen. Mittlerweile sind diese Trennungen aufgehoben und Folgeveranstaltungen finden auf explizite Anregung aller Beteiligten hierarchiegemischt statt mit sehr guten Ergebnissen.

Kommunikation und Information

Parallel zu der Führungskräfteentwicklung wurde eine größere Organisationsentwicklung ins Rollen gebracht – Dezernats- und Abteilungszuschnitte änderten sich, Besoldungsstrukturen und Beförderungskriterien hinsichtlich Funktions- und Leitungsstellen wurden angeglichen und transparent gemacht, die Strategieentwicklung der ULB wurde weiter voran getrieben und nicht zuletzt erfolgte eine intensive Analyse der Informations- und Kommunikationsstrukturen der ULB. Diese Analyse, realisiert u.a. durch eine systematische schriftliche und zum Teil auch ergänzende mündliche Mitarbeiterbefragung, ergab interessante Einblicke in gelebte und gewünschte Kommunikation – so etwa, dass Besprechungen subjektiv zum Teil als zeitlich signifikant belastend empfunden werden, gleichzeitig aber die deutlich größte Wertschätzung im Blick auf Information und Austausch erfahren - weit vor anderen medialen Formen. Diese Aussage ist in der Sache nicht wirklich verwunderlich, in ihrer Deutlichkeit und quasi flächendeckenden Feststellung quer über alle Dezernate und Arbeitsbereiche aber ein nicht trivialer Schritt hin zur Akzeptanz entsprechend nötiger Zeitaufwände bei allen Mitarbeitern.

Fortbildung

Besonders positiv waren die Rückmeldungen zu den im Rahmen der Befragung ebenfalls thematisierten regelmäßigen hausinternen Fortbildungen und Vorträgen – gerade auch die Beschäftigung mit bibliotheks- und berufspolitischen Themen führte zu einem deutlichen Gefühl von Beteiligung und Wertschätzung und einem entsprechenden „Mitnahmeeffekt" der Mitarbeiterinnen und Mitarbeiter bei den ULB-spezifischen strategischen Orientierungen. Neben diesen eher politischen Themen gibt es periodisch Fortbildungen im Sinne kollegialer Beratung sowie themenbezogene Seminare zu Führungskontexten – das Spektrum reicht hier von Sucht-Problemen bis zur demografischen Struktur der Mitarbeiterschaft und den zu ziehenden Konsequenzen für die ULB. Ziel bei all diesen Veranstaltungen ist die Partizipation und die dadurch mögliche Verantwortungsübernahme der Mitarbeiter aller Bereiche und Hierarchiestufen für das Gesamtziel einer innovationsorientiert aufgestellten, modernen Dienstleistungsbibliothek.

Hospitation und Arbeitsplatz-Rotation

Neben diesen ULB-internen Veranstaltungen wird die Teilnahme an externen Fortbildungen, an Tagungen etc. insgesamt sehr gefördert, um ein möglichst aktuelles Wissen über Themen und Fakten des Informationswesens bei den Mitarbeitern zu erhalten und zu stärken. Diesem Ziel dient auch die Lancierung zweier weiterer Maßnahmen, der Hospitation und der Arbeitsplatz-Rotation. Durch beide Verfahren wird zudem bei den Mitarbeitern eine stärkere Vergegenwärtigung und damit letztlich auch hier eine stärkere Verantwortungsübernahme für die ULB als Ganzes angestrebt – weg von isoliertem Abteilungsdenken und im schlimmsten Fall Partikularismus. Die Hospitation erfolgt dabei durch einzelne Personen, aber auch ganze Gruppen rsp. Arbeitsbereiche in anderen Arbeitskontexten innerhalb der ULB oder auch in anderen Bibliotheken, gerne auch im Ausland. Die Dauer richtet sich entsprechend an dieser Gruppengröße aus: von einem Tag bei Gruppen bis zu drei Wochen bei Einzelpersonen. Die Erfolge dieser Maßnahmen sind signifikant für alle Beteiligten und zusätzliche Aufwände werden gerne in Kauf genommen – nicht zuletzt auch bei den Mitarbeiterinnen und Mitarbeitern, die die Hospitanten in deren Abwesenheit vertreten müssen.

Ähnliche Ziele wie die Hospitation verfolgt die Arbeitsplatz-Rotation: Auch hier geht es um größere Flexibilität und leichtere Anpassung an sich immer schneller ändernde Anforderungen und Arbeitsweisen. Hinzu kommt angesichts der genannten demografischen Struktur innerhalb der Mitarbeiterschaft der

ULB das Ziel einer breiteren Wissenssicherung beim Ausscheiden von Experten einzelner Arbeitsprozesse und -inhalte – ein nicht triviales Ziel angesichts der beschriebenen Etatkürzungen, die Neueinstellungen und Doppelbesetzungen in Einarbeitungsphasen immer schwerer oder unmöglich machen.

Arbeitsplatz-Rotationen erfolgen als zeitliche Zielstellung etwa alle fünf Jahre – sachlich oder beförderungsbedingte Wechsel laufen natürlich davon unabhängig. Die Rotation erfolgt auf freiwilliger Basis, bei Beförderungen innerhalb der ULB allerdings erhalten – und dies ist allen bekannt – die rotationsbereiten Mitarbeiter im Falle sonst gleicher Eignung den Vorzug. Im Rahmen der jährlich stattfindenden Mitarbeiter-Vorgesetzten-Gespräche werden entsprechende Veränderungswünsche regelmäßig abgefragt und die Veränderungsbereitschaft ermutigt.

Diese Struktur der Arbeitsplatz-Rotation ist nicht zuletzt in einem Bereich von besonderer Bedeutung: Das Bibliothekssystem der ULB Münster ist zweischichtig aufgebaut und lebt mit gut 130 selbständigen Institutsbibliotheken. Diese sind oft One-Person-Libraries, deren Bibliothekare einerseits eine hohe fachliche Qualifikation brauchen und andererseits nicht dem klassischen OPL-Problem der Robinsonade anheimfallen sollen. Hier ist das Ziel, den Mitarbeiterinnen und Mitarbeitern nach drei bis fünf Jahren wieder hinsichtlich ihres Arbeitsplatzes zwischen Zentral- und Institutsbibliothek Veränderungsperspektiven anzubieten. Aktuell gelingt dies allerdings nur relativ selten, da die Personalstellen der Institutsbibliotheken je einzeln den Fachbereichen zugeordnet und die Rotationsmöglichkeiten der betroffenen Mitarbeiter dadurch noch gering sind.

Mentoring und Coaching

Vor aller Veränderung während der beruflichen Tätigkeit aber liegt zunächst deren guter Beginn. Neue Mitarbeiterinnen und Mitarbeiter werden durch ein intensives Mentoring in der ersten Zeit an der ULB eng betreut, außerdem durchlaufen sie ein Kurzpraktikum in allen Bereichen des Hauses. Beides soll dem Lernen und Verstehen von Zusammenhängen ebenso dienen wie der Verantwortungswahrnehmung für die gesamte Bibliothek: „Meine" Abteilung ist wichtig, aber „unsere" Bibliothek ist es ebenso. Diese Struktur des Mentorings und seiner verwandten Spielarten bewährt sich sehr – nicht nur für Neulinge in der ULB und nicht nur in seiner engen Form: Das Prinzip kollegialer Beratung wurde zunehmend zu einem entscheidenden Faktor der genannten Führungskräfteentwicklung. Darüber hinaus steht allen Führungskräften ebenso wie allen Mitarbeitern ein Coaching zur Verfügung als Sozial- und Konfliktberatung der Universität.

Gerade auch dieses Angebot wird häufig genutzt. Es unterliegt einer strengen Schweigeverpflichtung der Beratenden und wird als Dienstzeit der Mitarbeiter angerechnet.

Mitarbeiter-Vorgesetzten-Gespräche

Neben diesen externen sind die internen institutionalisierten Gespräche natürlich von entscheidender Bedeutung für die gesamte Personalentwicklung – allen voran das jährliche Mitarbeiter-Vorgesetzten-Gespräch. Seit dessen Einführung im Jahr 2004 auf der Grundlage einer entsprechenden Fortbildung der Führungskräfte ist die Zufriedenheit mit dieser Form des Austausches sehr hoch: Eine umfassende Evaluierung 2007 ergab eine Zustimmung von über 80% aller Befragten. Dies gilt nicht zuletzt auch für die die Gespräche realisierenden Führungskräfte: Trotz der zum Teil nicht unerheblichen Zeitbelastung halten 84% von ihnen die erreichte „Basis für Offenheit und Vertrauen" und 85% die „Rückmeldung als Führungskraft" für besonders wichtig und erreicht.

Familiengerechte Bibliothek

Die Universität Münster ist zertifiziert als „familiengerechte Hochschule", die das Ziel einer Bindung von Mitarbeitern durch die Vereinbarkeit von Familie und Beruf intensiv verfolgt. Dieses Ziel hat sich auch die ULB zu eigen gemacht und verfolgt es durch verschiedene Maßnahmen: Flexible Arbeitszeiten und ein jährlich fortgeschriebener Frauenförderplan speziell für die im Blick auf den Frauenanteil noch unterrepräsentierten Arbeitsbereiche innerhalb der Bibliothek sind hier die selbstverständliche Basis; darauf aufsetzend ermöglicht die ULB die Telearbeit bei dafür geeigneten Arbeitsaufgaben. Ergänzend ist hier ein Eltern-Kind-Raum zu nennen, der Nutzerinnen und Nutzern zur Verfügung steht, aber auch von Mitarbeiterinnen und Mitarbeitern schon in Anspruch genommen wurde: Freundlich und modern gestaltet, mit Wickeltisch, Waschbecken sowie dickem Teppich, Spielzeug und bequemem sichtgeschütztem Sessel für das Stillen ebenso ausgestattet wie mit WLAN, Rechner und Arbeitsplatz, bietet er die Möglichkeit, Kind und Beruf ganz praktisch unter einen Hut rsp. in ein Büro zu bringen.

Gesundheitsmanagement

Einen weiteren Schwerpunkt der Personalentwicklung an der ULB Münster bildet das Gesundheitsmanagement. Relativ klein begonnen mit sog. „bewegten Pausen" und einer regelmäßigen Rückengymnastik für Mitarbeiterinnen und Mitarbeiter, weitet sich das Thema aus hin zu einem umfassenden Blick auf den Zusammenhang von Arbeit und Gesundheit. 2011 fand der erste Gesundheitstag der ULB unter dem Motto „Bibliothek in Bewegung" statt mit den (in ihrer Formulierung an die Marke der Universität Münster „wissen.leben" angepassten) Schwerpunkten „gesund.arbeiten, entspannt.arbeiten, achtsamkeit. schulen, tai chi.schnuppern, bleib gesund.männer" und last but not least einem „after work dancefloor". Der Tag wurde von den Mitarbeiterinnen und Mitarbeitern sehr positiv bewertet, die Teilnahme war groß und eine Fortsetzung wurde deutlich gewünscht. Um diesem Wunsch sowie seinem ebenfalls gewünschten Hintergrund, der Stärkung des Bereichs Gesundheitsmanagement insgesamt, entsprechen zu können, qualifizierte sich eine Mitarbeiterin gefördert durch die ULB zur „Betrieblichen Gesundheitsberaterin". Ihre Aufgabe ist es, die gesundheitsbezogene Kompetenz der Mitarbeiter ebenso wie ein gesundheitsorientiertes Führungsverhalten zu fördern und Ansprechpartnerin in Gesundheitsbelangen für alle Mitarbeiter zu sein. Ausgangspunkt insgesamt ist hierbei die Prämisse, dass Maßnahmen auf dem Weg zu einer gesundheitsorientierten Bibliothek nicht in die Kategorie eines nice-to-have fallen sollten.

Evaluierungen

Regelmäßige Evaluierungen der Aktivitäten gehören in allen bislang genannten Bereichen zu einem wichtigen Baustein der Personalentwicklung. Verschiedene dieser Evaluierungen sind bereits wie berichtet realisiert, einen weiteren Baustein stellt in Kürze ein sog. Klimaindex dar, den die ULB gemeinsam mit einigen anderen Universitätsbibliotheken in Nordrhein-Westfalen entwickeln lassen wird. Dabei geht es um eine regelmäßige – vermutlich halbjährliche – sehr kurze Befragung aller Mitarbeiter zu ihrer Zufriedenheit mit der Arbeitssituation. Mit sehr wenig Aufwand für die Mitarbeiter kann so, das ist das Ziel, gerade auch im Vergleich mehrerer Befragungszeiträume, eine Einschätzung aktueller Handlungsnotwendigkeiten ermittelt werden.

Leistungsorientierte Bezahlung

Typischerweise wird im Kontext der Personalentwicklung auch über Bezahlung gesprochen – meist in Form von Beförderungen. Aber zunehmend tritt auch die Frage nach sog. leistungsorientierter Bezahlung, nach einmaligen Leistungsprämien und temporären Leistungszulagen in den Focus. Auch an der Universität Münster stellte sich diese Frage. In einem systematischen Beteiligungsverfahren aller Mitarbeiter entschied sich die ULB, diese Prämien und Zulagen nicht für sich zur Anwendung zu bringen, sind die Rahmenbedingungen doch zu schlecht: Neben Gerechtigkeitsfragen wurden von den Mitarbeitern Aspekte der Finanzierung – Entnahme aus dem und damit Reduzierung des regulären Personaletats – problematisiert. Statt solcher Prämien und Zulagen bemüht sich die ULB um andere Möglichkeiten einer systematischen Anerkennungskultur.

Personalentwicklung als strategisches Ziel

Personalentwicklung im beschriebenen Sinne bedingt immer auch eine Weiterentwicklung der Organisation und vor allem eine Weiterentwicklung der Strategie einer Einrichtung – und umgekehrt: Das Herauskristallisieren von Zukunftsszenarien und ihre Überführung in strategische Ziele und operative Maßnahmen bedingt zwangsläufig die Realisierung von Personalentwicklung mindestens als Teil der operativen Maßnahmen. Die ULB Münster hat sich die Personalentwicklung als eigenes strategisches Ziel der Bibliothek in ihr Stammbuch geschrieben und verfolgt es nachdrücklich als einen zentralen Schlüssel hin zu einer modernen, innovations- und serviceorientierten Informationseinrichtung.

Eva Haas-Betzwieser

Die Bibliothek von innen heraus entwickeln. Personal- und Organisationsentwicklung in der Staatsbibliothek zu Berlin

Immer kürzere Veränderungszyklen aufgrund technologischen Fortschritts sowie neuer Rahmenbedingungen, wie prekärer Etatlage oder komplexer rechtlicher Vorgaben, verlangen von Bibliotheken, immer schneller vorhandene Strukturen und Abläufe kritisch zu durchleuchten und neue innovative Lösungen zu entwickeln. Erfolgreicher und ideenreicher Wandel gelingt dabei nicht von alleine, sondern ist nur möglich, wenn die Betroffenen „mitgenommen" werden. Die Mitarbeiterinnen und Mitarbeiter müssen kontinuierlich befähigt werden, sich auf Neues einzulassen. Dies kann nur funktionieren, wenn sie auch im Arbeitsalltag das Gefühl haben, ernst genommen zu werden, indem auch im Alltäglichen auf ihre Belange, einschließlich derjenigen besonderer Beschäftigtengruppen, eingegangen wird sowie ihr Wissen und ihre Fähigkeiten gefragt sind. Für diese Art der Erneuerung steht die Personal- und Organisationsentwicklung.

Ziel der Personalentwicklung ist, bestehende Qualifikationen der Mitarbeiterinnen und Mitarbeiter zu erweitern und zu vertiefen sowie neue Qualifikationen aufzubauen.

Organisationsentwicklung hingegen wird als „geplanter Wandel" definiert, der verhaltenswissenschaftliche Erkenntnisse nutzt, um Veränderungsprozesse anzustoßen und gut voranzubringen. Maßnahmen der Organisations- und Personalentwicklung sind voneinander abhängig. Ohne einen Zugewinn an Fähigkeiten und Kenntnissen bei den Betroffenen können Organisationsveränderungen kaum nachhaltig verankert werden. Und Zusatzqualifikationen benötigen solide ebenso wie anpassungsbereite organisatorische Strukturen und Prozesse, um ihre Wirkung voll entfalten zu können.[1]

Auch Bibliotheken mit Tradition sind Veränderungsdruck unterworfen und gehalten, ihre Strukturen anzupassen. Nur so können sie im Wettbewerb bestehen, besonders bei Leistungen, die zunehmend ortsunabhängig angeboten werden, nämlich den elektronischen Diensten.

In der „Staatsbibliothek zu Berlin – Preußischer Kulturbesitz" waren es beispielsweise in der Vergangenheit die Wiedervereinigung zweier Einrichtungen,

---

1 Vgl. Walter A. Oechsler: Personal und Arbeit. Einführung in die Personalwirtschaft unter Einbeziehung des Arbeitsrechts, R. Oldenbourg Verlag, München und Wien, 5. Auflage, 1994, S. 373f.

die vierzig Jahre getrennt existierten, oder die Diskussion über die Profile der Lesesäle in den beiden großen Häusern, die zum Umdenken und Bilden neuer Strukturen geführt haben. Zeitgleich zwang die fortschreitende informationstechnische Entwicklung im Bibliotheksbereich, die elektronischen Dienstleistungen zu stärken und auf eine konsequente Vernetzung der Bereiche Technik und Information hinzuwirken. Aktuell sind die zunehmende Ressourcenknappheit und weitere informationstechnische Herausforderungen, wie die Etablierung der Digitalen Bibliothek, Veränderungstreiber, die von der Bibliothek neue Anstrengungen verlangen.

Was sich so nüchtern liest, hatte und hat noch immer tief greifende Auswirkungen auf die Mitarbeiterinnen und Mitarbeiter. Von Umstrukturierungen und der Einführung neuer Geschäftsgänge war und ist etwa ein Drittel der etwa 900 Beschäftigten betroffen. Im Rahmen von Restrukturierungen wurden sie in andere Abteilungen integriert, zogen an einen anderen Standort oder erhielten neue Aufgaben. Dies erzeugte Unruhe und war folglich durch geeignete Maßnahmen der Personalentwicklung zu begleiten. Um die Herausforderungen zu bewältigen, waren nicht nur harte Fakten zu schaffen, indem die Projekte planmäßig durchgeführt wurden, es waren auch die Menschen, die die Arbeit der Staatsbibliothek wesentlich beeinflussen, mitzunehmen. Sie waren zu **qualifizieren, zu motivieren, zu fördern und zu fordern**. Dazu kreiert die Staatsbibliothek seit mehreren Jahren unterschiedliche Bausteine von Personal- und Organisationsentwicklung. Noch ist das Haus eine Baustelle, aber so wie daran gearbeitet wird, die beiden großen Häuser der Berliner Staatsbibliothek in naher Zukunft in neuem Glanz erstrahlen zu lassen, ist die interne Organisation so zu konstruieren, dass sie positiv auf die Leistungsergebnisse der Einrichtung ausstrahlt.

Mit diesem Beitrag wird aufgezeigt, wie die Staatsbibliothek die einzelnen Bausteine von Personal- und Organisationsentwicklung modelliert hat und wie sie sich die an ihren Bedarf ausgerichtete Architektur des gesamten Hauses vorstellt.

Beispielhaft wird dies geschildert an den Prozessen „Entwicklung eines Gleichstellungsplans", „Installation eines Betrieblichen Gesundheitsmanagements" sowie „Einführung eines Qualitätsmanagements mit dem Instrument CAF (Common Assessment Framework)".

Der Gleichstellungsplan als Instrument der Personalentwicklung

Seit dem Jahr 2007, der Herausgabe des ersten Gleichstellungsplans in der Staatsbibliothek, enthält dieses Instrument Elemente von Personalentwicklung. Der Gleichstellungsplan beschreibt die Situation der weiblichen Beschäftigten im Vergleich zu ihren männlichen Kollegen und enthält Ziele und Maßnahmen, um die Unterrepräsentanz von Frauen in einzelnen Bereichen zu beseitigen sowie die Vereinbarkeit von Familie und Beruf zu verbessern.

Dies ist nicht losgelöst von Aussagen zur Qualifizierung von Frauen sowie der Anerkennung weiblicher Kompetenzen für Führungsaufgaben zu sehen. Gerade in von Frauen dominierten Bibliotheken sind diese Aspekte wichtig und eine Herausforderung auch für die männlichen Kollegen. Neue Vereinbarungen zur Zusammenarbeit waren durch die Einführung von Telearbeit und flexibler Arbeitszeit zu schaffen.

Weibliche Führungsnachwuchskräfte fördern

Bei der rein analytischen Betrachtung der Situation weiblicher Beschäftigter sind in der Staatsbibliothek, mit einem Anteil von 75 Prozent Frauen, keine negativen Auffälligkeiten zu erkennen. Aber – und hier steht die Staatsbibliothek nicht alleine da – es dominieren Frauen in Funktionen der mittleren Leitungsebenen; auf der oberen Führungskräfteebene hingegen sind sie in der Minderheit. Daran hat sich seit Vorlage des ersten Gleichstellungsplans nur wenig geändert. Zwar hatte der Gleichstellungsplan die gezielte Förderung von Frauen für Führungspositionen vorgegeben, dies aber zu abstrakt formuliert, um daraus konkrete Programme abzuleiten. So vermerkt der Zwischenbericht zum Gleichstellungsplan 2007 dazu knapp: „Konkrete Vorstellungen zu Jobrotation und gezielter Förderung von Frauen für Führungspositionen sind noch zu erarbeiten."[2]

Für den aktuellen Gleichstellungsplan 2011 wurden daraus die Konsequenzen gezogen. Er setzt auf die gezielte Förderung weiblicher Nachwuchsführungskräfte und schlägt ein Mentoringprogramm für sie vor. Mentoring gilt als ein erfolgsorientiertes Instrument der individuellen Förderung und der modernen Personalentwicklung. Gedanke des Mentorings ist, Beschäftigte gezielt zu fördern, indem sie eine Zeitlang von erfahrenen Führungskräften begleitet

---

2 Vgl. Staatsbibliothek zu Berlin: Zwischenbericht zum Gleichstellungsplan 2007, Berlin 2010, S. 9.

werden, die informelles berufliches Wissen transportieren.[3] Das Mentoringprogramm ist konzeptionell innerhalb eines der Projekte zur Einführung von Qualitätsmanagement zu entwickeln. Nach weiteren vier Jahren lässt sich anhand der beruflichen Entwicklung konkret geförderter Frauen ablesen, ob diese Art der Förderung Wirkung zeigt.

Qualifizieren durch arbeitsplatznahe Fortbildungen

Bereits eine Befragung von Teilzeitbeschäftigten aus dem Jahr 2005 ergab, dass verstärkt ortsnahe und Teilzeitfortbildungen gewünscht wurden.

Der Maßnahmenplan zum Gleichstellungsplan 2007 sah daher vor, Fortbildungsmaßnahmen mit betroffenen Beschäftigten abzustimmen sowie arbeitsplatznahe Fortbildung zu fördern.

In Mitarbeitergesprächen wurde besprochen, welche Fortbildungen notwendig oder wünschenswert sind.

Es gibt verschiedene Gründe, warum der Wunsch von Teilzeitbeschäftigten, insbesondere mit Familienpflichten, nach ortsnaher und Teilzeitfortbildung nicht immer erfüllt werden kann. Beispielsweise ist die Staatsbibliothek vertraglich an Fortbildungsträger gebunden, die Fortbildung weder arbeitsplatznah noch in Teilzeit anbieten können. Aber auch organisatorische Schwierigkeiten wie die Raumbelegung oder die Abstimmung der Terminierung bei sehr unterschiedlichen Teilzeitmodellen erschweren es, allen Wünschen nachzukommen.

Dennoch konnte ein zunehmendes Angebot an Inhouse-Schulungen etabliert werden, das den Belangen Vieler nach ortsnaher und Teilzeitfortbildung entgegenkam. Fachleute aus der Bibliothek bereiteten Fortbildungsinhalte zu bibliothekarischen Geschäftsgängen auf, für die ein Bedarf erkannt wurde, und vermittelten diese an ihre Kolleginnen und Kollegen. Jahr für Jahr wird so seit 2005 etwa ein Drittel aller bibliothekarisch Beschäftigten erreicht. Aus Sicht der Personalentwicklung profitieren dabei beide Seiten: die Schulenden, indem sie ihre Kenntnisse vertiefen und didaktische Fähigkeiten erwerben, und die Geschulten, indem sie ihr Wissen erweitern.

Motivieren und fordern mit Telearbeit

Seit Ende 2005 wird in der Staatsbibliothek alternierende Telearbeit praktiziert, was bedeutet, dass die Beschäftigten auf Antrag im Wechsel zu Hause und in

---

3 Vgl. www.forum-mentoring.de/mentoring-kongress-2010, Abruf: 25.02.12

der Dienststelle arbeiten können. Erreicht werden soll damit unter anderem, die Vereinbarkeit von Familie und Beruf zu verbessern sowie die Arbeitszufriedenheit und Motivation zu steigern. Telearbeit ist in einer Bibliothek in vielen Fällen möglich. Allerdings gibt es Aufgaben, wie Benutzungsdienste oder Arbeiten am Originalbestand, die eine Tätigkeit zuhause ausschließen.

Um erfolgreich Telearbeit praktizieren zu können, müssen sich die Telearbeitenden vom stark fremdbestimmten Rhythmus im Büro auf eine ungewohnt flexible Arbeitsweise umstellen. Einerseits gewinnen sie mehr Souveränität über ihren Tagesverlauf, indem sie ihre Arbeit unter Berücksichtigung eigener Bedürfnisse relativ frei einteilen können. Andererseits setzt diese Form der Arbeit die entsprechende Disziplin voraus, um auch wirklich das geforderte Arbeitspensum zu erledigen. Die Staatsbibliothek gewährt im Rahmen großzügiger Rahmenarbeitszeiten (montags bis freitags 6 bis 20 Uhr und samstags 8 bis 13 Uhr) die Freiheit, Arbeitszeit frei einzuteilen, fordert aber auch den Abschluss von Zielvereinbarungen, um die Leistungen für Vorgesetzte nachprüfbar zu machen. Damit unterliegen die Telearbeitenden einer stärkeren Leistungskontrolle als die Beschäftigten, die ihre Arbeit ausschließlich vor Ort erledigen.

Der Gleichstellungsplan der Staatsbibliothek 2007 sah vor, die Wirkung der Telearbeit zu evaluieren. Zu diesem Zweck wurden im zweiten Quartal 2009 die Telearbeitenden und ihre Vorgesetzten schriftlich befragt. Die anonyme und freiwillige Befragung diente dazu, den Erfolg der Telearbeit zu messen, mögliche Probleme zu beheben sowie die Qualität zu steigern.

Es wurden Aussagen zu den Themenkomplexen Verfahren, Effizienz/Arbeitsorganisation und Kontakt erhoben. Durch eine abschließende Äußerung sollten die Telearbeitenden ihren Gesamteindruck, den sie von der Telearbeit gewonnen haben, widerspiegeln. Die Telearbeitenden konnten zudem noch zu den Punkten Wirkung, Technik und Unterstützung Bewertungen abgeben. Die Teilnehmerinnen und Teilnehmer der Umfrage bewerteten die Aussagen in einer Skala zwischen 0 (schlecht) bis 5 (gut) Punkten.

Insgesamt nahmen 8 von 11 Telearbeitenden und 6 von 7 Vorgesetzten an der Befragung teil und sicherten damit eine Beteiligung von 77,8 %. Die Befragung der Telarbeitenden und ihrer Vorgesetzten ergab, dass 13 der 14 Antwortenden die Telearbeit für sinnvoll und empfehlenswert halten (5 und 4 Punkte). Lediglich ein Vorgesetzter bzw. eine Vorgesetzte blieb unentschlossen (3 Punkte). Die Mehrheit der Befragten war der Meinung, dass sich die Arbeitsorganisation durch die Telearbeit effizienter gestalten lässt. Zudem vertraten sämtliche Telearbeitenden die Ansicht, dass sich ihre Arbeitsleistung durch die Nutzung der heimischen Arbeit verbessert hat. Durch die Anpassung der Arbeitsweise an ihre persönlichen Bedürfnisse scheinen sie eine verbesserte Selbstorganisation zu erreichen und sich mehr auf ihre Arbeit konzentrieren zu können.

Die meisten Telearbeitenden konstatierten, dass sich ihre Gesamtsituation, auch in gesundheitlicher und familiärer Hinsicht, verbessert hat. Obwohl es immer noch Probleme beim Antragsverfahren und der technischen Realisierung der Heimarbeitsplätze gibt, lässt sich die alternierende Telearbeit in der Staatsbibliothek als Erfolg bezeichnen. Dank ihrer Einführung gelang es, nicht nur auf die individuellen Bedürfnisse der Beschäftigten einzugehen und ihre Zufriedenheit zu steigern, sondern so auch ihre Arbeitsleistung zu verbessern. Der letztgenannte Punkt kommt wiederum der Staatsbibliothek zugute.[4]

Gesundheitsmanagement als wichtiger Baustein

Nach der Luxemburger Deklaration zur betrieblichen Gesundheitsförderung in der Europäischen Union umfasst betriebliche Gesundheitsförderung

> „alle gemeinsamen Maßnahmen von Arbeitgebern, Arbeitnehmern und Gesellschaft zur Verbesserung von Gesundheit und Wohlbefinden am Arbeitsplatz. Dies kann durch eine Verknüpfung folgender Ansätze erreicht werden:
> • Verbesserung der Arbeitsorganisation und der Arbeitsbedingungen
> • Förderung einer aktiven Mitarbeiterbeteiligung
> • Stärkung persönlicher Kompetenzen."[5]

Im Rahmen des betrieblichen Gesundheitsmanagements setzen sich Beschäftigte und Führungskräfte mit den Ursachen von Gesundheit und Krankheit auseinander und erlernen gesundheitsbewusstes Verhalten. Dies kann Auswirkungen auf Arbeitsabläufe haben, beispielsweise durch Einführung von Mischtätigkeiten bei körperlich belastenden Tätigkeiten. Aufgrund des hohen Anteils an individueller Verhaltensbeeinflussung ist Gesundheitsmanagement ein besonderer Baustein von Personal- und Organisationsentwicklung. Schließlich dient Gesundheitsmanagement der Mitarbeiterförderung, beispielsweise indem Beschäftigte für gesundheitsbewusstes Verhalten sensibilisiert werden. Gleichzeitig stellt es Forderungen an die Mitarbeiterschaft, da jegliche Förderung am Arbeitsplatz nutzlos ist, wenn sich gesundheitsbewusstes Verhalten nicht im Privaten fortsetzt.

---

4 Vgl. Staatsbibliothek zu Berlin: Zwischenbericht zum Gleichstellungsplan 2007, Berlin 2010, S. 15.
5 Europäisches Netzwerk für Betriebliche Gesundheitsförderung – Nationale Kontaktstelle Deutschland, Essen, 2007, S. 2.

Für gesundheitsbewusstes Verhalten sensibilisieren

Seit dem Jahr 2008 befasst sich die Staatsbibliothek systematisch mit der Gesundheitsförderung für ihre Mitarbeiterinnen und Mitarbeiter. Sie führte als Instrument des Personalmanagements ein betriebliches Gesundheitsmanagement mit der Zielstellung ein, die Gesundheit und das Wohlbefinden der Beschäftigten am Arbeitsplatz zu stärken und zu erhalten sowie ein Bewusstsein für Gesundheit im privaten wie im beruflichen Bereich zu schaffen.

Weiter konkretisiert bedeutet das:
–   Im Vordergrund steht – insbesondere unter Berücksichtigung wachsender Belastungen – die Gesundheitserhaltung.
–   Ein sinnvolles Wiedereingliederungsverfahren nach längerer krankheitsbedingter Abwesenheit (gemäß § 84 Sozialgesetzbuch IX) ist zu schaffen.
–   Auf die Belange besonderer Beschäftigtengruppen, beispielsweise der Menschen mit Behinderungen, durch Familie und Beruf doppelt belasteter Beschäftigter oder älterer Mitarbeiterinnen und Mitarbeiter ist einzugehen.
–   Ein gutes Betriebsklima ist zu schaffen, das sich förderlich auf die Motivation auswirkt.
–   Arbeitsbedingte Gesundheitsgefahren sowie der damit verbundene Krankenstand sind abzubauen.
–   Die Beschäftigten sind für allgemeine gesundheitserhaltende Aktivitäten und das Vermeiden gesundheitlich belastender Gewohnheiten zu sensibilisieren.[6]

Entsprechend den allgemeinen Empfehlungen für die Initiierung eines Betrieblichen Gesundheitsmanagements bildete die Staatsbibliothek eine Steuerungsgruppe Gesundheitsmanagement. Unter Vorsitz der Generaldirektorin (hierin ist der hohe Stellenwert dieses Managementinstruments für die Staatsbibliothek erkennbar) wirken in der Steuerungsgruppe mit:
–   Vertreterinnen der Bereiche Personal und Organisation,
–   der Sicherheitsingenieur,
–   die Betriebsärztin,
–   die Leiterin des arbeitspsychologischen Dienstes,
–   alle Beschäftigtenvertretungen (Örtlicher Personalrat, Gleichstellungsbeauftragte, Schwerbehindertenvertretung),
–   Führungskräfte u.a. Abteilungsleiterinnen und -leiter.

---

6 Vgl. Staatsbibliothek zu Berlin: Projektbeschreibung „Einführung eines Gesundheitsmanagements in der Staatsbibliothek" vom 12.10.2007, S. 2.

Die Steuerungsgruppe hat sich vorgenommen, die Ziele des Gesundheitsmanagements innerhalb der Bibliothek weiter zu konkretisieren, Bestandsaufnahmen zu veranlassen und Handlungsbedarf festzustellen sowie durch interne Öffentlichkeitsarbeit für gesundheitsbewusstes Verhalten zu sensibilisieren.

Im Mittelpunkt des Gesundheitsmanagements in der Staatsbibliothek steht der primär präventive Ansatz. Berücksichtigt wurde dabei der zum Zeitpunkt der Einführung des Gesundheitsmanagements überdurchschnittlich hohe Krankenstand in der Staatsbibliothek.

Eine Erhebung im Jahr 2008 ergab, dass die krankheitsbedingten Fehlzeiten in der Staatsbibliothek mit insgesamt 7,45 % im Jahr 2006 und 7,31 % im Jahr 2007 deutlich über den Werten der Bundesverwaltung mit 6,12 % in 2006 und 6, 27 % in 2007 lagen.[7] In weiteren Untersuchungen wurde festgestellt, dass sich der Krankenstand mit Zugehörigkeit zur jeweils höheren Laufbahngruppe verringert. Hier wurde ein Zusammenhang mit den Tätigkeiten vermutet, die durch den einfachen und zum Teil auch mittleren Dienst ausgeführt werden. Diese sind geprägt durch schwere körperliche Belastungen, monotone Arbeitsabläufe, geringen Gestaltungsspielraum und wenig Eigenverantwortung.

Aus konkreten Untersuchungen lernen

Aufgrund der Auswertung der Fehlzeiten beschloss die Steuerungsgruppe Gesundheitsmanagement, Problembereiche und deren Arbeitsbelastungen genauer zu untersuchen, und beauftragte eine physische und psychische Gefährdungs- und Belastungsanalyse. Als Pilotbereich wurde die Ortsleihe der Benutzungsabteilung ausgewählt. Sie hat mit 40 Beschäftigten eine überschaubare Größe und gilt mit körperlich anstrengenden Tätigkeiten in direktem Benutzerkontakt und wechselnden Dienstzeiten als besonders belastet. Die Studie wurde durch das Kompetenzzentrum „Mensch – Gesundheit – Arbeit e.V.", einem an die Universität Potsdam angebundenen Verein, durchgeführt und verlief in zwei Schritten. Zunächst wurden alle Arbeitsabläufe in der Ortsleihe beschrieben und anschließend durch Studierende als Momentaufnahmen vor Ort objektiv beobachtet. Der zweite Teil bestand darin, die subjektiven Wahrnehmungen der in der Ortsleihe Beschäftigten in Form einer schriftlichen Befragung aufzunehmen. Die Kombination der Ergebnisse aus objektiver Betrachtung durch neutral Beobachtende und subjektiver Wahrnehmung der Betroffenen sollte eine möglichst hohe Validität der Untersuchung sicher stellen. Die Auswertung der Arbeitsplatzanalyse ergab

---

7 Vgl. Bundesministerium des Innern: BMI-Bericht „Krankenstand und Gesundheitsförderung in der unmittelbaren Bundesverwaltung" vom 15. Januar 2009, S. 18.

unter anderem Beschwerden durch Verspannungen im Schulter-/Nackenbereich sowie im Rücken. Als belastend wurden der geringe Entscheidungsspielraum sowie die zeitliche Inflexibilität durch Dienstpläne und Konflikte mit Benutzerinnen und Benutzern empfunden. Hingegen wurden die sozialen Beziehungen untereinander als positiv beschrieben.

Die Wirkung einer solchen Untersuchung ist abhängig von einer möglichst hohen Akzeptanz der Betroffenen sowie ihrer Beteiligung. Aus diesem Grund wurden die von der Studie betroffenen Mitarbeiterinnen und Mitarbeiter durch den verantwortlichen Projektleiter ausführlich über das Vorgehen informiert. Dennoch war die allgemeine Akzeptanz der Ergebnisse ein Schwachpunkt. Der Rücklauf der schriftlichen Befragung war gering und lag mit 40 Prozent im Grenzbereich dessen, was man noch als repräsentatives Ergebnis annehmen kann. Die objektiven Momentaufnahmen der Studierenden erschienen den Betroffenen als zu knapp bemessen. Sie fanden die Vielfalt der Ereignisse im Tagesablauf einer Ortsleihe nicht ausreichend wiedergegeben. Damit stockte auch die Umsetzung nennenswerter Ansätze. Als Konsequenz ist geplant, mögliche Problempunkte in einem Gesundheitszirkel direkt mit den Betroffenen zu bearbeiten.

Gesundheitsbewusstes Verhalten theoretisch und praktisch erfahren

Ein wichtiges Element des betrieblichen Gesundheitsmanagements in der Staatsbibliothek sind die jährlichen Gesundheitstage. Zielsetzung ist, durch ihren „Event"-Charakter möglichst viele Beschäftigte auf Gesundheitsthemen aufmerksam zu machen, in Veranstaltungen zu ausgewählten Aspekten zu informieren und damit für die Gesundheitsvorsorge zu sensibilisieren. Galt der erste Gesundheitstag im Jahr 2008 als Auftaktveranstaltung und bot er unter Beteiligung zahlreicher Krankenkassen ein umfassendes Angebot gesundheitsrelevanter Themen, so fokussierten die folgenden Gesundheitstage inhaltlich auf jeweils die Themen „Ergonomie am Arbeitsplatz", „Stressbewältigung" und „Ernährung im Arbeitsalltag". Am Gesundheitstag wechseln sich Vorträge mit aktivierenden Aktionen ab. An Informationsständen können sich Interessierte im Laufe des Tages zu gesundheitsrelevanten Punkten erkundigen und auf ihren individuellen Bedarf bezogene Fragen stellen. Um auf die Belange der in Dienstplänen eingebundenen Beschäftigten einzugehen, werden die Vorträge und Aktivitäten doppelt angeboten. So erhalten alle die Möglichkeit, dabei zu sein. Mit einer Teilnahmequote von jeweils einem Drittel der Beschäftigten der Bibliothek können die Gesundheitstage zu Recht als erfolgreiches Angebot im Rahmen der Gesundheitsförderung gewertet werden. Der Elan der Gesundheitstage wurde bisher genutzt, um jeweils weitere Präventionsmaßnahmen anzubieten. So wurden nach Dienstschluss im Hause Kurse zu Rückenbeweglichkeit und Progressiver Muskelentspannung organisiert. Ein Yoga-Kurs ist permanenter Bestandteil gesundheitsfördernder Initiativen im Hause. Gerade aufgrund ihrer Arbeitsplatznähe und der Möglichkeit, sich direkt im Anschluss an den Dienstschluss zu betätigen, sind die Kurse bei den Teilnehmenden beliebt. Dies ergab eine Evaluation des Angebots im Jahr 2009.

Alle Maßnahmen werden durch Informationen im Intranet begleitet. Damit kann zeitnah über Vorsorgemaßnahmen in besonderen Situationen, beispielsweise Grippewellen, informiert werden. Rückenübungen sind im Netz ständig abrufbar. Die Übungen sind einfach aber wirkungsvoll und lassen sich gut am Arbeitsplatz praktizieren.

Qualitätsmanagement als Wegbegleiter

Die zu Beginn des Beitrags genannten Herausforderungen, wie Ausbau der informationstechnischen Infrastruktur bei zunehmend knapperen Ressourcen, wurden in den vergangenen Jahren weiter präzisiert. Gemäß ihrem Leitbild ist zentrales Ziel für die Staatsbibliothek, ein Kompetenzzentrum für die geistes- und sozialwissenschaftliche Forschung zu werden. Auf dem Weg dahin ist sie zu einer schlanken und effizienten Bibliothek auszubauen, die sich unter Anwendung modernster IT-Dienstleistungen weiterentwickelt.[8]

Um diesen Anspruch zu erfüllen, entschied die Generaldirektion, ein Qualitätsmanagement einzuführen, das es ermöglicht, die Bibliothek von innen heraus und unter breiter Beteiligung der Führungskräfte sowie der Mitarbeiterschaft zu bewerten und zu verbessern. Dies kann das Instrument des Common Assessment Framework (CAF) bieten.

Mit CAF hat die Europäische Union ein Selbstbewertungssystem für öffentliche Einrichtungen in Europa etabliert, um das Verständnis und die Anwendung von Qualitätsmanagement zu fördern. Mittels eines standardisierten CAF-Fragebogens bewertet die Einrichtung die Qualität ihrer Leistungen. Organisationen können so mit relativ geringem Aufwand einen ersten Überblick über ihre Stärken, Schwächen und Verbesserungspotenziale erhalten.

In die Selbstbewertung mit CAF werden Mitarbeiterinnen und Mitarbeiter aller Hierarchieebenen einbezogen. Sie erhalten damit die Chance, ein neues

---

8 Vgl. http://staatsbibliothek-berlin.de/die-staatsbibliothek/portraet/leitbild/, Abruf 15.04.2012

Managementinstrument kennen zu lernen und zu verstehen sowie sich mit dem Handeln der eigenen Einrichtung auseinanderzusetzen. Die Selbstbewertung soll zu Veränderungen auch organisatorischer Art führen, die von innen heraus angestoßen und nicht von außen erzwungen werden. Die Bewertung mittels CAF ist in regelmäßigen Abständen zu wiederholen und verstetigt einen geplanten und strukturierten Wandel.[9] So stellt sich die Selbstbewertung mittels CAF als ideales Instrument der Personal- und Organisationsentwicklung dar.

Bewerten können alle

Um die o.g. gewünschten Effekte zu erreichen, wurde entschieden, die gesamte Staatsbibliothek nach dem CAF-Leitfaden[10] zu bewerten. Es wurden drei Bewertergruppen gebildet, deren Auftrag lautete, unabhängig voneinander die Gesamtbibliothek zu evaluieren. Absicht war, durch Einbeziehung vielfältiger Beschäftigtengruppen ein möglichst repräsentatives Ergebnis zu erreichen. Eine Bewertergruppe bestand aus allen Abteilungsleiterinnen und -leitern und vertrat damit die obere Führungsebene. Die beiden anderen Bewertergruppen setzten sich aus jeweils 12 bis 13 Mitarbeiterinnen und Mitarbeitern aller Hierarchieebenen aus verschiedenen Abteilungen zusammen. Mit der Trennung von Mitarbeiter- und Abteilungsleitergruppen konnte in den Schulungen und der eigentlichen Durchführung der Bewertung auf unterschiedliche Vorkenntnisse eingegangen und ein offener Dialog in den Gruppen gewährleistet werden.

Für die Teilnahme an der Selbstbewertung in einer Mitarbeitergruppe konnten sich alle Beschäftigten der Staatsbibliothek bewerben. Aus dem Kreis der ausgewählten Bewerberinnen und Bewerbern setzte sich die eine Hälfte der Mitarbeitergruppen zusammen. Die andere Hälfte dieser Gruppen wurde mit Personen ergänzt, die aufgrund ihrer Erfahrungen und Kenntnisse der Bibliothek direkt von der Bibliotheksleitung gewonnen werden konnten. Dies sollte eine höhere Repräsentativität gewährleisten. Wurden die Abteilungsleiterinnen und -leiter kraft ihres Amtes für eine Selbstbewertungsgruppe verpflichtet, so basierte die Teilnahme in den Mitarbeitergruppen auf Freiwilligkeit. Auch diejenigen, die von der Leitung angesprochen wurden, konnten es ablehnen, mitzumachen. Waren die Abteilungsleitungen verpflichtet, im Falle einer Verhinderung ihre Vertretung in eine Sitzung zu schicken, so nahmen die Mitarbeitenden die Aufgabe

---

9 Vgl. http://www.caf-netzwerk.de/cln_092/nn_2171358/CAF-Netzwerk/Ueber__CAF/ueber__caf__node.html?__nnn=true, Abruf 15.04.2012.
10 Vgl. Bundesverwaltungsamt - Deutsches CAF-Zentrum: Selbstbewertung mit CAF – Leitfaden für die Praxis, Köln 2009.

persönlich wahr. Wenn Mitarbeitende die Sitzungstermine nicht wahrnahmen, blieb ihr Platz leer. Die Mitglieder aller Gruppen trugen damit eine hohe Verantwortung für ihren Einsatz.

Zum Verständnis des Vorgehens und der daraus folgenden Relevanz für den Erkenntnisgewinn aller Beteiligten ist es wichtig, kurz auf das CAF-Verfahren einzugehen. Grundlage für die Bewertung war der aktuelle CAF-Fragebogen.[11] Er umfasste in der Staatsbibliothek 188 Indikatoren, mit deren Hilfe Themenfelder bewertet und gewichtet wurden, die nach wissenschaftlichen Erkenntnissen für das gute Funktionieren einer öffentlichen Einrichtung von Bedeutung sind. Als Beispiel sei das Themenfeld „Prozesse" genannt. Einer der Indikatoren, für die in diesem Zusammenhang Punkte auf einer Skala von 0 („Bibliothek ist in diesem Bereich nicht tätig.") bis 100 („Alle Aktivitäten der Bibliothek in diesem Bereich unterliegen einem laufenden Verbesserungszyklus.") zu vergeben waren, war die Aussage „Die Bibliothek stellt ihre Kernprozesse fest, beschreibt und dokumentiert diese." Neben der Bewertung des Indikators mussten die Bewerterinnen und Bewerter angeben, wie wichtig Aktivitäten in dem bewerteten Bereich für die Bibliothek sind.

Aufgrund der Komplexität des Verfahrens wurden alle Bewerterinnen und Bewerter an zwei Schulungstagen in das Thema Qualitätsmanagement eingeführt und mit dem Selbstbewertungsmodell CAF vertraut gemacht. In zwei Runden gaben die Mitglieder der beiden Mitarbeitergruppen sowie der Abteilungsleitungsgruppe ihre Einschätzungen über Stärken und Schwächen der Bibliothek ab und diskutierten diese untereinander. Unterstützt wurden sie dabei durch erfahrene externe Moderatorinnen, die sicherstellten, dass das Basiswissen gewährleistet und der Gedankenaustausch weiterführend waren.

Die Auswertung der Gruppenergebnisse ergab, dass in den Themenfeldern „Führung", „Strategie und Planung" sowie „Personalmanagement" Handlungsbedarf für die Staatsbibliothek besteht. Dieses Gesamtergebnis wurde in einem zweitägigen Gesamtgruppen-Workshop unter Beteiligung aller Bewerterinnen und Bewerter vorgestellt und es wurden daraus acht zentrale Leitthemen abgeleitet, die im Jahr 2012 in Form von Projektarbeit – erneut unter breiter Beteiligung aus Führungsebene und Mitarbeiterschaft – umgesetzt werden. Auch hier war es mit Hilfe der beiden Moderatorinnen gelungen, allen Beteiligten die gleichen Chancen zu geben, sich einzubringen.

11 Vgl. Bundesverwaltungsamt – Deutsches CAF-Zentrum: Arbeitsbogen – Bewertungsmethode I, Köln 2009.

Durch Beteiligung lernen

Die Einbeziehung der Mitarbeiterinnen und Mitarbeiter sowie der Führungskräfte in den Selbstbewertungsprozess galt von Anfang an als entscheidender Erfolgsfaktor. Um dies zu gewährleisten, waren alle Mittel der internen Kommunikation auszuschöpfen. Hierzu wurden folgende Aktivitäten durchgeführt:

Als Auftakt berichtete die Generaldirektorin in zwei Informationsveranstaltungen in den beiden großen Häusern über das Vorhaben und rief die Beschäftigten dazu auf, sich am Prozess zu beteiligen.

Der Aufruf, sich für eine der Mitarbeiter-Selbstbewertungsgruppen zu bewerben, wurde mittels Rundschreiben allen Beschäftigten bekannt gegeben.

Interne Rundschreiben und das Intranet wurden im Verlaufe des Prozesses als übliche interne Veröffentlichungen verwendet, um alle Mitarbeiterinnen und Mitarbeiter jeweils über Aktuelles zum Prozess zu informieren.

Die „heiße Phase" mit Informationen in allen Abteilungen begann nach dem Gesamtgruppen-Workshop. Die Mitarbeiter und Mitarbeiterinnen des Projektmanagements gingen dabei jeweils in die Dienstbesprechungen der Abteilungen, um über das Ergebnis der Selbstbewertung und die nun folgenden Maßnahmen zu informieren. Dabei hatten alle Beschäftigten die Möglichkeit Fragen zu stellen und zu diskutieren.

Der Nutzen des gewählten Verfahrens lag darin, dass alle Mitarbeiterinnen und Mitarbeiter die Chance erhielten, aktiv die Weiterentwicklung der Bibliothek mitzugestalten. Eine repräsentative Zusammensetzung der Bewertergruppen war durch das komplexe Auswahlverfahren gewährleistet. Im Verlauf einer wissenschaftlichen Begleitung des Prozesses durch die Hochschule für Medien, Stuttgart, wurden auch Interviews mit Beteiligten und Nicht-Beteiligten durchgeführt, die zeigten, dass in der gesamten Mitarbeiterschaft ein wohlwollendes Interesse an dem Prozess bestand. Aufgrund der zügigen zeitlichen Abfolge von Schulungen, Selbstbewertungen, Konsensrunden und Gesamtgruppen-Workshop wurden lange Phasen des Stillstands vermieden und die Erinnerung an den Prozess, auch für die nicht direkt am Prozess Beteiligten, „wach" gehalten.

Wichtig war für alle Beteiligten der straffe Zeitplan, der den persönlichen Einsatz kalkulierbar machte. Anfang 2011 rief die Generaldirektion zur Beteiligung auf, im Frühjahr waren die Bewertungsgruppen gebildet und konnten geschult werden. Der Sommer 2011 – mit Ausnahme der Sommerferien – wurde genutzt, die Bewertungs- und Konsensrunden durchzuführen. Im Herbst 2011 fand der Gesamt-Gruppenworkshop statt und noch vor Weihnachten 2011 war entschieden, dass im Jahr 2012 acht CAF-Gruppen an der Umsetzung der im Bewertungsprozess als erforderlich identifizierten Maßnahmen arbeiten werden.

Perspektiven

Personalentwicklung als Instrument zur Förderung von Mitarbeiterinnen und Mitarbeiter und Organisationsentwicklung als „geplanter Wandel" zieht sich durch vorgenannte Beispiele. Allen ist gemeinsam, dass sie die Weiterentwicklung der Mitarbeiterinnen und Mitarbeiter der Staatsbibliothek fördern. Teilweise handelt es sich um zielgruppenspezifische Angebote, wie die Maßnahmen des Gleichstellungsplans, die sich an Frauen und Beschäftigte mit Familienpflichten wenden, teilweise sind alle Beschäftigten der Bibliothek angesprochen, so durch das Gesundheitsmanagement oder durch das Qualitätsmanagement. Wobei bei beiden letztgenannten Instrumenten auffällt, dass auch sie offensichtlich bestimmte Personengruppen ansprechen. Beispielsweise interessieren Maßnahmen des Gesundheitsmanagements überwiegend diejenigen, die bereits aus persönlichen Gründen gesundheitsbewusst handeln. Andererseits zeigen Diskussionen zum Thema, dass auch die eigene Betroffenheit dazu animiert, die Veranstaltungen und Angebote des betrieblichen Gesundheitsmanagements wahrzunehmen. Für die Bewertergruppen des CAF-Prozesses meldeten sich überwiegend Personen, die schon zuvor in Arbeitsgruppen engagiert waren. Jedoch auch Beschäftigte, die sich mangels Gelegenheit sonst zurückhielten, sollten sich angesprochen fühlen, mitzumachen und ihre Erfahrungen bei der Beurteilung der Bibliothek in ihrer Gesamtheit einzubringen.

Es ist erkennbar, dass diejenigen, die die angebotenen Möglichkeiten ergriffen, dies durchaus als Chance für sich erkannten. Und damit ist ein wichtiger Erfolgsfaktor für die Personalentwicklung erfüllt. Denn die Angebote des Bibliotheksmanagements erzielen nur die erhoffte Wirkung, wenn die Angesprochenen davon auch überzeugt sind. Um auch zurückhaltende Mitarbeiterinnen und Mitarbeiter zur Beteiligung zu ermuntern, sind auch Maßnahmen und Aktionen zu bieten, die auf Breitenwirkung zielen. Je mehr unterschiedliche Zielgruppen angesprochen werden, desto mehr Multiplikatorinnen und Multiplikatoren sind zu erreichen, die wiederum ihre Überzeugung im Kollegenkreis weitergeben können. Da Veränderungen nur erfolgreich sind, wenn sie von einer soliden Mehrheit angenommen werden, die Engagement und das Eingehen auf Neues auch als Chance für ihre eigene Entwicklung begreift, lässt sich hier ein Zusammenhang der Instrumente festmachen.

Im Gleichstellungsplan sowie im Konzept zum Gesundheitsmanagement sind überwiegend Bausteine für Personalentwicklung zu finden. Die Indikatoren der Selbstbewertung nach CAF hingegen gehen sowohl auf Maßnahmen der Personal- als auch der Organisationsentwicklung ein. Durch konsequente Anwendung des CAF-Kreislaufs – Planen, Umsetzen, Überprüfen und Anpassen – lassen sich beide Elemente in der Staatsbibliothek ausbauen und so gestalten, dass sie unterstützend für die Weiterentwicklung der Bibliothek wirken und ihre Innovationsfähigkeit fördern. Im optimalen Fall lässt sich eine gleichmäßige Aufwärtsbewegung erkennen und die Vision der Staatsbibliothek zu Berlin als anerkanntes Kompetenzzentrum für die geistes- und sozialwissenschaftliche Forschung erfüllen.

Bibliographie

Bundesministerium des Innern: BMI-Bericht „Krankenstand und Gesundheitsförderung in der unmittelbaren Bundesverwaltung" vom 15. Januar 2009.

Bundesverwaltungsamt - Deutsches CAF-Zentrum: Selbstbewertung mit CAF – Leitfaden für die Praxis, Köln 2009.

Bundesverwaltungsamt – Deutsches CAF-Zentrum: Arbeitsbogen – Bewertungsmethode I, Köln 2009.

Europäisches Netzwerk für Betriebliche Gesundheitsförderung - Nationale Kontaktstelle Deutschland, Essen 2007.

Walter A. Oechsler: Personal und Arbeit. Einführung in die Personalwirtschaft unter Einbeziehung des Arbeitsrechts, R. Oldenbourg Verlag, München und Wien, 5. Auflage, 1994.

Staatsbibliothek zu Berlin: Zwischenbericht zum Gleichstellungsplan 2007, Berlin 2010.

Staatsbibliothek zu Berlin: Projektbeschreibung „Einführung eines Gesundheitsmanagements in der Staatsbibliothek" vom 12.10.2007.

Imma Hendrix

„Humboldt führt" – wie eine Mitarbeiterbefragung zur Verstetigung von Personalentwicklungsmaßnahmen genutzt werden konnte

Im Jahr 2007 beauftragte die Universitätsleitung der Humboldt-Universität ein An-Institut der Universität für Arbeits- und Organisationspsychologie (artop) mit der Durchführung einer Befragung zum Thema Führungsarbeit bei den Mitarbeiterinnen und Mitarbeitern der Universitätsverwaltung. Anlass war eine Initiative der zentralen Frauenbeauftragten aufgrund festgestellter „verbreiteter Unzufriedenheit bei vielen Mitarbeiterinnen in Technik und Verwaltung". Die Befragung umfasste ca. 740 Beschäftigte in Verwaltung und Zentraleinrichtungen und wurde zwischen Dezember 2007 und Dezember 2008 durchgeführt, verantwortet durch eine Steuerungsgruppe (bestehend aus Vertreterinnen und Vertretern von artop, des Präsidialbereichs, der Personalabteilung und des Personalrats) und unterstützt durch eine sog. Resonanzgruppe, bestehend aus Vertreterinnen und Vertretern der einbezogenen Bereiche, die den Austausch zwischen der Projektsteuerung und den Befragten gewährleisten sollte. 40 % der Beschäftigten nahmen an der Befragung teil; an der UB lag die Beteiligung bei 54 %.

Die Umfrage sollte sich nicht auf alle Dimensionen von Arbeitszufriedenheit beziehen, sondern auf solche Aspekte konzentrieren, bei denen aus den Ergebnissen auch Konsequenzen gezogen werden können, und war daher auf Führungshandeln fokussiert. Das Ziel wurde wie folgt formuliert:

> „Die aktuelle Situation ist gekennzeichnet durch steigende Herausforderungen in der Aufgabenerledigung der Mitarbeiterinnen und Mitarbeiter sowie der Führungskräfte. Die Komplexität der Aufgaben ist erheblich gestiegen, während die Ressourcen im Wesentlichen knapper geworden sind. Ergebnis ist eine spürbare Unzufriedenheit in einzelnen Bereichen bzw. Gruppen.
>
> Ziel des Projektes sind die Verbesserung der Arbeitsergebnisse und die Steigerung der Zufriedenheit der Mitarbeiterinnen und Mitarbeiter sowie der Führungskräfte. Die Bedingungen hierfür zu schaffen, ist zentrale Führungsaufgabe. Die Führungsarbeit unter Beachtung der relevanten Rahmenbedingungen an der HU ist aus diesem Grund der Kern der Befragung und der daran ansetzenden Entwicklungsmaßnahmen."

Es handelte sich um eine freiwillige Online-Befragung über die Zufriedenheit der Beschäftigten mit

– dem Führungsverhalten der direkten Führungskraft,

- dem Führungsverhalten der übergeordneten Führungskraft,
- der Arbeitsaufgabe,
- den Arbeitsergebnissen und
- der Zusammenarbeit im Bereich.[1]

Verbesserungsmöglichkeiten konnten in Freitextfeldern formuliert werden. Ergänzend wurden die Führungskräfte, ebenfalls als Online-Befragung, um eine Selbsteinschätzung gebeten, die in der Auswertung einen Abgleich zwischen Selbst- und Fremdeinschätzung ermöglichte.

Zwischen August 2007 und Ende 2008 wurden von den teilnehmenden Einrichtungen folgende Phasen durchlaufen:

Phase 1: Vorbereitung
Erstellung des Themenkatalogs für die Befragung, Kommunikation des Projekts
Dauer: 3 Monate

Phase 2: Befragung
Durchführung der Befragung, Ergebnisauswertung, Aufbereitung der Ergebnisse in zusammengefasster Form unter Wahrung der Anonymität
Dauer: 4 Monate

Phase 3: Feedback
Gemeinsame Auswertung mit den Führungskräften und Rückmeldung an die Mitarbeiterinnen und Mitarbeiter
Dauer: 3 Monate

Phase 4: Entwicklung
Einbindung der Mitarbeiterinnen und Mitarbeiter in die Entwicklung von Maßnahmen im Rahmen einer Großveranstaltung, Durchführung des 5-Punkte-Programms des Präsidiums
Dauer: 6-9 Monate
Zunächst wurde von der Steuerungsgruppe der Themenkatalog erstellt und im Rahmen einer Veranstaltung den Führungskräften der Universitätsverwaltung präsentiert. An die eigentliche Befragung schloss sich von April bis Juni 2008 ein intensiver Auswertungsprozess an (Phase 3). Allein in der Universitätsbibliothek wurden 10 Einzelgespräche mit Führungskräften, 6 Führungszirkel (z. B. für eine Abteilungsleitung mit den unterstellten Referatsleitungen), Workshops in allen Abteilungen und Workshops in allen Referaten durchgeführt. Da es sich hierbei

---

1 vgl. Abbildung 1

grundsätzlich um Pflichtveranstaltungen handelte, war der Aufwand für alle Beschäftigten – unabhängig davon, ob sie selbst an der Befragung teilgenommen hatten – sehr hoch.

Darüber hinaus präsentierte die UB-Leitung die Ergebnisse der UB im Rahmen des Ressortworkshops beim zuständigen Vizepräsidenten für Forschung und nahm am HU-Workshop mit dem gesamten Präsidium und den Leiterinnen und Leitern aller einbezogenen Abteilungen und Zentraleinrichtungen teil.

Als Grundlage für den Auswertungsprozess erhielt jede Führungskraft (unabhängig von einer eigenen Teilnahme an der Befragung) die Ergebnisse zur eigenen Person und für den Bereich (z. B. die Abteilung oder das Referat).[2] Kurvendiagramme stellten zu jedem Wert den Vergleich mit der Universität insgesamt, mit dem Gesamtminimal- und -maximalwert sowie – bei Aspekten der Führung – auch im Vergleich zum Selbstbild dar. Einem Reader konnte zu jeder Frage der Wert sowie die Angabe, wie viel Prozent der Befragten wie geantwortet haben, entnommen werden. Jeder Führungskraft wurden die Ergebnisse in einem Vieraugengespräch von einem artop-Mitarbeiter erläutert. Artop übernahm außerdem die Präsentation der Ergebnisse auf den Workshops der größeren Einheiten (UB gesamt sowie UB-Abteilungen).

In den einzelnen Stufen des Feedback-Prozesses ging es darum, die Ergebnisse zu erläutern, gemeinsam auszuwerten und Konsequenzen daraus zu ziehen: Welche Werte können als Bestätigung des bisherigen Handelns interpretiert werden? Welche Felder sind entwicklungsfähig? Wo bestehen Desiderate? Neben dem Nutzen für die eigene Führungsarbeit wurde die UB insgesamt durch die Vorbereitung des Ressortworkshops gleichsam gezwungen, sich mit Veränderungsbedarfen auseinanderzusetzen und zu prüfen, welche Maßnahmen sie selbst ergreifen kann, um Veränderungen zu bewirken, und für welche die Unterstützung anderer („von oben") erforderlich ist. In diesem Prozess haben UB-Direktor und Abteilungsleitungen folgende Veränderungsbedarfe sondiert und Maßnahmen zu ihrer Umsetzung formuliert:

---

2 Als Beispiel ist Abbildung 2 eine Auswertung zur Arbeitszufriedenheit zu entnehmen.

Bereich	Veränderungsbedarfe	Maßnahmen[1]
Führung	Führungsinstrumente einführen	regelmäßige Dienstbesprechungen in allen Bereichen der UB durchführen jährliche Mitarbeiter-Vorgesetzten-Gespräche in allen Bereichen der UB verbindlich vorschreiben und durchführen
	Entscheidungsstrukturen klären	Informationspolitik verstetigen
	Außendarstellung professionalisieren	Weiterbildungskonzept entwickeln
Aufgaben	kontinuierlichen Arbeitsfluss ermöglichen	Orientierung an der Balanced Scorecard/ dem Arbeitsprogramm der UB
	Mitarb. in Neubauplanungen einbeziehen	Arbeitsorganisation verbessern
Zusammen-arbeit	Informationskonzept verbessern	Anteil direkter Kommunikation erhöhen
		Informationswege festlegen
	Austausch zu Fachfragen anregen/verstärken	Intranet neu strukturieren
HU	Personalentwicklung ermöglichen	Personalentwicklung im Rahmen der eigenen Möglichkeiten planen
	Verwaltungsaufgaben vereinfachen	
	Ausstattungsstandard erhöhen	
	Kommunikation verbessern	Schnittstellen zur Technischen Abteilung und dem Computer- und Medienservice definieren

Gegenüber der Universitätsleitung wurde der Bedarf formuliert, in Bezug auf Bauangelegenheiten und Personal mehr Planungssicherheit zu erhalten und die Personalausstattung zu verbessern. Von der Personalabteilung wurde ein verbindliches Verfahren für die Durchführung von Mitarbeiter-Vorgesetzten-Gesprächen eingefordert.

Soweit die Diskussionsergebnisse des Feedback-Prozesses: Was ist daraus geworden? Die Universitätsleitung als Auftraggeber der Befragung hat im Juni 2008 ein 5-Punkte-Programm formuliert, das vor allem Maßnahmen der Personalentwicklung beinhaltete und nur ansatzweise umgesetzt wurde. Aufgrund des hohen Aufwands und der vielfältigen Informationen im Zusammenhang mit „Humboldt führt" muss seitdem eine Befragung als Instrument der Personalent-

---

3 Es wurde nicht für jeden festgestellten Veränderungsbedarf eine Maßnahme formuliert, für manche aber mehrere.

wicklung als „verbrannt" betrachtet werden. Das Ziel der HU-weiten Führungs-kräfte-Entwicklung wurde nicht erreicht.

Nichtsdestotrotz hat der differenzierte Prozess der Auswertung und Diskussion der Ergebnisse auf verschiedenen Ebenen der UB – angefangen von dem inviduellen Feedback aller Führungskräfte - für ihre Weiterentwicklung doch genutzt. Den Führungskräften war es aufgrund der Struktur des Prozesses kaum möglich, sich dem Verfahren zu entziehen, und die mehr oder weniger erzwungene Auseinandersetzung mit sich selbst führte zwangsläufig zu einer Homogenisierung der Führungsinstrumente in den verschiedenen Bereichen der UB.

Die hohe Beteiligung der UB-Beschäftigten an der Befragung – im Ergebnis stammte etwa jede 4. Stimme aus der UB – hat gezeigt, dass die Mitarbeiterinnen und Mitarbeiter ein ausgeprägtes Interesse hatten, sich mit ihren Arbeitsbedingungen auseinanderzusetzen. Die Befragung fiel insofern auf fruchtbaren Boden, als wir im Zuge der Einführung einer Balanced Scorecard bereits intensive Diskussionen über Aufgaben und Formen der Zusammenarbeit in der UB geführt hatten. Durch die Bereichstreffen und Workshops konnten viele Maßnahmen weiterentwickelt und neue formuliert werden.

Insbesondere wurden wir auf einem Weg bestärkt, der jährliche Mitarbeiter-Vorgesetzten-Gespräche, „geplante" Information/Kommunikation mit dem Ziel größtmöglicher Transparenz (z. B. über einen monatlichen elektronischen Newsletter), regelmäßige Arbeitsbesprechungen in den verschiedenen Organisationseinheiten und jährliche Mitarbeiterversammlungen zur Vorstellung des Arbeitsprogramms als wesentliche Elemente der Personalentwicklung beinhaltet. Die Weiterentwicklung des Intranets zu einem internen Wiki und die Entwicklung und Fortschreibung eines internen Fortbildungskonzepts sind die nächsten Schritte auf diesem Weg.

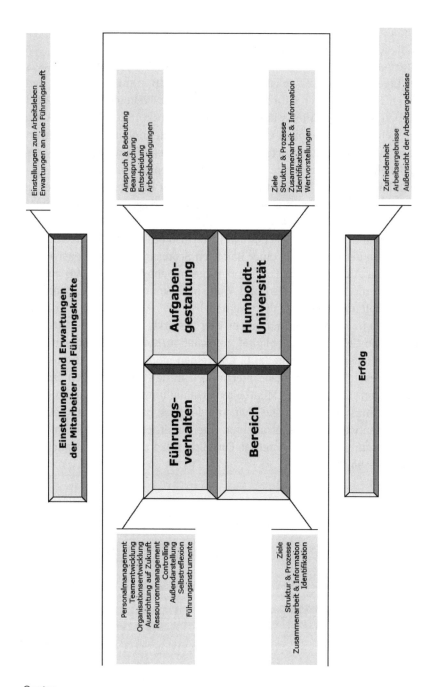

© artop

Abb. 1: Themen der Mitarbeiterbefragung.

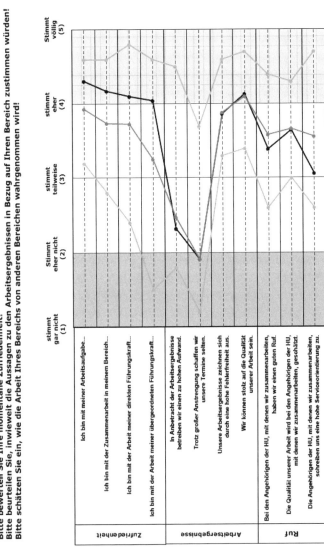

© artop

Abb. 2: Auswertung zur Arbeitszufriedenheit.

Arend Flemming

Vereinbarkeit von Familie und Beruf. Bericht aus der bibliothekarischen Praxis

1 Strategische Bedeutung

Gerade für die Personalarbeit von Bibliotheken sind die Bemühungen, das berufliche Umfeld familienfreundlich zu gestalten, von größter Bedeutung.

Dies betrifft sowohl die (zum großen Teil weibliche) Belegschaft selbst als auch das Image der Bibliothek in Richtung Politik und Nutzer.

Dabei ist es nicht immer leicht, den richtigen Kompromiss zwischen Mitarbeiter- und Nutzerorientierung zu finden. Lange Abendöffnungszeiten einer Bibliothek sind selbstverständlich familienfreundlich für unsere Nutzerinnen und Nutzer, nicht so für Mitarbeiterinnen und Mitarbeiter mit Kindern oder zu pflegenden Familienangehörigen.

Die strategische Bedeutung bezieht sich auf:
– ökonomische Notwendigkeiten,
– demografische Entwicklung und
– die Wirkung als Standortfaktor.

2 Demografische Herausforderungen

Das Erwerbspersonenpotenzial in Deutschland nimmt ab, leider auch die Stellenzahl in Bibliotheken, nicht aber in der Dynamik der demografischen Entwicklung.

Aus dem wohl beispielhaften Vergleich der tatsächlichen mit der idealen Altersstruktur ergibt sich ein Personal-Bedarf bei jüngeren Beschäftigten:

Die ideale Alterspyramide ergibt sich wie folgt:
– Der Altersgruppe 21 – 30 gehören weniger Beschäftigte an, da nur ab einem gewissen Alter bestimmte Berufe möglich sind (z. B. mit Hochschulabschluss).
– Gemäß Sterbestatistik müssten die älteren Jahrgänge etwas geringer sein als die Jahrgänge bis 50.
– Ab 60 hat sich bisher die Möglichkeit der Frühverrentung ausgewirkt. In den Folgejahren wird dies nicht mehr so gravierend sein. Der Balken ab 61 aufwärts ist von Natur aus maximal nur hälftig, da nur 5 Jahrgänge einbezo-

gen sind. Demzufolge kann der theoretische Balken maximal die Hälfte des Balkens 51 bis 60 sein.

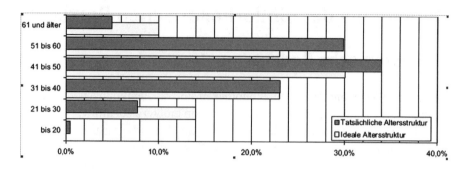

Quelle: Personalbericht Landeshauptstadt Dresden, 2011

Es geht also inzwischen auch im öffentlichen Dienst im Wettbewerb um qualifizierte Arbeitskräfte. Gesunde, zufriedene, motivierte Beschäftigte tragen zu einer hohen Produktivität bei.

Attraktive Arbeitsbedingungen sind ein wesentlicher Bestandteil der Strategien, Mitarbeiter gewinnen und binden zu können.

Der „Monitor Familienleben 2010" des Bundesfamilienministeriums stellt fest: die Vereinbarung von Familie und Beruf ist für:
- 69 % der Bevölkerung und
- 78 % der Eltern
von herausragender Bedeutung für die Familienpolitik.

Setzt man voraus, dass weder Unternehmen noch öffentliche Verwaltungen und Dienstleister mehr Geld in entsprechende Angebote stecken können, kommt der qualitativen Arbeitsorganisation eine besondere Rolle zu.
- Langzeitarbeitskonten,
- Teilzeitarbeit,
- Home Office
sind zunächst keine neuen Kostenblöcke, zeigen aber die Orientierung auf die Mitarbeiterinnen und die Mitarbeiter sehr wirkungsvoll, weil sie an deren wichtigstem Interesse ansetzen: an familienfreundlichen Arbeitsbedingungen.

3 Zuverlässige Rahmenbedingungen

Eckwerte für erfolgreiche familienfreundliche Personalpolitik sind:
– Flexibilisierung,
– Individualisierung,
– Akzeptanzsicherung,
– ein positives Menschenbild,
– ein strategischer Ansatz der Personalentwicklung und
– das betriebliche Gesundheitsmanagement.

Voraussetzungen für die Flexibilität in der konkreten Arbeitsorganisation sind:
– gemeinsame Zieldefinitionen,
– ein verbindlicher Rahmen der Arbeitsorganisation,
– Indikatoren zur Bemessung der Zielerreichung sowie
– das gemeinsame Verständnis für ständige Veränderungsprozesse.

In den Städtischen Bibliotheken Dresden hat sich seit vielen Jahren die Arbeit mit politisch verabschiedeten Bibliotheksentwicklungsplänen bewährt. Die Laufzeit beträgt jeweils drei Jahre, ein Zeitraum, welcher sich als intern überblickbar, seriös planbar und politisch akzeptabel bewährt hat.

Da die Eckwerte vor der politischen Diskussion und Beschlussfassung umfassend intern abgestimmt werden, gibt es eine große Zustimmung für die personalpolitischen Maßnahmen zur Realisierung der Pläne.

Eine untersetzende Personalbedarfsberechnung definiert sowohl in den die Leistung beschreibenden Indikatoren als auch konkret quantitativ den Rahmen des Mitarbeitereinsatzes.

Auf dieser Basis sind die Bibliotheken und Bereiche dann in der Lage, individuell und unter optimaler Berücksichtigung der Interessen der einzelnen Mitarbeiterinnen und Mitarbeiter ihre Angebote, Bestände sowie Öffnungs- und Arbeitszeiten konkret zu gestalten.

4 Unternehmenskultur

Die Kultur eines familienfreundlichen Arbeitsumfeldes zeigt sich zum Beispiel in der Beantwortung folgender Fragen:
– Wie reagiert der Arbeitgeber auf die Bekanntgabe einer Schwangerschaft?
– Wird eine Pflegesituation offen kommuniziert?
– Gibt es Beratungsangebote?

- Welche Reaktion erhalten Väter bei der Frage nach Teilzeit?
- Wie werden Angebote tatsächlich genutzt?

Eine Kultur der persönlichen Wertschätzung ist von größter Bedeutung, da das Personal in den Bibliotheken stets die größte Ressource darstellt und vor allem die Qualität des Personals die Qualität bibliothekarischer Dienstleistungen sichert.

Grundlage für den praktischen Erfolg von familienpolitischen Maßnahmen in Bibliotheken ist allerdings vor allem eine Unternehmenskultur mit hoher Wertschätzung auch der familiären Belastungen der Mitarbeiterinnen und Mitarbeiter. „Ermöglichen und Vertrauen" sind in den Städtischen Bibliotheken Dresden die Leitthesen im Personalmanagement.

Ganz konkret äußert sich diese Wertschätzung bei:
- der Suche nach Fachpersonal,
- der Organisation von Elternzeit für Väter und Mütter,
- der Lösung von individuellen Problemfällen, zum Beispiel bei familiären Pflegefällen,
- der Planung und Durchführung von Fortbildung in der Arbeitszeit oder in der Freizeit.

Um eine Unternehmenskultur des Vertrauens aufzubauen, muss zunächst die Anwesenheitskultur bekämpft werden. Die Gleichsetzung von physischer Präsenz am Arbeitsplatz mit Leistung und Loyalität ist keinesfalls leistungsstimulierend und alles andere als familienfreundlich.

Leistungsbereitschaft der Mitarbeiterinnen und Mitarbeiter und das positive Vorbild der Führungskräfte vorausgesetzt, entsteht Vertrauen durch:
- flexible Gestaltung der Arbeitswelt,
- Signalisierung eines positiven Menschenbildes,
- Ermöglichung selbstgesteuerter Prioritäten und
- eigenverantwortliche Zeitdisponierung.

Dazu sind die Leistungsanforderungen transparent zu gestalten und zweiseitig zu fixieren.

Dieser Rahmen wird in Dresden durch Leistungs- und Zielvereinbarungen auf Basis von Bibliotheks- und Personalentwicklungsplanung mit jedem Team hergestellt und mittels monatlichen Controllings gesteuert.

Im damit in Verbindung stehenden internen Informationsmanagement sind sowohl
- Transparenz durch offene Informationskulturen,
- Verzicht auf Machtwissen,
- effektive, strukturierte Information

als auch die Organisation des Besprechungsmanagements selbst Elemente der Familienfreundlichkeit.

Bei Beratungen und Besprechungen sind

– Planung von Ziel und Ablauf,
– der Zeitpunkt,
– die Dauer,
– das verlässliche Ende und
– die verständlich strukturierte Protokollierung

wichtige Indikatoren für die Orientierung an den Interessen der Mitarbeiterinnen und Mitarbeiter.

5 Gestaltung des Arbeitsortes

Klassiker der familienfreundlichen Gestaltung der Arbeitswelt sind die Organisation von Arbeitsort und Arbeitszeit.

Im Rahmen der Arbeitsgruppe Personalentwicklung der Landeshauptstadt Dresden wurde die Einführung von Teleheimarbeit als wesentliches Element der Familienfreundlichkeit in die Wege geleitet. Eine entsprechende Dienstvereinbarung vom November 2009 konnte bereits mit Leben erfüllt werden.

Während des wirksamen Starts im Jahr 2010 (8 Verträge) mussten vor allem Bedenken der Vorgesetzten aus dem Weg geräumt werden. Dies gelingt immer besser, inzwischen nutzen 23 Beschäftigte die Teleheimarbeit:

– 22 Frauen, 1 Mann,
– 4 Vorgesetzte/Führungskräfte,
– 12 Teilzeitbeschäftigte, 11 Vollzeitbeschäftigte

aus 10 verschiedenen Bereichen der Stadtverwaltung.

Eine jüngst in der Arbeitsgruppe diskutierte Evaluierung ergab:

– Die Nutzung der Teleheimarbeit reicht von wenigen Stunden bis hin zu 5 Arbeitstagen.
– Die durchschnittliche Nutzungsdauer des städtischen IT-Netzes je Arbeitstag liegt bei ca. 6 Stunden.
– Die übertragene Arbeitsmenge stimmt bei allen Nutzenden mit der Teleheimarbeitszeit überein.
– Der Kontakt zur Dienststelle ist immer und regelmäßig gegeben. Informationen an die Nutzenden durch die Dienststelle erfolgen fast ausschließlich per E-Mail, persönlich oder telefonisch.

Die Einschätzungen der Vorgesetzten lauten - bei wenigen Problemfeldern - (zunächst langwieriges Antragsverfahren; bei mehreren Nutzern in einem Team: Terminierung Dienstberatungen erschwert, Absicherung Kundenbetreuung schwierig) durchweg positiv:

- Erleichterung der Vereinbarkeit von Beruf und Familie,
- Arbeitszeiterhöhungen sind möglich und führen zu Arbeitsentlastungen im Team,
- zum Teil höhere Zufriedenheit und höhere Arbeitsleistung,
- schnelle und gute Erreichbarkeit der Beschäftigten zu Hause.

Die Nutzer der Teleheimarbeit schätzen ein:

- Erhöhung der eigenen Arbeitszeit, flexiblere Zeiteinteilung,
- ungestörtes und konzentriertes Arbeiten,
- Motivations- und Leistungsförderung, höhere Arbeitszufriedenheit,
- vereinzelte Vorbehalte zur Teleheimarbeit durch Vorgesetzte und Kollegen nehmen ab und
- vor allem: bessere Vereinbarung von Beruf und Familie!

6 Arbeitszeit

Während in Bibliotheken mit hohem direktem Nutzerkontakt der Flexibilität bei der Wahl des Arbeitsortes enge Grenzen gesetzt sind, und daher auch Telearbeit auf Basis individueller Regelungen die Ausnahme ist, sind die Gestaltungsmöglichkeiten bei der Arbeitszeit nicht zu unterschätzen.

Arbeitszeitmodelle sollten geprägt sein von:

- Lebensphasenorientierung,
- Flexibilität und
- Individualität.

Die im Öffentlichen Dienst übliche Gleitzeitarbeit mit zentral vorgegebenen Kernzeiten erfüllt diese Kriterien nicht, auch nicht und gerade bei elektronischer Erfassung der Arbeitszeit.

Empfohlen werden kann die Vertrauensarbeitszeit mit individuellen Gestaltungsmöglichkeiten der fixen Anteile.

In Dresden wurden auf Basis der Öffnungszeiten der Bibliotheken bzw. der Sprechzeiten der zentralen Bereiche individuelle Arbeitszeiten eingeführt, bei Bedarf ergänzt durch Gleitzeit und damit verbundene Zeitaufschreibung. Diese Regelung in einer Dienstvereinbarung mit dem Personalrat der Bibliothek wurde aber nach der rechtlich nicht zu verhindernden Abschaffung des Personalrates wieder relativiert, in der Praxis lehnt man sich jedoch noch daran an.

Die Unterstützung von Teilzeitmodellen ist betriebswirtschaftlich und organisatorisch sinnvoll. Allerdings muss dabei die individuelle Lebenssituation genauso beachtet werden wie die Möglichkeit der Wahrnehmung gleicher Chancen bei Fortbildung und eigener Entwicklung am Arbeitsplatz.

Das schließt selbstverständlich auch Führungspositionen nicht aus. In Dresden konnten ausschließlich gute Erfahrungen mit geteilten Leiterstellen gemacht werden: Eine gelungene Arbeitsteilung sichert sowohl den Erhalt der Führungskompetenz der aus familiären Gründen beruflich etwas zurücksteckenden Person als auch die Entwicklung von Leitungskompetenzen der zusätzlich in die Verantwortung tretenden Kollegin oder des Kollegen. Motivationseffekte sind nicht nur bei den direkt betroffenen Führungskräften sondern im gesamten Team zu beobachten.

Aber auch das Kontakthalten während einer Familienphase zum Beispiel durch:

–   Information und Kommunikation,
–   Einbezug bei Fortbildungsmaßnahmen,
–   Offenheit der internen Stellenbörse,
–   und ein Schulungsprogramm bei Rückkehr

ist von entscheidender Bedeutung.

7 Teamarbeit

Sollte es schwierig sein, der gesamten Bibliothek in Form von Kontrakten einen sicheren Rahmen zu geben, bieten sich Teamstrukturen an. Dabei können die Grundlagen erfolgreicher Verbindung von Beruf und Familie umgesetzt werden.

Erfolgt die Selbstorganisation des Teams innerhalb verbindlicher (zum Beispiel einjähriger) Kontrakte inklusive

–   Ziel- und Aufgabenstellung,
–   Teammitglieder,
–   zeitlichem Aufwand,
–   Budget,
–   Controlling und Berichtswesen

kann die Organisation im Einzelnen nahezu dem Team und den einzelnen Teammitgliedern überlassen werden.

Akzeptanz und die gewünschte Vorbildwirkung bzgl.:
- Flexibilisierung und
- Individualisierung

von Team- und Gruppenarbeit entsteht durch Transparenz der gewählten Organisationsform und die Möglichkeit von offener Teilnahme.

8 Zielgruppe Führungskräfte

Auch für die gelungene Verbindung von Beruf und Familie spielen die Führungskräfte eine entscheidende (positive oder negative) Rolle. Oft haben Bibliotheksleiterinnen und -leiter nicht genügend Entscheidungsspielraum, welchen sie an ihre Mitarbeiterinnen und Mitarbeiter weitergeben können. Oft fehlt auch das Grundvertrauen, dass Freiheiten nicht gegen die dienstlichen Interessen ausgenutzt werden.

Hier hilft nur offene Kommunikation und mutiges Versuchen. Das wichtigste Instrument der Personalentwicklung ist Information und Beratung, mindestens in regelmäßigen Personalentwicklungsgesprächen.

An dieser Stelle sollten auch Führungskräftefortbildungen ansetzen. Themen wie:
- Ausgestaltung der Work-Life-Balance,
- Vermittlung von Kompetenzen und Instrumenten zur Personalentwicklung,
- Vertrauensbildung durch Mitarbeitergespräche

erhöhen das Wissen, die Sensibilität und den Gestaltungsmut der Personalverantwortlichen.

Es lohnt sich! Studien zu den Effekten familienbewusster Maßnahmen zeigen:
- einen vergleichsweise niedrigen Krankenstand,
- schnellere Rückkehr nach Familienzeiten und
- schnellere Wiedereingliederung.

Dies kann aus den praktischen Erfahrungen heraus uneingeschränkt bestätigt werden!

Carola Schelle-Wolff

Aus Weniger mach Mehr. Personalentwicklung im Zeichen von Veränderungen in der Medienwelt und Stellenreduzierungen in der Stadtbibliothek Hannover

Die Stadtbibliothek Hannover hat seit weit über 10 Jahren ein differenziertes Fortbildungskonzept, das unabhängig von Ausbildungsstand und Funktion alle Mitarbeiterinnen und Mitarbeiter einbezieht und das jährlich aktualisiert fortgeschrieben wird. Vorgestellt werden die Anforderungen, das Themenspektrum, die Instrumente und die Entscheidungswege sowie die Umsetzung, bei der die Entwicklung passgenauer Angebote neben der Fortbildungsbedarfsdeckung über Seminare der Stadt, bibliothekarische oder andere Anbieter von Bedeutung sind.

Im Zuge der RFID-Einführung, die in Hannover mit spürbarem Stellenabbau verbunden ist, entstand ein Bedarf an mehr fachlich ausgebildeten Mitarbeitern und Mitarbeiterinnen, der ab 2011 für 30 Beschäftigte durch die Chance auf eine Ausbildung zum / zur FaMI, eine Qualifizierung für die Kinder- und Jugendbibliotheksarbeit sowie ein bibliothekarisches Studium gedeckt werden soll. Dazu wurden Vereinbarungen mit Personalvertretung, gesamtstädtischer Personalverwaltung sowie den ausgewählten Beschäftigten getroffen – in diesem Umfang bisher einmalig innerhalb der Stadtverwaltung Hannover.

Organisation der Personalentwicklung: Die Fortbildungs-AG

Die Stadtbibliothek Hannover ist ein System mit einer starken Zentrale und 17 Stadtteilbibliotheken sowie einer Fahrbibliothek. Ende 2011 arbeiteten 229 Mitarbeiter/innen auf 192 Stellen bei der Stadtbibliothek Hannover. 15 % der Beschäftigten sind männlich und 85 % weiblich. 73 Stellen (Vollzeitäquivalente) sind mit Fachbibliothekaren besetzt und 88 mit Fachangestellten bzw. Bibliotheksassistenten und Bibliotheksassistentinnen. Die übrigen Mitarbeiter/innen haben sehr unterschiedliche Qualifikationen, von Verwaltungsfachleuten über Buchbinder/innen, andere Handwerker und IT-Fachleute. Besonders im Bereich des mittleren Dienstes arbeiten zahlreiche Mitarbeiter/innen mit einer bibliotheksfremden

Ausbildung oder auch ohne Ausbildung. Sie werden im Benutzungsbereich bei der Verbuchung oder der Medienordnung eingesetzt.

Um die Mitarbeiter/innen sowohl fachlich als auch im Serviceverhalten fit zu halten und um neue Entwicklungen im Medienbereich und deren Bedeutung für die Bibliothek zu vermitteln, ist es Ziel der Stadtbibliothek Hannover, dass jede Mitarbeiterin und jeder Mitarbeiter mindestens einmal im Jahr an einer Fortbildungsveranstaltung in oder außerhalb der Bibliothek teilnimmt. Entsprechend der Verschiedenheit der Qualifikationen, Tätigkeiten oder auch des Erfahrungsschatzes unterscheiden sich die Fortbildungsbedürfnisse und -erfordernisse. Unterschiedlich ausgeprägt sind auch die Fortbildungsbereitschaft und das individuell vorhandene Zeitbudget (Vereinbarkeit von Familie und Beruf).

Schon sehr früh wurde seitens der Bibliotheksverantwortlichen erkannt, dass Personalentwicklung elementar für die Zukunftsfähigkeit der Einrichtungen ist und dass man sie systematisch und kontinuierlich unter Mitarbeiterbeteiligung anlegen muss. Bereits vor über 20 Jahren wurde eine Fortbildungs-AG einberufen, die seitdem kontinuierlich arbeitet. Heute besteht dieses Gremium aus sechs Mitgliedern – einschließlich des örtlichen Personalrates – und trifft sich alle ein bis zwei Monate. Die Geschäftsführung übernimmt eine speziell für Personalentwicklung verantwortliche Mitarbeiterin.

Diese AG hat den Auftrag, die Fortbildungswünsche und -bedarfe zu ermitteln – und zwar sowohl die der Mitarbeiter/innen als auch diejenigen, die aus dem Kreis der Führungskräfte formuliert werden. Aufgabe der AG ist es dann, geeignete Angebote zu eruieren bzw. selbst neue Formate zu entwickeln. Dort, wo eine große innerbetriebliche Zielgruppe gesehen wird, sollen nach Möglichkeit Inhouse-Angebote organisiert und durchgeführt werden.

Gezielt werden daher Bibliotheksmitarbeiter/innen zu interessant erscheinenden Angeboten neuer Fortbildungsanbieter, unbekannter Dozenten und zu neuen Themenstellungen und Formaten mit dem Auftrag geschickt, das Angebot auf Einsetzbarkeit bei der Stadtbibliothek Hannover und auf Eignung für ein Inhouse-Seminar zu prüfen und so eine Entscheidungsgrundlage für die AG zur nächstjährigen Planung zu liefern. Die von der AG erarbeitete Jahresplanung wird der Bibliotheksleitung vorgelegt, dort eventuell noch ergänzt oder in den Prioritäten verändert und wird dann verbindliche Handlungsgrundlage.

Neben der inhaltlichen Jahresplanung obliegt der AG auch die Planung des Ressourceneinsatzes (Geld, Räume, Zeit). Pro Jahr steht eine unterschiedliche Summe für Fortbildung aus einem zentralen Budget der Landeshauptstadt Hannover zur Verfügung, aktuell sind das rund 35.000 Euro. Alle Veranstaltungen inklusive der Teilnehmerzahlen werden dokumentiert und evaluiert. Die Überprüfung, ob alle Mitarbeiter/innen im Kalenderjahr eine Fortbildung besuchen konnten, liegt bei der bibliotheksinternen Personalverwaltungsstelle.

Vielfältiges Fortbildungsangebot

Das Fortbildungsangebot der Stadtbibliothek Hannover ruht im Wesentlichen auf drei Säulen:

1. dem städtischen Fortbildungsprogramm, das neben Führungskräfteentwicklung, verschiedenen edv-bezogenen Angeboten auch Seminare zum Gesundheitsmanagement oder zu Fragen der Arbeitssicherheit bietet,
2. den Programmen externer Anbieter für überwiegend fachliche Fortbildungen, wie z. B. der Bibliothekszentrale Niedersachsen, des Berufsverbandes Information Bibliothek (BIB) oder anderer bibliothekarischer Verbände bzw. Anbieter,
3. selbst konzipierten und organisierten Veranstaltungen mit Referenten aus der Stadtbibliothek selbst oder mit externen Dozenten.

Als Fortbildungsschwerpunkte haben sich in den vergangenen Jahren zehn Schwerpunktbereiche herauskristallisiert, bei denen es um die Vermittlung folgender Inhalte geht:

1. Allgemeine Qualifikationen, wie sie im direkten Kundenkontakt oder für die Bewältigung des Arbeitsalltages benötigt werden, z. B. Kundenfreundlichkeit und Serviceorientierung, Kommunikation am Telefon, Vermittlung des Deutschen in Wort und Schrift, Arbeitsorganisation, Zeitmanagement etc.
2. Vertiefung der Medienkompetenz durch Vermittlung neuer Technologien und neuer Medien, wie RFID, e-Books und ihre Reader, Web 2.0 oder effektives Recherchieren im Netz.
3. Qualitätsmanagement im Bereich der Informations- und Serviceplätze im Benutzungsdienst, das als Workshop mit anschließendem kollegialen Coaching sowohl in der Zentrale als auch für die Zweigstellen mit dem Ziel, Dienstleistungsstandards zu definieren und umzusetzen, durchgeführt wurde. Dazu gehört auch eine zweistufige Maßnahme, an der alle Mitarbeiter/innen verbindlich teilnehmen mussten: In „Bürger, Kunde, Klient" ging es um Kundenorientierung und um Herausforderungen im Kundenkontakt.
4. Aktuelle Aufgaben und Ideen in der Kinder- und Jugendbibliotheksarbeit: lebendige Klassenführungen, Leseförderung für Jungen, Bibliotheksangebote für Jugendliche, frühkindliche Leseförderung, Umgang mit Mehrsprachigkeit.

5. Internes zur Stadtbibliothek Hannover, wie z. B. Kenntnisse zur Geschichte der Bibliothek, zu ihren historischen Beständen und den Sondersammlungen, Funktionalitäten des Bibliotheksportals und der Bibliothekssoftware sowie Fragen der Erschließung (Systematik, Verschlagwortung).

6. Sonstige bibliotheks- und medienspezifische Fortbildungen, wie sie bei Bibliothekskongress und Bibliothekartag, bei speziellen Fachtagungen (z. B. AIBM) oder Fahrbibliothekstreffen wahrgenommen werden können. In diese Gruppe gehören auch Bibliotheksbesuche oder Betriebserkundungen vor Ort oder überregional zur Information über bestimmte Fragestellungen, technische Neuerungen, Raum-, Einrichtungs- und Bibliothekskonzepte.

7. Zum Themenkomplex Gesundheitsmanagement und Arbeitssicherheit gehören die kontinuierlich angebotenen Erste-Hilfe-Kurse und entsprechende Auffrischungskurse, die Vermittlung des Umgangs mit Feuerlöschern, aber auch richtiges Tragen und Heben oder der Umgang mit psychischen Belastungsfaktoren.

8. Der verbesserten Zusammenarbeit im Team dienen die individuell auf die Bedürfnisse und Problemstellungen von Bibliotheksteams zugeschnittenen Workshops mit externen Coachs.

9. Personalführung, bei der Mitarbeiter/innen unterschiedlicher Hierarchiestufen Personalführungstechniken lernen und reflektieren. Als spezielles Angebot wurde eine Fortbildung für die stellvertretenden Leiter/innen der Stadtteilbibliotheken entwickelt, die oft über längere Zeiträume Führungsverantwortung übernehmen und die aufgrund ihrer Sandwich-Position zwischen der Leitung und den übrigen Mitarbeitern und Mitarbeiterinnen stehen, also eine spezifische, nicht immer leichte Rolle haben.

10. Stadtverwaltungsinternes, wie SAP-Schulungen, betriebliches Wiedereingliederungsmanagement, Suchtleitlinien, Gleichstellungsfragen und Leitbild.

Die vielfältigen Fortbildungsangebote werden in Papierform (Städtisches Fortbildungsprogramm oder Fortbildungsprogramm der niedersächsischen Bibliotheken) verteilt bzw. ausgehängt oder elektronisch über die Infobox (eine Art elektronisches Anschlagsbrett) oder Gruppenlaufwerke und auch in Dienstbesprechungen mitgeteilt. Daneben gibt es die direkte Ansprache einzelner Mitarbeiter/innen durch Vorgesetzte oder Interessenbekundungen an spezifischen Fortbildungsangeboten seitens der Mitarbeiter/innen.

Qualifizierungsmaßnahmen im Zusammenhang mit der Umstellung auf RFID

Während das bisher Beschriebene das normale Fortbildungsgeschäft der Stadtbibliothek Hannover aufzeigt, besteht seit 2011 im Zusammenhang mit der flächendeckenden Umstellung auf Selbstverbuchung und Selbstrückgabe zusätzlich ein neues Qualifizierungsangebot für 30 Mitarbeiter/innen unterschiedlicher Formalqualifikation.

Die von der Stadtbibliothek Hannover schon länger gewünschte Umstellung auf RFID-Technik wird im Rahmen eines Haushaltskonsolidierungsprojektes der Landeshauptstadt Hannover realisiert, bei dem die notwendigen Investitionen in Technik, Gebäude und Personal erwirtschaftet werden müssen und darüber hinaus eine dauerhafte Verringerung des Zuschussbedarfes der Bibliothek um 400.000 Euro seitens der Stadt erwartet wird.

Um diese Ziele zu erfüllen, wurde ein Gesamtpaket geschnürt, das u. a. einen Personalabbau von 21 Stellen sowie zusätzlich die Neuausrichtung einiger Arbeitsplätze bis zum Jahr 2015 vorsieht. Da Kündigungen als Mittel der Personalreduzierung aufgrund tarifvertraglicher Bindungen ausgeschlossen sind, wird der notwendige Personalabbau über die so genannte natürliche Fluktuation realisiert. Die erforderliche Anzahl von Stellen lässt sich aber im vereinbarten Zeitraum nur einsparen, wenn alle ausscheidenden Mitarbeiter/innen unabhängig von Tätigkeit und Qualifikation mit in die Rechnung einbezogen werden.

Mit der Einführung der Selbstverbuchung fallen aber gerade Arbeiten im Bereich der Verbuchung und Rückgabe weg, also Arbeitsplätze, die in der Stadtbibliothek oft von nicht fachlich qualifizierten Mitarbeitern und Mitarbeiterinnen oder auch von Fachangestellten ausgeübt werden, so dass im Ergebnis Stellen im Bereich von Eingruppierungen nach E 05 oder E 06 gestrichen wurden.

Da im Zuge der Umstellung auf Selbstverbuchung alle Verbuchungstheken abgebaut werden, werden bibliothekarische Fachauskunft und die Auskunft zu Benutzungsfragen an einem Serviceplatz zusammengefasst, an dem dann sowohl Bibliothekare als auch Fachangestellte gemeinsam tätig sind. Für die Bibliotheksbesucher/innen gibt es also nur noch eine Stelle, an die sie sich mit Fragen aller Art wenden können, und für die Mitarbeiter/innen ist Hierarchie übergreifendes Arbeiten im Team gefragt. Besonders in Stadtteilbibliotheken mit Teams zwischen 4 und 10 Personen ist es unabdingbar, dass alle Mitarbeiter/innen so qualifiziert sind, dass sie sämtliche Basis-Dienstleistungen und Anfragen übernehmen können.

Insgesamt wurden 2010 in der Stadtbibliothek Hannover vor Start des Projektes rund 120 Personen in den Vergütungsgruppen E 05 (BAT VII), E 06 (BAT VIb)

und E 08 (BAT Vc) beschäftigt. Davon hatten etwa zwei Drittel eine Bibliotheks-
fachausbildung, in der Regel als FaMI.

Um in einer Phase massiven Personalabbaus zugleich qualifiziertes Personal
gewinnen zu können, wurde ein aus drei Elementen bestehendes Qualifizierungsangebot für nicht fachlich vorgebildete Mitarbeiter/innen und für Fachangestellte
entwickelt und mit der örtlichen Personalvertretung sowie dem Fachbereich
Steuerung, Personal und zentrale Dienstleistungen der Landeshauptstadt Hannover verabredet.

Zehn Mitarbeiter/innen, die bisher keine bibliothekarische Berufsausbildung durchlaufen haben, erhalten die Möglichkeit, eine Ausbildung zum / zur
Fachangestellten für Medien- und Informationsdienste zu absolvieren. Hier bietet
die zentrale Aus- und Fortbildungsstelle des Landes Niedersachsen eine entsprechende Ausbildung, die im Januar 2012 begonnen hat und potenziell allen offen
steht, die über vier Jahre Berufserfahrung in Öffentlichen Bibliotheken nachweisen können.

Weitere zehn Mitarbeiter/innen, die bereits Fachangestellte sind, können
sich in der Akademie Remscheid für musische Bildung und Medienerziehung e.
V. im Bereich Kinder- und Jugendmedien und deren Vermittlung qualifizieren, um
dann später Aufgaben im Bereich der Literaturvermittlung und Leseförderung zu
übernehmen, die bisher in Hannover von Bibliothekarinnen und Bibliothekaren
durchgeführt wurden. Der erste Kurs hat im September 2011 begonnen.

Weitere zehn Fachangestellte erhalten die Möglichkeit, berufsbegleitend ein
Studium aufzunehmen und ihren Bachelor im Bereich Informationsmanagement
zu machen.

Die drei Qualifizierungsangebote wurden 2010 allen potenziell in Frage
kommenden Mitarbeitern und Mitarbeiterinnen in einer Dienstversammlung
ausführlich vorgestellt. Daran schloss sich ein Interessenbekundungsverfahren
an. Gemeinsam mit dem Personalrat wurde die Auswahl der für die jeweilige
Qualifizierung vorgesehenen Beschäftigten durchgeführt. Entgegen der Befürch-
tung, dass sich nur wenige Freiwillige für die Qualifizierungen finden könnten,
war das Interesse erfreulich groß, zumal äußerst attraktive Rahmenbedingungen
angeboten werden. So ist die Teilnahme am jeweiligen Unterricht Arbeitszeit.
Sämtliche Fortbildungs- und Reisekosten übernimmt die Stadtbibliothek. Je nach
Maßnahme wurden darüber hinaus stundenweise Freistellungen zum Lernen
und zum Erarbeiten des Unterrichtsstoffes schriftlich vereinbart. Parallel wurden
eine Erprobung in der Praxis sowie eine innerbetriebliche Betreuung durch Kollegen und Kolleginnen organisiert, um die Lernenden zu unterstützen. Insgesamt
genießt das Qualifizierungspaket in der Mitarbeiterschaft eine hohe Akzeptanz.

Es war geplant, dass in einem ersten Durchgang jeweils fünf Mitarbeiter/
innen pro Qualifizierungsangebot ausgewählt werden sollten. Aktuell durch-

laufen fünf Mitarbeiter/innen eine Ausbildung zum / zur Fachangestellten. Sie werden 2014 ihre Ausbildung abschließen. Weitere vier Mitarbeiter/innen besuchen die Spezialisierungskurse für Kinder- und Jugendmedien. Allerdings hat nur eine Mitarbeiterin eine Fernweiterbildung an der Fachhochschule Potsdam aufgenommen. Vier weitere, von der Bibliothek vorgesehene Beschäftigte konnten die Hürde der hochschulinternen Auswahl 2011 nicht überspringen.

Sobald ein neuer Kurs zur Ausbildung von Fachangestellten oder ein neuer Kurs in Remscheid angeboten wird, soll ein neues Interessenbekundungsverfahren stattfinden und weitere zweimal fünf Mitarbeiter/innen könnten eine Ausbildung aufnehmen.

Probleme gibt es aktuell im Bereich des bibliothekarischen Nachwuchses. Da die Stadtbibliothek hier nur eine, statt fünf Personen platzieren konnte, wurde der interne Qualifizierungsplan deutlich verfehlt. Dabei benötigt die Stadtbibliothek gerade im Bereich der Bibliothekare und Bibliothekarinnen aufgrund der Alterspyramide und der großen Zahl der bis 2015 ausscheidenden Bibliothekare und Bibliothekarinnen qualifizierten Nachwuchs aus dem eigenen Hause. Hoffnung verspricht ein neues Angebot der Hochschule Hannover, das sich speziell an Fachangestellte richtet, die den Bachelor im berufsintegrierenden Studiengang Informationsmanagement machen wollen. Mit Beginn des Wintersemesters 2012/13 könnten Mitarbeiter/innen der Stadtbibliothek Hannover dort ein Studium aufnehmen, sofern sie von der Hochschule zugelassen werden. Das bibliotheksinterne Auswahlverfahren dafür ist angelaufen.

Für Fachangestellte sind die beiden Qualifizierungen attraktiv, denn sie eröffnen ihnen neue berufliche Perspektiven. Fachangestellte mit Veränderungswunsch konnten sich bisher in Hannover lediglich um eine Teilnahme an so genannten Verwaltungslehrgängen bewerben, um in den allgemeinen Verwaltungsdienst der Landeshauptstadt Hannover zu wechseln. Das bedeutete, dass gut eingearbeitete Mitarbeiter/innen die Stadtbibliothek verlassen haben und nach erfolgreichem Absolvieren zweier Lehrgänge in andere Bereiche der Stadtverwaltung wechselten, wo sie nach TVÖD E 09 eingruppiert werden und darüber hinaus gute Chancen auf spätere Höhergruppierungen haben.

Dass die Stadtbibliothek Hannover jetzt fachliche Qualifizierungen und damit Veränderungs- und Aufstiegsperspektiven innerhalb des Bibliothekssystems anbieten kann, ist ein Gewinn und erlaubt, die im Betrieb vorhandenen Mitarbeiterpotenziale besser nutzen zu können. Eine Garantie, nach Abschluss der Qualifizierung tatsächlich eine höherwertige und besser bezahlte Tätigkeit ausüben zu können, haben die betroffenen Bibliotheksbeschäftigten nicht erhalten; denn es gilt auch künftig das Prinzip, dass alle freien Stellen intern ausgeschrieben werden und sich die Mitarbeiter/innen darauf bewerben und dem in Hannover üblichen Auswahlverfahren stellen müssen.

Fazit

Bedingt durch die bis 2015 umzusetzende Personalreduzierung und den Wegfall von Arbeiten im Bereich der angelernten Mitarbeiter/innen und der Fachangestellten, müssen die Arbeiten innerhalb des Benutzungsdienstes der Stadtbibliothek Hannover neu zugeschnitten werden. Grundsätzlich gilt dabei, dass künftig weniger Mitarbeiter/innen mehr leisten müssen, da das Aufgabenspektrum der Beschäftigten im mittleren Dienst umfangreicher und damit anspruchsvoller wird. Die gezielte Qualifizierung von insgesamt 30 Mitarbeitern und Mitarbeiterinnen über mehrere Jahre ermöglicht, diesen Wandel mit vorhandenen Personalressourcen zu schaffen. Diese Maßnahme ist unabhängig von den „normalen" Fortbildungsangeboten zu sehen, die weiterhin erfolgen, um alle Bibliotheksbeschäftigten auf einem fachlich hohen Niveau zu halten und neue Impulse und Ideen in die Stadtbibliothek Hannover hineinzutragen.

Anja Flicker, Thomas M. Paul

Wissen sichern in Organisationen am Beispiel der Stadtbücherei Würzburg

1 Das Würzburger Modell. Die Stadtbücherei als wissensbasierte „Lernende Bibliothek"[1]

Die Entscheidung, Wissensmanagement (WM) ins Zentrum der Organisationsentwicklung der Stadtbücherei Würzburg zu stellen, fiel im Januar 2010. Damals wurde die Entscheidung zur wissensorientierten Organisationsführung getroffen: Das Würzburger Modell. Das Neue für ein öffentliches Bibliothekssystem ist das eindeutige Bekenntnis zu einem Selbstverständnis als „Lernende Organisation". Die von der Leitung eingeführte und konsequente Anwendung von Wissensmanagement stellt bei allen strategischen Entscheidungen die „Ressource Wissen"[2] in den Fokus. In den operativen Prozessen sowie dem Tagesgeschäft soll mittels jeweils geeigneter WM-Methoden bewusst und systematisch mit Wissen umgegangen werden.

Die Stadtbücherei Würzburg hat auf dieser Basis unter der neuen Leitung seit Januar 2010 sukzessive Methoden der Wissenssicherung und des Wissenstransfers eingeführt. Zunächst personen- und teamzentrierte Methoden – hier werden Maßnahmen zur Wissenskommunikation, zur Wissensdokumentation, aber auch zur Reflexion angewandt. Das Wissensmanagement kennt eine große Anzahl unterschiedlicher Methoden; für das Würzburger Modell wurden bedarfsgerecht bewährte, standardisierte Methoden ausgewählt.

Im Herbst 2010 setzten Bibliotheksleitung und -team zur gemeinsamen Strategieentwicklung die Methode „Wissensbilanz – Made in Germany"[3] ein. Was hier

---

1 „Lernende Bibliothek" meint hier „Bibliothek als Lernende Organisation", nicht „Bibliothek als Bildungseinrichtung" im Sinne der Dienstleistung „Learning / Teaching Library"
2 Es gibt eine Vielzahl unterschiedlicher Definitionen der Begriffe „Wissen" und „Information", auf die hier nicht eingegangen werden soll; Die Autoren verstehen und verwenden die Begriffe wie folgt: „Wissen" ist an Personen gebunden. Jeder Mensch generiert es individuell auf Basis persönlicher Erfahrungen und (Lern-)Kontexte. Vom Menschen getrennt, wird aus Wissen Information: Beim Kommunizieren oder Dokumentieren von Wissen geht immer ein Teil verloren. Der Wissensempfänger muss die Information in seinen persönlichen Kontext einbinden und generiert so wieder individuelles Wissen. Aus pragmatischen Gründen verwenden wir dennoch Begriffe wie „Wissensdokument", obwohl es sich dabei streng genommen um „dokumentierte Information" handelt.
3 Arbeitskreis Wissensbilanz

in einem strukturierten Prozess erarbeitet wurde, dient künftig als Grundlage für die strategische Organisationsentwicklung. Der Prozess „Wissensbilanz" wird außerdem in festgelegten Abständen durchgeführt, um immer wieder die neuesten Daten zu erheben und aktuelle Grundlagen für die notwendigen strategischen Entscheidungen zu definieren.

2 Wissenszentrierte Organisationsführung

2.1 Führungsentscheidung – Teamaufgabe

Wissensmanagement ist nicht „nur" eine Managementdisziplin. Entscheidet man sich dafür, mit der Ressource Wissen in allen Bereichen der Organisation bewusst und systematisch umzugehen, will man das in der Organisation vorhandene Wissen zum Vorteil aller einsetzen und effizient anwenden, dann wird der Umgang mit Wissen – das „Wissensmanagement" – zum zentralen Aspekt der Organisationsführung. Denn Wissensmanagement wirkt in alle Bereiche der Organisation hinein: Wenn man es ganzheitlich anlegt, gibt es keinen Teilbereich oder Prozess, keine Tätigkeit oder Arbeitsgruppe, in denen WM-Maßnahmen nicht sinnvoll eingesetzt werden könnten. Operatives Management, Personal- und Prozessmanagement etc. sind also genauso betroffen, wie z. B. das Qualitätsmanagement der Bibliothek. Die Einführung von WM-Methoden bringt Veränderungen mit sich, die mittels Change Management begleitet werden sollten. Daraus wird deutlich: Wissensmanagement muss von der Bibliotheksleitung gewollt werden, die Entscheidung dafür muss eine Führungsentscheidung sein.

Nicht immer sind große Änderungen der bisherigen Abläufe erforderlich, denn selbstverständlich wird überall bereits Wissen genutzt – mehr oder weniger bewusst und damit mehr oder weniger effizient. Durch die Anwendung von WM-Methoden wird grundsätzlich ein bewussterer und systematischerer Umgang mit Wissen erreicht. Entscheidung, Einführung und Vorleben sind Führungsaufgabe – gelebt werden muss Wissensmanagement aber jeden Tag von jedem/r einzelnen Mitarbeitenden. WM-Methoden helfen, das in den Köpfen der einzelnen Teammitglieder vorhandene Wissen konkret zu machen, um es für die Organisation Bibliothek zu erschließen. Das heißt, dass es zuerst artikuliert = kommuniziert = transferiert wird und schließlich in geeigneter Weise dokumentiert. So hat sich das Wissen des Individuums quasi emanzipiert. Es wird zur abstrakten Information von der alle – also die gesamte Organisation – profitieren. Um als Methode nachhaltig funktionieren zu können, muss dieses *Wissenteilen* sich fest verankern. Dies wird nur dann funktionieren, wenn jede/r merkt dass sie/

er nicht nur etwas gibt, sondern auch etwas bekommt. Weniger „erschreckend" ist es, sein Wissen weiterzugeben, wenn man sich bewusst macht, dass man es nicht teilt und dann weggibt, wie eine Torte, deren Tortenstück danach für immer verschwunden ist. Beim Wissenteilen behält man sein eigenes Wissen. Für die anderen ist es zuerst nur Information, die sie wiederum mit ihrem eigenen Wissen abgleichen, mit ihren persönlichen Erfahrungen verknüpfen müssen („lernen"), damit es zu ihrem persönlichen Wissen werden kann. Wissenteilen ist wie das Weitergeben einer Flamme: nachher brennen zwei.

2.2 Das Management von Wissen ist Kommunikation

Gerade Kommunikation wird als Führungsaufgabe häufig genannt – jedoch nicht immer praktiziert. Die Gründe für dieses Defizit sind vielfältig und nachvollziehbar, sind sie doch meist der Begrenztheit diverser Ressourcen geschuldet. Eine davon ist Zeit. „Zeit schafft Gelegenheit", heißt es; wer sich also keine Zeit nimmt, verpasst somit die Gelegenheiten.

Die Einführung von Wissensmanagement in der Stadtbücherei Würzburg war gleichsam das Bekenntnis der Bibliotheksleitung, der internen Kommunikation eine hohe Priorität einzuräumen. Denn Wissen sichern heißt im Jargon der Wissensarbeiter nicht, es alleine zu verwalten, sondern vor allem, es zu transferieren und transparent zu machen. Daraus ergeben sich mehrere wichtige Aspekte: Wissen transferieren, heißt, es mit anderen zu teilen, es ihnen als Information weiterzugeben. Transparenz bedeutet, dass Strukturen geschaffen werden müssen, mittels derer alle an die Information gelangen, auch wenn sie nicht direkt am Wissenstransfer beteiligt waren. Wissen ist stets an Personen gebunden. Im Zuge der Weitergabe wird es zu Information. Und Information wird dann zu individuellem Wissen, wenn wir es mit persönlichen Erfahrungen, eigenem Wissen verknüpfen und uns durch einen, wie immer gearteten, Lernprozess sichern können.

Wissen sichern in Organisationen setzt demnach Managemententscheidungen voraus, um Strukturen zu schaffen bzw. zu bewahren, die dies ermöglichen. Ohne Kommunikation auf allen Ebenen ist dies unmöglich. Denn mit Anweisungen alleine ist es bei Weitem nicht getan. Erforderlich ist, dass alle, die sich im System befinden oder auch mit ihm in irgendeiner Weise in Beziehung stehen, in den Kommunikationsprozess eingebunden werden.

Zusammenfassend gesagt, bedarf es im Besonderen der Identifikation der Menschen, Strukturen und Beziehungen der Organisation. Aus diesen Ergebnissen müssen die Schlussfolgerungen gezogen werden, die letztlich zu Maßnahmen führen, die das Handeln aller Beteiligten leiten. Und dies ist insgesamt ein komplexer kommunikativer Prozess.

3 Im System (Stadtbücherei Würzburg) angewandte WM-Methoden

Wie beschrieben, begann die Einführung von Methoden der Wissenssicherung und des Wissenstransfers in der Stadtbücherei Würzburg im Januar 2010. Die Büchereileitung hat bei der Auswahl aus der Vielzahl der im WM bekannten Vorgehensweisen auf bewährte standardisierte Methoden zurückgegriffen. Der Vorteil war, dass sie diese Methoden bereits selbst in diversen Wirtschaftsunternehmen eingesetzt hatte und folglich von deren Praxistauglichkeit überzeugt war. Die ersten Schritte bestanden darin, personen- und teamzentrierte Maßnahmen in den operativen Arbeitsalltag der Stadtbücherei zu integrieren. Ab Herbst 2010 kam eine umfangreichere Methode zur Strategieentwicklung zum Einsatz.

3.1 Personenzentrierte Methoden

Personenzentrierte Methoden adressieren den einzelnen Menschen im Team. Zugrunde liegt hier die Haltung, dass jede/r Mitarbeitende auf ihrem Gebiet ExpertIn ist und über Wissen verfügt, das für die gesamte Organisation wertvoll ist. Dieses *personalisierte Wissen* wird mittels der Erstellung von **Expertenprofilen** transparent. In der Stadtbücherei Würzburg wurde diese Methode mit allen Mitarbeitenden durchgeführt. Voraussetzung dafür ist die Freiwilligkeit: Wissen teilen, es transparent und allen zugänglich zu machen, kann letztlich nicht verordnet werden. Diese Haltung muss vorgelebt werden. Zu Beginn eines jeden Expertenprofils stand deshalb die Information über diese Methode und die Beantwortung von Fragen dazu. Kommunikation ist der Schlüssel.

Nachdem alle Mitarbeitenden interviewt waren, stand ein ausführlicher Überblick über das im Team vorhandene Wissen zur Verfügung. In weiteren Schritten wurde entscheiden, wie Teile davon dokumentiert werden sollten – z. B. in **Ablauf- oder Tätigkeitsbeschreibungen** – oder an weitere Wissensträger kommuniziert – z. B. mittels **moderierter Wissenstransfergespräche**.

3.1.1 Expertenprofile (Reflexion + Dokumentation)[4]

Expertenprofile zu erstellen, ist eine im WM gängige Vorgehensweise, um das Wissen von Mitarbeitenden transparent zu machen, sich einen Überblick über

---

4 Die beschriebenen WM-Maßnahmen lassen sich grundsätzlich einteilen in Dokumentations-, Kommunikations- bzw. Reflexionsmethoden (die Zuordnung hier jeweils in Klammern). In einer

Kenntnisse, Fähigkeiten und Fertigkeiten zu verschaffen. Häufig kommt die Methode zum Einsatz wenn das Ausscheiden der WissensträgerIn aus der Organisation bevorsteht (z. B. Ruhestand, Arbeitgeberwechsel) oder wenn andere Aufgaben im System übernommen werden (z. B. Versetzung in eine andere Abteilung). Denn dann wird besonders augenfällig, dass die fehlende Transparenz Risiken birgt: Ohne Transparenz ist nicht klar, welches Wissen die Organisation/das Team mit der ausscheidenden KollegIn verlässt. Nur auf Basis eines vollständigen Überblicks kann die Wissenssicherung sinnvoll geplant und durchgeführt werden, bevor die WissensträgerIn ausscheidet.

In der Stadtbücherei Würzburg allerdings wurden Expertenprofile für alle Mitarbeitenden erstellt, *ohne* dass deren Ausscheiden aus dem Team bevorstand. Die damals neue Büchereileitung hat diese Methode eingesetzt, da sie sich besonders gut eignet, um Transparenz über das in der Organisation vorhandene Wissen zu erhalten. Die erarbeiteten Profile bilden die Basis für personalstrategische Entscheidungen und wurden für die Bibliotheksleitung im operativen Geschäft zu viel genutzten „Nachschlagewerken".

Um ein Expertenprofil zu erarbeiten, wird die WissensträgerIn zu folgenden Inhalten interviewt:

– *Arbeitshistorie* mit den früheren Arbeitgebern und jeweiligen Aufgabenschwerpunkten; ggf. wird die *Lernhistorie* (Ausbildung / Studium) vorangestellt
– *Aktuelle Rollen und Tätigkeiten*: hier wird aufgezeichnet, welche Rollen die Person im aktuellen Arbeitsverhältnis ausfüllt und welche Aufgaben und Tätigkeiten jeweils in der Rolle ausgeführt werden
– Aus den bis hierher aufgeführten Inhalten werden nun die *Wissensgebiete und Kompetenzen* zusammengestellt, die sich die Person im bisherigen Lern- und Arbeitsleben angeeignet hat – bei Bereitschaft der/des Mitarbeitenden auch solche aus privaten Tätigkeiten, Hobbies etc.
– Das persönliche *Informationsportfolio* verzeichnet, woher der Kollege/die Kollegin Informationen bezieht und wohin diese gespeichert werden (*Informationsquellen und -speicher*)
– Das Expertenprofil wird schließlich komplettiert durch das *Persönliche Netzwerk* der WissensträgerIn.

Selbstverständlich sind alle Angaben freiwillig! In der Stadtbücherei Würzburg werden die Expertenprofile in Form von digitalen Mindmaps erstellt. So sind die Inhalte übersichtlich und flexibel für Änderungen und Ergänzungen dokumen-

---

nachhaltig wissensorientiert agierenden Organisation sollten alle drei Methoden-Arten zum Einsatz kommen.

tiert. Bei Anlass bzw. mindestens im jährlichen Mitarbeitergespräch wird das Profil von Mitarbeitenden und Führungskraft gemeinsam auf aktuellen Stand gebracht.

Auf Basis dieser Expertenprofile wird immer wieder entschieden, welche Maßnahmen zur Wissenssicherung oder Wissensverteilung zum Einsatz kommen sollen.

3.1.2 Moderierter Wissenstransfer (Kommunikation)

Wissen ist immer an Personen gebunden. Soll es an andere Personen weitergegeben werden, und ist es möglich, dass Wissenssender und -empfänger sich persönlich begegnen, dann eignet sich als Methode der moderierte Wissenstransfer. Im Vordergrund dieser WM-Methode steht die direkte Kommunikation zwischen Wissensträger und -empfänger: Der Wissensträger beschreibt, erklärt, erläutert, der Wissensempfänger hört zu, fragt nach, wiederholt, fasst zusammen – und lernt.

Ein Moderator (z. B. interne/r WM-Beauftragte/r) hat die Aufgabe, im Vorfeld mit Wissenssender und -empfänger sowie der zuständigen Führungskraft auf Basis der relevanten Expertenprofile die zu transferierenden Wissensgebiete zusammenzustellen. Die ModeratorIn strukturiert das Wissenstransfer-Gespräch, behält die vereinbarten Gesprächsinhalte im Blick, stellt zusätzliche Fragen, drängt auf Verständlichkeit der Antworten – und protokolliert im Idealfall das Gespräch. Für das Protokoll eignet sich die Form einer Mindmap. Wird hier gut (günstig auch: digital) protokolliert, entsteht neben der Wissenskommunikation gleichzeitig ein Wissensdokument, das dem Wissensempfänger als Gedächtnisstütze dient. Dieses Dokument kann gleichzeitig als Tätigkeitsbeschreibung genutzt werden.

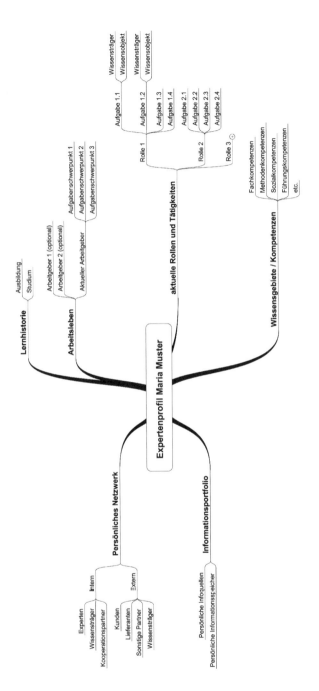

Abb. 1: Vorlage Expertenprofil.

3.1.3 Tätigkeitsbeschreibungen (Dokumentation)

Für Tätigkeiten und Abläufe, die schon lange von denselben Personen ausgeführt werden, existieren häufig keine Ablaufbeschreibungen. Fällt die zuständige Person aus – ob temporär oder dauerhaft – fehlt der Bibliothek häufig das erforderliche Wissen, um die Arbeitsschritte reibungslos durchzuführen. Eine Abwesenheit wegen Urlaubs kann man evtl. abwarten oder überbrücken. Geht die Person aber dauerhaft – z. B. in Ruhestand – ohne dass die Tätigkeitsbeschreibung vorliegt, kommt es zwangsläufig zu Reibungsverlusten: Fehler in der Durchführung, suboptimale Ergebnisse, erhöhter Zeitaufwand etc.

Das Erstellen einer Tätigkeitsbeschreibung durch den Wissensträger kann, wie das Expertenprofil, im Dialog bzw. Interview geschehen. Jemand, der bisher nicht in den Prozess involviert ist, sollte sich den Ablauf erklären lassen, Fragen dazu stellen – auch hinterfragen, warum etwas wie getan wird. Neben den Tätigkeiten werden außerdem die relevanten Wissensträger und Wissensdokumente erfasst.

3.2 Teamzentrierte Methoden

Bei der Zusammenarbeit im Team kann der bewusste Umgang mit dem teamrelevanten Wissen durch WM-Methoden unterstützt werden. Die Stadtbücherei Würzburg hat eine **Community of Practice** geschaffen, um die Kommunikation von ExpertInnen zu einem bestimmten Themenbereich zu unterstützen. Nach Abschluss von Projekten werden in strukturierten **Projektreviews** die Lernerfahrungen identifiziert. Mit einem gemeinsam erstellten und (durch alle Mitarbeitenden sowie die „Wiki-Gärtner") stetig gepflegten **Wiki** hat das Team der Stadtbücherei schließlich eine neue zentrale Informationsplattform zum Einsatz gebracht.

3.2.1 Community of Practice[5] (Kommunikation)

Eine Community of Practice (CoP) ist eine Gruppe von Menschen, die ein Anliegen / eine Problemstellung / die Leidenschaft für ein Thema teilen. In der Stadtbücherei Würzburg besteht die CoP aus den acht Mitarbeitenden, die jeweils in Zweier-Teams für eine der vier Stadtteilbüchereien verantwortlich sind. Im Rahmen der CoP erarbeitet die Gruppe gemeinsame Regeln, tauscht Wissen aus, löst Prob-

---

5 Wenger

leme gemeinsam, unterstützt sich im Tagesgeschäft, arbeitet aber auch strategisch und zukunftsgerichtet. Die Bibliotheksleitung stellt der Gruppe (Arbeits-) Zeit und Raum zur Verfügung, lässt sich ggf. berichten, wird wenn erforderlich von der Gruppe eingeladen – mischt sich sonst aber nicht ein. Bei dieser im WM äußerst geschätzten Methode setzt man auf ein hohes Maß an intrinsischer Motivation und Selbstorganisation der CoP-Mitglieder, die durch die Interaktion in der Gruppe in hohem Maße wertschöpfend arbeiten.

3.2.2 Projektreview (Reflexion)

Im täglichen Tun werden regelmäßig Erfahrungen gesammelt, die jedoch häufig wieder in Vergessenheit geraten, statt in zukünftiges Handeln oder Verhaltensänderungen umgesetzt zu werden. Das Lernen aus Erfahrungen kann unterstützt werden, wenn man zeitnah bewusst und systematisch reflektiert, welche Erfahrungen gemacht wurden, und was diese für die Zukunft bedeuten. Abgeschlossene Projekte eignen sich gut für solche Reflexionen. In der Stadtbücherei Würzburg wird diese Methode eingesetzt. Zum Beispiel setzen sich nach Abschluss der jährlichen Jugendbuchwochen alle Beteiligten zusammen und jede Kollegin beschreibt aus ihrer Sicht die Aufgabenstellung, die Projektphasen mit Aktivitäten und Ergebnissen, Zielen und Zielerreichung, Erfolgen und Misserfolgen sowie die persönlichen Lernerfahrungen. Gemeinsam wird aus den Erfahrungen dann das Optimierungspotenzial für künftige Jugendbuchwochen erarbeitet.

3.2.3 Wiki (Dokumentation)

Jeder kennt Wikipedia. Eine solche Online-Enzyklopädie kann bibliotheksintern mit den für die eigene Organisation relevanten Inhalten erstellt werden. Die zugrunde liegende Software ist leicht zu bedienen, die Inhalte lassen sich über Hyperlinks vernetzen und mittels Volltextsuche durchsuchen. Wichtig ist eine gute Konzeption zu Beginn, bei der das Team die Integration der neuen Plattform in die bestehende Informationslandschaft definiert. Ein Wiki ist ein Gemeinschaftswerk: Alle Teammitglieder müssen sich an der Erstellung und Pflege der Inhalte beteiligen. Es jedoch sinnvoll, sich darauf zu einigen, wer – unabhängig von den Inhalten – stetig am Ball bleibt und alles im Blick hat. In der Sprache des WM nennt man diese Funktion „Wiki-Gärtner". Für dieses Gärtnern muss Arbeitszeit zur Verfügung stehen.

Abb. 2: Screenshot Wiki.

3.3 Zusammenhang Wissensmanagement – Lernende Bibliothek[6]

Im Würzburger Modell der „Lernenden Bibliothek" wird die Organisationsentwicklung im Zusammenhang mit einer wissensorientierten Bibliotheksleitung als langfristiges Projekt definiert. Die aus der Wissensbilanz (siehe unter Punkt 4) resultierende Strategie führt zu einem planvollen Programm, an dessen Ende eine „organisationale Wissensordnung"[7] steht.

> „Je besser eine Organisation versteht, mit ihren Wissensressourcen umzugehen und ihre Wissensträger im Aufbau wissensrelevanter Kompetenzen zu unterstützen, umso leichter kann sie auf Veränderungen in ihrem Umfeld reagieren und innovative Prozesse anstoßen. Damit beweist die Organisation Lernfähigkeit sowohl im Sinne des Anpassens als auch des aktiven Gestaltens, was einen zentralen Wettbewerbsvorteil darstellt."[8]

Die Theorien zur lernenden Organisation verfolgen dieselben Ziele wie die Ansätze zum Wissensmanagement. So bestehen zwischen Wissensmanagement

---

6 Siehe Fußnote 1
7 Neumann
8 Reinmann-Rothmeier

und Lernen besonders enge Verbindungen[9] beziehungsweise sind sie im Prinzip kaum voneinander zu trennen.[10] Als integriertes Interventionskonzept könnte Wissensmanagement zur Förderung des Lernens von Individuen, Gruppen und ganzen Organisationen beitragen und somit als Voraussetzung für die Schaffung lernender Organisationen betrachtet werden.[11] (Quellen)[12]

4 Der strategische Überbau: Strategiezentrierte Methode „Wissensbilanz – Made in Germany"

4.1 Wissensbilanz – was ist das?

Bewährte WM-Methoden nach Bedarf im operativen Alltagsgeschäft einzusetzen, ist *eine* Sache. Auf Dauer erfordert eine langfristig und auf Nachhaltigkeit ausgerichtete Bibliotheksführung einen strategischen Überbau. Wie die oben beschriebenen WM-Methoden hat die Leiterin der Stadtbücherei Würzburg auch die Methode zur Strategieentwicklung in der freien Wirtschaft erlernt und erfolgreich angewendet. Die Methode „Wissensbilanz – Made in Germany" wurde im Auftrag des Bundesministeriums für Wirtschaft und Technologie (BMWi) vom Arbeitskreis Wissensbilanz,[13] einem internationalen Expertenkreis, gemeinsam mit Pilotanwendern entwickelt. Sie hat sich in vielen kleinen und mittelständischen Unternehmen als Instrument zu Strategie- und Organisationsentwicklung bewährt. Unterstützend zu einem Leitfaden,[14] der den Prozess der Wissensbilanzierung beschreibt, steht eine softwarebasierte „Toolbox" zur Verfügung.

---

9 Reinmann-Rothmeier / Mandl
10 Reinmann-Rothmeier
11 Reinmann-Rothmeier et al.
12 Goll, Soramäki
13 Arbeitskreis Wissensbilanz
14 Bundesministerium

Definition „Intellektuelles Kapital"

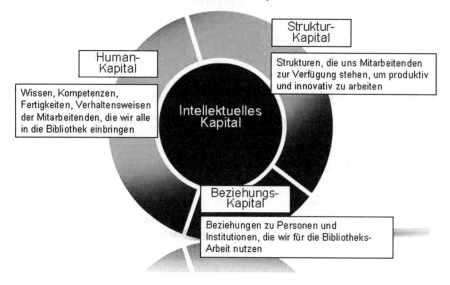

Human-Kapital

Wissen, Kompetenzen, Fertigkeiten, Verhaltensweisen der Mitarbeitenden, die wir alle in die Bibliothek einbringen

Intellektuelles Kapital

Struktur-Kapital

Strukturen, die uns Mitarbeitenden zur Verfügung stehen, um produktiv und innovativ zu arbeiten

Beziehungs-Kapital

Beziehungen zu Personen und Institutionen, die wir für die Bibliotheks-Arbeit nutzen

Abb. 3: Intellektuelles Kapital.

Im Prozess der Wissensbilanzierung wird jedoch nicht nur das in der Organisation vorhandene Wissen untersucht. Vielmehr wird das intellektuelle Kapital transparent gemacht und in Relation zu den strategischen Zielen analysiert und bewertet. Das intellektuelle Kapital gliedert sich in drei Bereiche:

- *Humankapital* bezeichnet alles, was in den Mitarbeitenden steckt: z. B. Wissen, Fach- / Soziale Kompetenzen, Fähigkeiten, Fertigkeiten, Motivation
- *Strukturkapital* subsumiert alles, was die Organisation den Mitarbeitenden an Arbeitsunterstützung bietet: z. B. IT-Infrastruktur und dokumentiertes Wissen, Prozesse und Verfahren oder Teamkultur
- *Beziehungskapital* beinhaltet die Kontakte und Beziehungen, die über die Grenzen der Organisation hinaus bestehen: z. B. zu Träger, Kunden, Kooperationspartnern, Lieferanten oder der Öffentlichkeit.

Im Anschluss an Analyse und Bewertung verfügt man über eine belastbare Entscheidungsgrundlage für die strategiebasierte Auswahl von Maßnahmen zur Personal- und Organisationsentwicklung sowie WM-Maßnahmen.

Volker König von der Stadtbücherei Würzburg beschreibt den ersten Einsatz der Methode in Würzburg:

Die Stadtbücherei Würzburg ist das erste Öffentliche Bibliothekssystem, das eine Wissensbilanz (WB) erstellt hat – ein Pionierprojekt im deutschen Bibliothekswesen, dessen Erstellung beim ersten Mal einiges an Zeit beanspruchte (Juli 2010 bis Januar 2011). Lohnt sich der Aufwand?

Finanzen in Bilanzen zu erfassen, ist eine Selbstverständlichkeit für Unternehmen. Doch was ist mit dem intellektuellen Kapital – vor allem, wenn dies Unternehmen ein Dienstleistungsbetrieb wie die Bibliothek ist? Hier spielt die Verwendung von Maschinen in Fertigungsprozessen eine sehr geringe Rolle, das intellektuelle Kapital hingegen ist entscheidend: Know-how und Motivation der Mitarbeitenden, Organisationsstrukturen, Prozessablauf und Unternehmenskultur sowie die Beziehungen zu Kunden, Partnern und zur Öffentlichkeit. Wie ist dieses Wissen dokumentiert, wie wird es gepflegt? Mit der WB werden der IST- und der SOLL-Zustand der komplexen Geschäftsprozesse strukturell erfasst und bewertet; nicht mit Blick auf die heutigen Aufgaben, sondern in Relation zu den strategischen Zielen der Stadtbücherei, zu unserer „Vision", wie unsere Stadtbücherei sein sollte. Damit werden Stärken und Schwächen der Einrichtung transparent und gleichzeitig ermöglicht die WB, Maßnahmen zur gezielten Organisationsentwicklung aufzuzeigen.

Die Erarbeitung einer WB gelingt nur in Teamarbeit: Jede(r) bringt seine Kenntnisse und Erfahrungen ein. Dabei bedienten wir uns der Toolbox des Arbeitskreises Wissensbilanz. Die Selbsteinschätzung war ehrlich, kritisch, das Ergebnis erhellend.[15]

4.2 Methodische Vorgehensweise[16]

Der Prozess der Wissensbilanzierung nach der Methode „Wissensbilanz – Made in Germany" wird nicht in Einzelarbeit von der Bibliotheksleitung, sondern von einem Projektteam absolviert. Bei der Zusammenstellung des Projektteams soll die gesamte Belegschaft möglichst gut abgebildet werden. Alle Rollen, Arbeitsbereiche und Hierarchiestufen sollten vertreten sein. So ist selbstverständlich auch die Leitung dabei. Idealerweise führen ein oder zwei externe ModeratorInnen das Team durch den Prozess.

Im ersten Schritt beschäftigt sich das Team mit dem „Geschäftsmodell":

Hier wird das Umfeld analysiert, das Einfluss auf die Bibliothek hat (Kunden- und Bevölkerungsstruktur, andere Bibliotheken und deren Zuständigkeiten, Aufgaben, die der Träger vorgibt, Chancen und Risiken, die sich daraus ergeben). Hier beschreibt das Team die internen Prozesse. Und es diskutiert Vision, Ziele und

---

15 König
16 Bundesministerium

Strategie der Bibliothek. In diesem Prozessschritt finden ausführliche Diskussionen statt, und das Team gelangt zu wertvollen Ergebnissen. Man sollte daher genügend Zeit geben, Dinge detailliert zu diskutieren – das Ergebnis zahlt sich im weiteren Prozessverlauf aus!

In den folgenden Schritten wird das Intellektuelle Kapital analysiert und bewertet: Das Team diskutiert zunächst, welche Bestandteile oder Einflussfaktoren des Human- des Struktur- und Beziehungskapitals die Organisation benötigt, um in Zukunft erfolgreich zu sein. Hier wird das Prinzip der Methode deutlich: Die „Bilanzierung" ist nicht als Bilanzziehen auf die Vergangenheit ausgerichtet, sondern auf die strategischen Ziele der Zukunft. Für jeden Einflussfaktor wird eine Definition erarbeitet.

Anschließend wird der Status quo jedes Faktors vom Team bewertet: Wie gut sind – bezogen auf die angestrebten Ziele, nicht auf die aktuelle Aufgabenerfüllung! – Qualität und Quantität ausgeprägt? Wie systematisch wird der Faktor momentan gepflegt und entwickelt? In der Ergebnisdarstellung zu dieser Bewertung wird sich später zeigen, wie groß das Entwicklungspotenzial der Faktoren ist. Zuletzt werden die Faktoren zueinander in Beziehung gesetzt: Das Team schätzt ein, wie groß die Wirkung eines Faktors auf jeden der anderen Faktoren ist.

Der Prozess verlangt dem Team Engagement und Durchhaltevermögen ab. Aber der Einsatz lohnt sich: Sind alle Faktoren bewertet, wird deutlich, wie die Organisation „tickt": Welche Faktoren haben große Wirkung auf das „System Bibliothek"? Welche sind für die Zielerreichung besonders wichtig, welche spielen eher eine Nebenrolle?

Unterstützt durch die grafische Darstellung der Ergebnisse und die softwarebasierten Auswertungsmöglichkeiten mittels der Toolbox können leicht die Einflussfaktoren identifiziert werden, die sich besonders als „Hebel" zur Organisationsentwicklung eignen. Nun ist es noch Aufgabe des Projektteams, geeignete (PE-, OE- oder WM-)Maßnahmen festzulegen.

Der Leitfaden[17] zur Wissensbilanz – Made in Germany beschreibt weitere Bestandteile der Methode. Im Rahmen des Würzburger Modells wurden die Teile angewandt, die sich in der praktischen Erfahrung der Bibliotheksleitung bewährt haben.

Besonders wichtig ist es während des ganzen Prozesses, die gesamte Belegschaft auf dem Laufenden zu halten und die Fortschritte des Projektes zu kommunizieren.

---

[17] Bundesministerium

4.3 Ziele des Methodeneinsatzes

Die Bibliotheksleitung verfolgt mit dem Einsatz der Methode mehrere Ziele: Vision und Ziele der Bibliothek sollen von Team und Leitung gemeinsam diskutiert und fixiert werden. Transparenz über die in der Organisation vorhandenen Ressourcen und deren aktuellen Zustand soll hergestellt werden. Ein gewünschter „Nebeneffekt" war damals, dass sich durch das gemeinsame Arbeiten an der Bibliotheksstrategie und die Diskussionen über das „Eingemachte" das Team und die damals noch neue Leitung schnell einander annähern und kennen lernten sowie gegenseitiges Vertrauen aufbauten. Durch die Beteiligung der Mitarbeitenden identifizieren diese sich intensiv mit den Ergebnissen und akzeptieren die abgeleiteten Maßnahmen. So wird eine Entscheidungsgrundlage geschaffen für strategische und strukturierte – und von allen getragene – Organisationsentwicklung. Das steigert die Motivation. Über diese internen Auswirkungen hinaus kann die Wissensbilanz der Bibliothek als Argumentationsgrundlage gegenüber Träger, Sponsoren und Kooperationspartnern eingesetzt werden. Auch war es in Würzburg wichtig, das Thema „Wissensbilanzierung" als first mover im Bibliothekswesen zu besetzen.

Mittels dieser Methode schlägt die Stadtbücherei Würzburg den Bogen von der Strategieentwicklung zu Auswahl operativer WM- und Entwicklungsmaßnahmen und implementiert das „Würzburger Modell": Zur strategischen Organisationsentwicklung stehen immer nur begrenzte Ressourcen zur Verfügung. Bei einer Öffentlichen Bibliothek ist diese Begrenzung möglicherweise noch drängender als in einem Wirtschaftsunternehmen. Die Ergebnisse der Wissensbilanz dienen dazu, die zur Verfügung stehenden Ressourcen möglichst effizient zu nutzen: Die im Anschluss initiierten Maßnahmen zur Organisationsentwicklung setzen an mittels der Wissensbilanz herausgearbeiteten „Hebeln" des Intellektuellen Kapitals an. Diese Hebel sind *die* Bestandteile des Intellektuellen Kapitals, die innerhalb der Organisation bzw. bezogen auf die strategische Zielerreichung große Wirkung entfalten. Gleichzeitig ergab die Analyse dieser Faktoren, dass sie noch viel Entwicklungspotenzial haben – gezielte Maßnahmen hier also große Wirkung erzielen können. Über diese Faktoren werden die Auswirkungen von Maßnahmen am effizientesten in die Organisation übertragen. Konzentriert man sich auf diese Maßnahmen, fokussiert man die zur Entwicklung eingesetzten Ressourcen strategisch sinnvoll, statt sich durch das Angehen vieler gleichzeitiger „Baustellen" zu verzetteln.

5 Lernende Bibliothek[18]

Der Begriff der „Lernenden Organisation" hat in der Fachliteratur inzwischen seinen festen Platz gefunden. Doch nicht Systeme lernen, sondern Menschen. Analog verhält es sich mit Wissen. Menschen stellen ihr Wissen zur Verfügung, teilen es mit anderen, erwerben Erfahrungen, verarbeiten Informationen und kommunizieren inner- und außerhalb ihrer verschiedenen Systeme. Dadurch wird gelernt, neues Wissen erzeugt und Informationen weitergegeben. Wenn sich ein System, in unserem Fall eine Bibliothek, als lernend bezeichnen will, ist es vor allem wichtig, dass die Faktoren, von denen der Wissenserwerb in der Hauptsache abhängt, identifiziert werden. Eine Organisation, die darauf baut, dass ihre Mitglieder sich als „lebenslang lernend" begreifen und ihr Wissen bereitwillig zur Verfügung stellen, muss sich in einer bestimmten Art und Weise definieren. Dazu gehört es, eine Kultur zu schaffen, in der Veränderungen als normal empfunden werden und die Fehler dort toleriert, wo sie zum Lernen dazugehören.

Eine Wissensbilanz durchzuführen war in der Stadtbücherei Würzburg ein logischer Schritt, um die Entwicklung hin zu einer lernenden Bibliothek zu fördern. Denn zuerst mussten die Mitarbeitenden Information hinsichtlich des Status quo ihrer Organisation sowie der daraus resultierenden Ziele erhalten. Im Anschluss muss darüber Übereinstimmung unter allen Mitarbeitenden erzielt werden (nicht jede/r war am Prozess der Wissensbilanz direkt beteiligt). Ein weiterer wichtiger Aspekt ist die Erkenntnis über die tatsächliche sowie die gewünschte Außenwirkung. Bei einer Stadtbücherei, die für und durch die Allgemeinheit finanziert wird und für alle Menschen offen sein soll, ist dieser Umstand existenziell. Doch nur, wenn innerhalb der Organisation diese Erkenntnisse Allgemeingut sind, also von jeder/m geteilt werden, kann sich eine Kultur entwickeln, in der Wandel als notwendig und nicht als bedrohlich gesehen wird. Nur wer Veränderungen als Ergebnis „lebendigen" und engagierten Arbeitens betrachtet, wird sie unterstützen und nicht unterminieren. Dass es dazu kommt und vor allem selbstverständlich wird – dem System inhärent sozusagen – ist eine wichtige Führungsaufgabe. Insgesamt gesehen ist die Erarbeitung einer Wissensbilanz eine geeignete Methode, weil sie genau diese Voraussetzungen für eine lernende Organisation erfüllt:

Es wird Transparenz über den **Ist-Zustand der Organisation** geschaffen; daraus können **Ziele** abgeleitet werden, die Aufschluss über die benötigten **Ressourcen** geben. Die Kommunikation der Ergebnisse sorgt für Überei**nstimmung** unter den Mitarbeitenden. Die Einbindung Aller in die Maßnahmen schafft die

---

18 „Lernende Bibliothek" meint hier „Bibliothek als Lernende Organisation", nicht „Bibliothek als Bildungseinrichtung" im Sinne der Dienstleistung „Learning / Teaching Library"

„**Kultur der Veränderung**". Dass die Ergebnisse die **Führungs- und Organisationsstrategie** bestimmen, erzeugt Nachhaltigkeit

Die „lernende Bibliothek" definiert sich in diesem Sinne als ein System, in welchem das Lernen als „Prozess" begriffen wird (Aufnahme, Verarbeitung und Speicherung von Erfahrungen) und das die Mitarbeitenden unterstützt, ihr Potenzial zu entwickeln. Das gewünschte Ergebnis sind die Erweiterung der Kenntnisse, Fähigkeiten, Fertigkeiten, Einsichten, der sozialen Kompetenz, Kreativität usw. sowie die positive Änderung von Einstellungen und Werthaltungen.

Eine Bibliothek, die sich dem Wettbewerb stellt (BIX) und erfolgreich sein will, muss eine „lernende Organisation" sein. Das, was bereits Watzlawick über die Kommunikation feststellte, kann man auch über das Lernen sagen: Man kann nicht nicht lernen. Doch für die bewusste Gestaltung der Zukunft darf man Lernen nicht dem Zufall überlassen. Wir wollen Innovationen, wir wollen eine vitale, dynamische Bibliothek, eine die nah an ihren KundInnen ist und sich mit Fantasie und Kreativität weiter entwickelt. Lernen stellt für uns einen zentralen Wert dar; es beinhaltet auch ein gewisses Maß an Selbstreflexion, die die eigenen Werthaltungen überprüft und infrage stellt. Unser Konzept hat das Ziel, unseren Erfolg durch höhere Zufriedenheit und mehr Selbstständigkeit bei den Mitarbeitenden zu erreichen. Ein wichtiger Wert ist das Ermöglichen von work-life-balance. Nur ausgeglichene Menschen werden aus sich heraus initiativ und sich nachhaltig engagieren. Sie werden sich zu „ihrer" Bibliothek bekennen und mit Freude lernen, weil es ihre Handlungs- und Entscheidungsspielräume erweitert und weil es die Qualität ihrer Arbeit steigert.

Die Verwirklichung des Konzepts „Lernende Bibliothek" passiert nicht von heute auf morgen. Im Würzburger Modell fußt dieser Prozess im Wesentlichen auf drei Säulen: der Haltung der Bibliotheksleitung, der konsequenten Interaktion aller Beteiligten, dem Einsatz geeigneter Methoden. Wie bereits erläutert, bringt die Bibliotheksleitung Erfahrungen aus Wirtschaftsunternehmen ein, ist persönlich im Wissensmanagement hervorragend vernetzt, kennt die diversen Methoden aus eigenem Tun und handelt aus der konsequenten Überzeugung, dass WM sinnvoll und nützlich ist. Das Würzburger Modell geht davon aus, dass jeder Problemstellung, jeder Ablaufschwierigkeit, jedem Hemmnis ein Lernfeld inhärent ist. Um in diesem langfristigen Prozess eine allgemein akzeptierte Lernkultur zu schaffen, werden deshalb Methoden eingesetzt, die helfen, diese Haltung einzuüben.

Literaturverzeichnis

Arbeitskreis Wissensbilanz: www.akwissensbilanz.org

Bundesministerium für Wirtschaft und Technologie (BMWi) (Hrsg.): Wissensbilanz – Made in Germany. Leitfaden 2.0 zur Erstellung einer Wissensbilanz; Berlin, 2008 [www. akwissensbilanz.org/Infoservice/Infomaterial/WB-Leitfaden_2.0.pdf]

Goll Consulting: www.goll.de/LernendeOrganisation/index.php

König, Volker: Stadtbücherei Würzburg – Wissensbilanz 2010/2011. interner Bericht; Würzburg, 2011

Neumann, R.: Die Organisation als Ordnung des Wissens: Wissensmanagement im Spannungsfeld von Anspruch und Realisierbarkeit. Wiesbaden, 2000. (zitiert nach Soramäki)

Reinmann-Rothmeier, G. / Mandl, H.: Multiple Wege zur Förderung von Wissensmanagement in Unternehmen. In: Dehnbostel, P. / Dybowski, G.: Lernen, Wissensmanagement und berufliche Bildung. Bielefeld, 2000. (zitiert nach Soramäki)

Reinmann-Rothmeier, G.: Wissen managen: Das Münchener Modell. (Forschungsbericht Nr. 131). München, 2001. (zitiert nach Soramäki)

Reinmann-Rothmeier et. al. Reinmann-Rothmeier, G. / Mandl, H. / Erlach, C. / Neubauer, A.: Wissensmanagement lernen. Weinheim, 2001. (zitiert nach Soramäki)

Soramäki, Arja: Mit Wissensmanagement zur Lernenden Organisation. Inaugural-Dissertation zur Erlangung der Doktorwürde der Fakultät für Forst- und Umweltwissenschaften der Albert-Ludwigs-Universität Freiburg i. Brsg., 2005 (www.freidok.uni-freiburg.de/ volltexte/2154/pdf/as_lopullinen.pdf)

Wenger, Etienne: http://wenger-trayner.com/wp-content/uploads/2012/01/06-Brief-introduction-to-communities-of-practice.pdf

Wenger, Etienne / McDermott, Richard / Snyder, William: Cultivating communities of practice: a guide to managing knowledge. Harvard Business School Press, 2002.

Imma Hendrix

Von alten Gewohnheiten und neuen Chancen: Veränderungsmanagement und Personalentwicklung für den Neubau[1]

Ausgangslage

Aufgrund der Integration von insgesamt 13 Standorten in das Jacob-und-Wilhelm-Grimm-Zentrum bestand das Erfordernis, den Beschäftigten dieser Standorte ihren Platz in der vorgegebenen Struktur der Zentralbibliothek und entsprechende Aufgaben zuzuweisen. Während es in der Zentralbibliothek einerseits eine klare Trennung zwischen Benutzungsabteilung und der Abteilung für Medienerwerbung und –erschließung gab, andererseits aber nahezu alle Beschäftigten der Medienabteilung auch Dienste in der Auskunft (gehobener Dienst) bzw. Ausleihe (mittlerer Dienst) wahrnahmen, waren Benutzungs- und Erschließungsaufgaben an den kleineren Standorten vielfach mehr ineinander verwoben. Auch werden im Bibliothekssystem durchaus unterschiedliche Formen der Medienbearbeitung praktiziert: Der integrierte Geschäftsgang in der Zentralbibliothek sieht für den gehobenen und mittleren Dienst im Grundsatz die gleichen Aufgaben in unterschiedlichen Schwierigkeitsgraden vor, während in vielen Zweigbibliotheken Erwerbung und Katalogisierung einzelnen Laufbahngruppen vorbehalten sind. Viele Stellen finden sich im Grimm-Zentrum in der bisherigen Form nicht wieder, so dass die neuen Aufgaben entsprechend den Neigungen und Kompetenzen der Beschäftigten vergeben werden sollten.

Wenngleich die erforderlichen Veränderungen bei der Aufgabenzuordnung im Rahmen des Direktionsrechts realisierbar gewesen wären, war es der UB-Leitung ein Anliegen, die Mitarbeiterinnen und Mitarbeiter an der Entscheidung über die Aufgabenübertragung zu beteiligen. Und so konnte der Neubeginn im Grimm-Zentrum von jedem Einzelnen als Chance genutzt werden, nach Jahren oder Jahrzehnten des Berufslebens eine berufliche Veränderung – auch über die reine Ortsveränderung hinaus - zu realisieren.

Bevor jedoch über die Aufgabenverteilung im Grimm-Zentrum nachgedacht werden konnte, musste das gesamte Bibliotheksgefüge überprüft werden. In einem mehrere Monate andauernden Diskussionsprozess wurden im Jahr 2007 die Planstellen auf die verschiedenen Standorte verteilt. Dabei wurden verschiedene

1 Zuerst veröffentlicht in: Inspiration durch Raum. Servicevielfalt im Jacob-und-Wilhelm-Grimm-Zentrum. Hrsg. von Milan Bulaty. Berlin 2010

Kriterien wie Kennziffern (z. B. Ausleihen, jährlicher Zugang, laufende Zeitschriftenabonnements), aber auch Spezifika der einzelnen Bibliotheken oder Erfordernisse, die pro Standort zu berücksichtigen sind (z. B. Stellenanteil für Erstellung von Infomaterial) zu Grunde gelegt. Von den Planstellen, die schließlich dem Jacob-und-Wilhelm-Grimm-Zentrum zugestanden wurden, wurden solche für zentrale Aufgaben wie Verwaltung und EDV-Abteilung vorab betrachtet, es blieben bibliothekarische Aufgaben, die standortübergreifend wahrgenommen wurden, wie Zentralredaktion oder Erschließung in der Zeitschriftendatenbank, und schließlich die bibliothekarischen standortbezogenen Aufgaben. Von diesen Stellen mussten zunächst die Stellenanteile abgezogen werden, die für die Realisierung der angestrebten Servicezeiten erforderlich schienen. Um diese zu ermitteln, musste überwiegend mit Annahmen gearbeitet werden, da die zu erwartende Anzahl der täglichen Besuche und Ausleihen nur geschätzt werden konnte.

Die langjährige Hoffnung, die Zusammenführung von Bibliotheksstandorten schaffe Synergien für die Weiterentwicklung der Dienstleistungen, entpuppte sich bei der Erstellung des Dienstleistungskonzepts als trügerisch: Die Größe des Hauses erfordert viel Personal für einen guten Service zu für den Benutzer annehmlichen Zeiten, für Auskunft und Infokompetenzvermittlung, für die Benutzeranmeldung, die Ausleihe und Rückgabe, den Betrieb des Forschungslesesaals und der Mediathek sowie für das Rückstellen der entliehenen Medien. Überdies waren in der Strukturdiskussion Schwerpunkte gesetzt worden durch eine personelle Verstärkung der EDV-Abteilung und die Festlegung von festen Stellen(anteilen) für Web-Redaktion, Koordinierung der Informationskompetenz und Öffentlichkeitsarbeit. Alle diese Belange können nur zulasten der Hintergrundarbeiten bei den Routinetätigkeiten erfüllt werden.

Das Verfahren

Am Anfang entstand die Idee, die Aufgaben in der Benutzung bzw. Medienbearbeitung grob zu beschreiben, dann das Interesse der Beschäftigten für den einen oder anderen Aufgabenbereich zu erfragen und schließlich auf dieser Grundlage die Beschreibung der Aufgabenkreise (BAK) zu erstellen, die von der Personalabteilung im Hinblick auf die Bewertung der Stelle zu prüfen wäre. Dies war aus Sicht der Personalabteilung indes kein gangbarer Weg, da befürchtet wurde, den Beschäftigten würde durch das gewünschte Verfahren möglicherweise eine Aufgabe versprochen, die der Bewertungsprüfung dann nicht standhielt. Insofern mussten erst alle Aufgaben beschrieben und diese Beschreibungen von der Personalabteilung geprüft werden. Dieser für die insgesamt 65 einbezogenen Stellen durch UB und Personalabteilung zu erbringende Aufwand führte zu erheblichen Zeitverzögerungen – mit der für die Beschäftigten unbefriedigenden Konsequenz, dass erst kurz vor dem Umzug feststand, wer welche Aufgaben wahrnimmt und in welchem Team oder Sachgebiet mitarbeitet. Die Zusammenarbeit mit der Personalabteilung verlief in allen Phasen dieses sogenannten „Interessenbekundungsverfahrens" erfreulich und konstruktiv, doch im Wiederholungsfall würde die UB viel Überzeugungskraft aufbringen, um den ursprünglichen Verfahrensvorschlag umzusetzen. Die Zeitersparnis wäre erheblich gewesen und die Erfahrung hat gezeigt, dass alle Bewertungsfragen letztlich einvernehmlich gelöst werden konnten.

Nach Abschluss der BAK-Prüfung durchlief das Verfahren folgende Phasen:

1. Festlegung der einzubeziehenden Stellen

   Ausgenommen werden mussten die Mehrzahl der Beamtenstellen sowie Stellen mit nur vereinzelt vorkommender Vergütung, der einfache Dienst sowie befristete Stellen. Es verblieben insgesamt 65 Stellen, davon 6 im höheren Dienst, 29 im gehobenen Dienst und 30 im mittleren Dienst.

2. Beschreibung der Aufgaben

   Entsprechend der Ressourcenverteilung wurden Aufgaben beschrieben – sei es für ganze Stellen wie bei den Stellen des gehobenen und mittleren Dienstes oder für Stellenanteile: Die Stellen der Fachreferentinnen und Fachreferenten setzen sich aus mehreren Aufgaben zusammen, wie z.B. Fachreferat A 35 %, Fachreferat B 50 % und Auskunft/Sprechstunde 15 %.

3. Interessenbekundung

   Da die Beschreibungen der Aufgabenkreise laufend erstellt und geprüft wurden und darüber hinaus Mitarbeitergespräche, Infoveranstaltungen und Sitzungen der Zuschlagskommission viel Zeit in Anspruch nahmen, wurde das Interessenbekundungsverfahren für die drei einbezogenen Laufbahngruppen nacheinander durchgeführt, beginnend mit dem höheren Dienst. Der gesamte Prozess wurde zunächst auf einer Teilmitarbeiterversammlung für die in das Grimm-Zentrum einziehenden Beschäftigten erläutert, dann gab jeweils eine Informationsveranstaltung für die je betroffenen Mitarbeiterinnen und Mitarbeiter den Startschuss für das Verfahren. Erläuterungstexte sowie die Aufgabenbeschreibungen, geordnet nach Vergütungsgruppen, und ggf. zusätzliche Informationen wie Organigramme wurden über das Intranet zur Verfügung gestellt, und die Betroffenen erhielten einen persönlichen „Teilnahmeschein", um ihr Interesse an drei der beschriebenen Aufgaben ihrer Vergütungsgruppe zu bekunden. Die Teilnahme an dem Verfahren war freiwillig, um die Teilnahme wurde seitens der Vorgesetzten allerdings engagiert geworben – auf dass die Mitarbeiterinnen und Mitarbeiter diese Chance zur Gestaltung ihrer Berufstätigkeit ergreifen. Und diese Chance wurde erkannt und ergriffen: Ausnahmslos alle in das Verfahren einbezogenen Beschäftigten haben teilgenommen.

4. Auswertung und Aufgabenübertragung

Die Auswertung der Interessenbekundungen und Verteilung der Aufgaben erfolgte durch eine Zuschlagskommission, in der der Direktor, die Fachabteilungsleiterinnen, eine Vertreterin des Personalrats und die Frauenbeauftragte vertreten waren. Beschäftigte, die eine Aufgabe bereits vorher ausgeübt hatten, wurden nicht deswegen bevorzugt, aber natürlich spielte die persönliche Eignung der Interessentinnen und Interessenten eine wichtige Rolle. Je kritischer das Verhältnis zwischen Anzahl der Interessierten und den zur Verfügung stehenden Stellen war, desto schwerer fielen der Kommission die Entscheidungen, aber sie wurden letztlich alle einvernehmlich getroffen. Mit allen Mitarbeiterinnen und Mitarbeitern, deren Wünsche nicht zu 100 % erfüllt werden konnten, haben die Vorgesetzten Einzelgespräche geführt, um die Entscheidung zu erläutern.

Bilanz

Das Interessenbekundungsverfahren war für die Beschäftigten mit Irritation und Aufregung verbunden, erforderte einen immensen Vorbereitungsaufwand und stellte für die Personalabteilung eine echte Herausforderung dar. Es war sinnvoll, ja sogar zwingend, weil eine Alternative nur darin hätte bestehen können, die aus den kleinen Standorten einziehenden Beschäftigten den bestehenden Strukturen einfach „zuzuordnen". Dies hätte eine Integration im Sinne der „Herstellung eines Ganzen" auf unabsehbare Zeit verhindert. Um das Grimm-Zentrum mit Leben zu füllen, den Erwartungen der Benutzerinnen und Benutzer zu entsprechen und um unserem eigenen Dienstleistungsanspruch gerecht zu werden, bedarf es einer gelungenen Integration und vieler motivierter Mitarbeiterinnen und Mitarbeiter genau am rechten Platz. Nicht alle konnten an dem aus ihrer (damaligen) Sicht rechten Platz landen – um das zu erreichen, hätten Aufgaben und Interessen zu 100 % übereinstimmen müssen. Aber die Bilanz sah am Ende dennoch sehr gut aus:

Im gehobenen und mittleren Dienst (insgesamt 59 Stellen) konnte 48 x Wunsch 1 (davon 4 x nur mit 50 % der Stelle), 6 x Wunsch 2 und 3 x Wunsch 3 erfüllt werden. Zwei Beschäftigten mussten Aufgaben zugewiesen werden, für die sich niemand interessiert hatte.

Im höheren Dienst (insgesamt 6 Stellen) konnte 3 x Wunsch 1 und 2 x Wunsch 2 bzw. 3 erfüllt werden. Hier mussten in einem Fall Aufgaben zugewiesen werden, für die sich niemand interessiert hatte.

Bei den früheren Mitarbeiterinnen und Mitarbeitern der Zentralbibliothek gab es insgesamt kaum das Bedürfnis, neue Aufgaben zu übernehmen. Dies mag einerseits verblüffen, da eine lange Betriebszugehörigkeit den Wunsch nach Veränderung hervorbringen könnte. Andererseits kann vermutet werden, dass die mit dem Neubau verbundenen Veränderungen und die Unsicherheit darüber, mit welchen Vorgesetzten und Kolleginnen man es zukünftig zu tun haben wird, den Wunsch erweckten, dass zumindest die Aufgaben weitgehend dieselben bleiben sollten.

Mit der Eröffnung des Grimm-Zentrums hat der Prozess der Integration gerade erst begonnen. In den Sachgebieten und Teams arbeiten Kolleginnen und Kollegen mit sehr unterschiedlichem Erfahrungshintergrund zusammen: Sie entstammen kleineren oder größeren Bibliotheksstandorten, haben völlig neue Aufgaben übernommen oder sind ihrem Arbeitsgebiet seit Jahr(zehnt)en treu. Und ihnen wird abgefordert, was für jede Form des Miteinanders wesentlich ist: zuhören und aufeinander zugehen, sich auseinander setzen, aber auch Kompromisse eingehen können.

Wenn diese Eigenschaften hinter den Kulissen gefördert und praktiziert werden, werden Beschäftigte und Benutzerinnen und Benutzer gleichermaßen davon profitieren.

Stellen-Nr.:	B_M2
Anzahl der Stellen	1
Abteilung(en):	Medienabteilung/Benutzungsabteilung
Unmittelbare/r Vorgesetzte/r:	Leiterin des Periodikateams

Aufgaben:

Aufgabe	Anteil an der Arbeitszeit
Bearbeitung von Zeitschriften mit dem Schwerpunkt Erschließung in der Zeitschriftendatenbank (ZDB)	Ca. 80 %
Tages-, Spät- und Sonnabenddienste in der Auskunft und/oder im Forschungslesesaal	Ca. 20%

Teammitglieder: ca. 12

Aufgabenbeschreibung (Schwerpunkte):
ZDB/GKD-Bearbeitung
- Bearbeitung der Zs-Daten der UB über die WinIBW (Bibliothekssystem PICA) (online)
- TA neu anlegen oder korrigieren (inkl. EROMM-Titeln und EoD-Titeln)
- Körperschaftsaufnahmen neu anlegen oder korrigieren
- Lokal(=Exemplar-)daten neu anlegen oder korrigieren
- Korrespondenz mit Zentralredaktion der ZDB zu Titel-, Lokal- und Bibl.daten
- Prüfen von Anfragen aus der Zentralredaktion der ZDB an Beständen der UB
- Bearbeitung der GravKorr-Listen mit allen daran anschließenden Arbeiten (z.B. Prüfen an UB-Bestand usw.)
- Beantwortung aller anfallenden Fragen aus dem HU- bzw. UB-Bereich

Beschreibung der Dienstzeiten (unverbindlich):
Neben Tagesdiensten in der Auskunft und/oder im Forschungslesesaal gehören zum Spektrum der Dienste ggf. Spätdienste von 16 – 20 Uhr (ca. alle zwei Wochen), von 18 – 22 Uhr (ca. 9 pro Jahr) sowie Sonnabenddienste (4 Stunden, ca. 10 pro Jahr).

Kriterien für die Besetzung der Stelle:
Keine besonderen Voraussetzungen

Ansprechpartner/in:
Frau Hendrix

Abb. 1: Aufgabenbeschreibung für das Interessenbekundungsverfahren.

Name: Mustermann, Max

Vergütungs-/Besoldungsgruppe: VII/VIb

Ich bin an folgenden Stellen besonders interessiert:

1. Nr. ....
2. Nr. ....
3. Nr. ....

die meiner Eingruppierung entsprechen.

Weitere Bemerkungen:[2]

....
....
....
....
....
....
....

....
Datum, Unterschrift

Abb. 2: „Teilnahmeschein" für das Interessenbekundungsverfahren.

---

2 Es gibt keine inhaltlichen Beschränkungen für dieses Feld. Denkbar wäre z.Bsp., „Sie inter-
essieren sich für bestimmte (andere) Aufgaben, die in dieser Kombination nicht vorkommen.
Wenn Sie Teilzeitkraft sind, geben Sie bitte den gewünschten Aufgabenbereich an, sofern die
Aufgabenbeschreibung mehrere Bereiche umfasst (Dienste werden stets anteilig eingeplant)."

Gabriele Beger

Personalentwicklung. Neue Aufgaben und „altes" Personal

Es ist kein bibliothekarisches Phänomen, dass das Personal eines Unternehmens neuen Aufgabenstellungen gegenübersteht, die allein mit den einmal erlernten Ausbildungsinhalten nicht zu bewältigen sind. Durch die digitale Revolution haben sich die bibliothekarischen Dienstleistungen nicht nur verändert, sondern eine wesentliche Erweiterung erfahren. Die Benutzung einer Bibliothek findet heute parallel im Internet statt: Von der Recherche, der Bestellung, der Nutzung elektronischer Bibliotheksbestände bis hin zur Information und Kommunikation mit den Zielgruppen über Blog, Facebook, Twitter und Co. Am realen Ort der Bibliothek werden umfassende Beratungsleistungen anhand der analogen und digitalen Informationsquellen und eine möglichst 24-Stunden-Öffnung erwartet. Die ehemals starren Kataloge wandeln sich zu Suchmaschinen mit inhaltlichen zum Teil analytischen Anreicherungen und Warenkorbfunktionen bis hin zu Dokumentenlieferung und Vernetzung digitaler Objekte. Das sind die neuen Aufgaben einer Bibliothek, die das Berufsbild des Bibliothekspersonals prägen. Wurde früher unter Personalentwicklung überwiegend das Angebot von Weiterbildungsveranstaltungen und die Förderung einzelner Mitarbeiter für Führungspositionen verstanden, bedeutet sie heute, ein ganzes Haus mitzunehmen und für neue Aufgaben fit zu machen. Somit ist Personalentwicklung eine der vorrangigen Leitungsaufgaben. Weil es nicht allein darum geht, einzelne Mitarbeiter und Mitarbeiterinnen zu fördern oder Ausbildungsinhalte festzulegen, sondern Unternehmensziele und Veränderungsprozesse nachvollziehbar und tragfähig für das gesamte Personal zu definieren und umsetzen zu können. Das setzt eine hohe Identifikation mit den Unternehmenszielen und dem eigenen, auch veränderten Arbeitsplatz voraus. In der Staats- und Universitätsbibliothek Hamburg (SUB) ist Personalentwicklung deshalb Teil des integrierten innerbetrieblichen Gesundheitsmanagements. Dieser Praxisbericht soll einen Blick hinter die Kulissen geben und dabei auch auf rechtliche Rahmenbedingungen eingehen.

1 Gesundheitsmanagement

Die WHO definiert „Gesundheit (als) einen Zustand vollkommenen körperlichen, geistigen und sozialen Wohlbefindens und nicht die bloße Abwesenheit von

Krankheit oder Gebrechen".[1] Das Gesundheitsmanagement verfolgt demnach das Ziel, optimale Arbeitsbedingungen zu gestalten und damit die Arbeitsleistungen zu verbessern. Die im Folgenden aufgeführten Maßnahmen gehören in der SUB Hamburg zum Gesundheitsmanagement:

1.1 Aus- und Weiterbildungskonzept (Ausbildung, Weiterbildungsmaßnahmen, innerbetriebliche Qualifizierung)

Die SUB Hamburg ist ein Ausbildungsbetrieb für die Berufsausbildung zum Fachangestellten für Medien und Informationsdienste und Praktikumseinrichtung für die bibliothekarischen und informatorischen Hochschulausbildungen. Anstelle der Referendarausbildung zum höheren Bibliotheksdienst werden Mitarbeiter/innen im Rahmen der Personalentwicklung auf der Grundlage eines Kooperationsvertrages mit dem Institut für Bibliotheks- und Informationswissenschaft der Humboldt-Universität zu Berlin zum Fernstudium entsandt. Dazu schließen die entsandten Mitarbeiter/innen mit der SUB Hamburg einen Qualifizierungsvertrag, der auch die gemeinsam geplante berufliche Entwicklung festlegt. Bereits bei der Auswahl der Auszubildenden werden Schwerpunkte des Unternehmensziels einbezogen. Bei einem erfolgreichen Ausbildungsabschluss mit der Note gut und besser, wird ihnen für mindestens ein Jahr eine Weiterbeschäftigung angeboten. Eine besondere Form der Ausbildung ist die innerbetriebliche Qualifizierungsmaßnahme. Damit wird dem demografischen Wandel und der hohen Arbeitsteilung Rechnung getragen. Um langjährig tätigen Mitarbeitern/Mitarbeiterinnen, die viele Jahre ausschließlich an einem so genannten Werkstück gearbeitet haben, eine Chance auf Veränderung durch Aneignung von neuem bibliothekarischen Wissen und Erlernen von Fähigkeiten zu geben, werden Stellen für die Dauer von zwei Jahren geschaffen, die zur innerbetrieblichen Qualifizierung im laufenden Betrieb ausgeschrieben werden. Darüber hinaus steht allen Mitarbeitern/Mitarbeiterinnen ein strukturiertes Weiterbildungsangebot zur Verfügung. Zum einen beruht es auf Angeboten des Hamburger Zentrums für Aus- und Fortbildung (ZAF) und auf weiteren geeigneten außer Haus stattfindenden Seminaren, Kursen, Tagungen und zum anderen auf den einmal monatlich angebotenen innerbetrieblichen Veranstaltungen zu bibliotheksrelevanten Themen, die auch für das gesamte Hamburger Bibliothekswesen geöffnet werden. Hier werden vor allem neue Produkte und Angebote vorgestellt.

---

1 Offizielle Definition von Gesundheit gemäß der Verfassung der Weltgesundheitsorganisation (WHO) vom 22. Juli 1946

Das Konzept der Aus- und Weiterbildung beruht auf einer gezielten Personalentwicklung, die den bestehenden und künftigen Bedarfen der Unternehmensziele Rechnung trägt.

1.2 Mitarbeiterbefragungen (offene Beteiligungen und anonymisierte Umfragen)

Mitarbeiterbefragungen sind besonders geeignete Instrumente, um einerseits eine Beteiligung an Veränderungsprozessen einschließlich der Evaluierung herbeizuführen und andererseits die Akzeptanz der Unternehmensziele und eine Stärken-Schwächen-Analyse der Betriebsführung zu messen. Um in der SUB Hamburg die Identifikation der Mitarbeiter/innen mit den Unternehmenszielen und Verbesserungspotenziale zu ermitteln, wurde 2010 eine anonymisierte Online-Umfrage im Rahmen des für Wirtschaftsbetriebe ausgerufenen Wettbewerbs „Beste Arbeitgeber"[2] durchgeführt. Erfragt wurde bei Mitarbeitern und Führungskräften getrennt die Wahrnehmung des eigenen Unternehmens als Persönlichkeit und die Wahrnehmung der Unternehmenskultur. Im Ergebnis konnten wir feststellen, dass die weitaus größte Anzahl aller Mitarbeiter/innen die Unternehmensziele kennt und sich damit identifiziert. Besonders bemerkenswert war auch das hohe Bekenntnis zur Kundenorientiertheit. Defizite hingegen wurden in der Kommunikationskultur sichtbar. Obwohl sich die Mehrheit der Mitarbeiter/innen gut informiert fühlt, weist die Gesprächskultur wenig Raum zur persönlichen Mitwirkung auf. Das war für uns Anlass, eine Unternehmensberatung zu beauftragen, um die Kommunikationskultur deutlich zu verbessern. Auftakt bot eine für alle Mitarbeiter/innen verpflichtende Weiterbildungsveranstaltung zum Thema „Wie funktioniert Kommunikation" mit einer sich anschließenden Befragung zu den aus Sicht der Mitarbeiter/innen wichtigsten Fortbildungsbedarfen. Im Ergebnis werden nun eintägige Jahresfeedbackgespräche in jedem Team mit externer Moderation seit 2012 durchgeführt. Im Vorfeld eines Jahresfeedbackgespräches werden die Mitarbeiter/innen zum Klima, der fachlichen Zusammenarbeit und gegenseitigen Unterstützung im Team befragt. Die Ergebnisse bilden dann die Grundlage, sich gemeinsam Erfolge bewusst zu machen, Verbesserungen und Ziele für das kommende Jahr zu planen und festzulegen. Der Führungskraft kommt dabei bereits im Vorfeld eine besondere Begleitung zu. Des Weiteren werden anonymisierte Online-Befragungen bei den von neuen Arbeitsverfahren betroffenen Mitarbeitern/Mitarbeiterinnen zum Zwecke der Evaluierung einge-

---

2 Hamburgs Beste Arbeitgeber. Wettbewerb. http://www.hamburgs-beste-arbeitgeber.de/

setzt. So wird nach Ablauf eines Jahres das Projekt Informationskompetenz,[3] in das sämtliches bibliothekarisches Personal des gehobenen und höheren Dienstes einbezogen wurde, um der großen Anzahl der zu schulenden Studierenden Rechnung tragen zu können, einer Evaluierung unterzogen. Aber auch offene Befragungen in Form eines „WorldCafés" werden eingesetzt, um Ideen, Vorstellungen und Wünsche, zum Beispiel der Gesundheitsförderung, zu ermitteln. Daraus ergaben sich unter anderem die Einrichtung eines Ruheraums, in der Arbeitszeit stattfindende Bewegungspausen, die Gründung eines Bibliothekschors und die Nackenmassage, die in den Räumen der Bibliothek allerdings außerhalb der Arbeitszeit wahrgenommen werden kann.

1.3 Mitarbeitergespräche (Beurteilungs-, Konflikt-, Rückkehr-, Team-Jahresfeedback- und Zielvereinbarungsgespräche)

Wie auch im Ergebnis der Mitarbeiterbefragung zum Besten Arbeitgeber festzustellen war, ist das persönliche Gespräch ein unverzichtbares Instrument zum Wohlbefinden am Arbeitsplatz und damit ein wichtiger Bestandteil des Gesundheitsmanagements. Für Mitarbeiter-Vorgesetzten-Gespräche gibt es eine Vielzahl von strukturierten Vorlagen und sogar rechtlichen Vorgaben. So sind nach § 84 Abs. 2 SGB IX im Rahmen des betrieblichen Eingliederungsmanagements (BEM) Unternehmen verpflichtet, gezielte Maßnahmen zu ergreifen, um erneuter Arbeitsunfähigkeit und chronischen Erkrankungen vorzubeugen. Ein Instrument sind die so genannten Rückkehrergespräche, die in der SUB Hamburg auch bei längerer Beurlaubung, z. B. nach der Elternzeit, Anwendung finden. Wenn Mitarbeiterinnen nach 13 bzw. 16 Jahren Beurlaubung wieder zurückkehren, finden sie einen völlig neuen Betrieb vor, zuvor ausgeübte Arbeitsvorgänge haben sich grundlegend geändert bzw. existieren nicht mehr. Hier werden in einem Gespräch Interessen und Stärken ermittelt, um dann ein Programm der Wiedereingliederung zu verabreden, welches auch eine Qualifizierung für die künftige Arbeitsaufgabe beinhaltet. In der SUB Hamburg gilt ein strukturiertes einheitliches Beurteilungswesen nach einem im gesamten Öffentlichen Dienst der Freien und Hansestadt geltenden umfangreichen Beurteilungsbogen. Bestandteile sind zwei Mitarbeiter-Vorgesetzten-Gespräche: ein Jahr vor der schriftlichen Beurteilung erfolgt das erste, in dem dem/der Mitarbeiter/in die Einschätzung vom Vorgesetzten vorgetragen wird und Stärken und Schwächen aufgezeigt werden.

---

3 Unter dem Begriff Informationskompetenz wird ein Katalog von den allgemeinen Führungen und spezialisierten Schulungen, von Erstsemester-Einführungen bis hin zu fachspezifischen Modulen in Lehrveranstaltungen vorgehalten.

Die Mitarbeiter haben dann ein Jahr Zeit, um die Beurteilung positiv zu beeinflussen. Somit erfüllt das erste Gespräch durchaus Elemente eines Zielvereinbarungsgespräches. Das zweite Gespräch erfolgt im Rahmen der Eröffnung der Beurteilung. In der Beurteilung werden auch Entwicklungspotenziale aufgezeigt. Die Beurteilung erfolgt regelhaft alle drei Jahre. Unabhängig von den kontinuierlich stattfindenden Gesprächen werden Konfliktgespräche zeitnah mit den Beteiligten durchgeführt und je nach Konflikt auch von externen Moderatoren begleitet. Auftretenden Konflikten muss besondere Beachtung zukommen. Konflikte haben schnell das Potenzial zu eskalieren und dann nicht mehr von den Beteiligten allein gelöst werden zu können. Sie entstehen überwiegend aus zwischenmenschlichen Beziehungen, Missverständnissen, Ängsten und können auf das Arbeitsumfeld übertragen werden. Schnelles Eingreifen, offene Ansprache, Beratung und Moderation sind hier unbedingt notwendig. Sehr oft wird auch ein Fortbildungsbedarf sichtbar. Eine besondere Art von Gesprächen findet im Rahmen der Veranstaltung „Stabi im Dialog" statt. Sie ist eine thematisch ausgerichtete Veranstaltung zur zeitnahen Information aller interessierten Mitarbeiter/innen unabhängig von der Hierarchie. Sie dient der Information über Sachstände und Veränderungsprozesse und gibt Auskunft über den spontanen Eindruck der Belegschaft.

1.4 Gefährdungsbeurteilungen (gesetzlich vorgeschriebene und freiwillige)

Nach § 5 ff ArbSchG in Verbindung mit dem SGB VII sind die Durchführung und Dokumentation von Gefährdungsbeurteilungen in jedem Unternehmen vorgeschrieben. Sie dienen unter fachkundiger Begleitung der ergonomischen Ausstattung eines jeden Arbeitsplatzes und somit originär dem Arbeits- und Gesundheitsschutz. Die Bögen der Gefährdungsbeurteilung sind von der Betriebsleitung zu unterzeichnen, die ihrerseits für die Einhaltung des Gesundheits- und Arbeitsschutzes verantwortlich zeichnet. Neben der gesetzlich vorgeschriebenen Gefährdungsbeurteilung können darüber hinaus wirkende Arbeitsplatzbeurteilungen fakultativ durchgeführt werden. Diese haben das subjektive Empfinden des Beschäftigten an seinem konkreten Arbeitsplatz zum Gegenstand. So können z. B. Raumklima und Beleuchtung den ergonomischen Erfordernissen entsprechen, jedoch als unangenehm vom Mitarbeiter empfunden werden. Hier Kompromisslösungen zu finden, ist Ziel der Beurteilung und soll somit vornehmlich dem Wohlbefinden am Arbeitsplatz dienen.

1.5 Gesundheitsmaßnahmen (Vorsorgeuntersuchungen, Bewegungspausen, Suchtprävention; sportliche und kulturelle Angebote)

Für die Suchtprävention haben sich in Deutschland die Instrumente Einsetzen eines/r Suchtbeauftragten und Dienstvereinbarung Sucht bewährt. Da mit Suchterkrankungen meist auch Arbeitspflichtverletzungen einhergehen, soll nach einem strukturierten Vorgehen, der Betroffene angehalten werden, eine Therapie aufzunehmen, die ihm den Arbeitsplatz erhält. Auch im Falle einer Kündigung wird dem Betroffenen nach erfolgreicher Therapie die Wiedereinstellung in Aussicht gestellt. Zur Gesundheitserhaltung und somit zum Wohlbefinden stehen viele weitere Maßnahmen zur Verfügung. Die SUB Hamburg bietet allen Mitarbeitern/Mitarbeiterinnen in der Arbeitszeit Bewegungspausen unter fachkundiger Anleitung an und verweist außerhalb der Arbeitszeit auf eine Reihe von sportlichen und kulturellen Betätigungen, die meist kostenfrei oder gegen geringe Gebühr im Umfeld wahrgenommen werden können. Neben der gesundheitlichen Komponente beinhalten diese Maßnahmen auch regelmäßig ein Zusammengehörigkeitsgefühl.

1.6 Telearbeit

Telearbeit ist ein wichtiges Instrument, um der Vereinbarkeit von Familie und Beruf Rechnung tragen zu können. Die Telearbeit ist deshalb Bestandteil des Gleichstellungsplans der SUB Hamburg. Sie wird nicht nur von Müttern und Vätern in Anspruch genommen, sondern zunehmend auch zur Pflege von Familienangehörigen. Der Telearbeit liegen eine Dienstvereinbarung und ein separater Vertrag mit dem Betroffenen zu Grunde, der auch auf Besonderheiten der jeweiligen familiären Anforderungen Rücksicht nimmt. Telearbeit in der SUB Hamburg kann nicht ausschließlich wahrgenommen werden. Die Anwesenheit während mindestens der Hälfte der regelmäßigen Arbeitszeit ist erforderlich, um den Kontakt zum Betrieb und den Kolleginnen und Kollegen nicht zu verlieren. Stellte uns vor ein paar Jahren noch die so genannte Heimarbeit vor logistische Probleme, ist sie heute als Telearbeit unabhängig von Zeit und Ort live im Betriebsablauf möglich. Da die Vereinbarkeit von Familie und Beruf erheblich zum Wohlbefinden des Einzelnen beitragen kann, ist der Telearbeit große Aufmerksamkeit zu schenken.

1.7 Strukturiertes Projektmanagement

Dem Veränderungsmanagement in der SUB Hamburg liegt ein strukturiertes Projektmanagement zugrunde. Danach werden geplante Veränderungen nach einem Direktionsbeschluss in einem konkreten Projektauftrag formuliert und einer eingesetzten Projektgruppe übertragen. Der Projektgruppe gehören regelmäßig Vertreter/innen aus den betroffenen Bereichen und in der Regel des Personalrats an. Die Projektleitung wird ebenfalls von der Direktion berufen. Der Projektauftrag umfasst den Auftrag, Ressourcen, Meilensteine, Berichtspflichten und einen Zeitplan. Größere Veränderungsprozesse werden zu Beginn und am Ende der Projektphase in einem „Stabi im Dialog" allen Mitarbeitern/Mitarbeiterinnen des Hauses vorgestellt. Die Direktion, die sich aus der Direktorin und allen Hauptabteilungsleitern zusammensetzt, wird als Steuerungsgruppe tätig. Diese entscheidet zu einzelnen Meilensteinen und zum Abschluss, ob und wie das Projekt fortgeführt und umgesetzt wird. Es gehört in der SUB Hamburg zur Unternehmenskultur, dass Projekte auch abgebrochen oder die Realisierung ausgesetzt werden können, wenn sich die Umstände wesentlich verändert haben. Das kommt zwar nicht häufig vor, war aber unter anderem notwendig, als die Haushaltsmittel für eine weitere Verlängerung der täglichen Öffnungszeiten nicht zugesichert wurden, oder neue IT-Entwicklungen die Innovation eines Projektergebnisses in Frage stellten. Aus langjähriger Erfahrung bei der Begleitung von Veränderungsprozessen kann festgehalten werden, dass der Erfolg ganz wesentlich davon abhängt, wie ein Projekt geplant wird und wie es einem Unternehmen gelingt, dieses nachvollziehbar dem Unternehmensziel und den betroffenen Mitarbeitern/Mitarbeiterinnen zuzuordnen. Führungskräfte dürfen den psychologischen Moment, der jeder Veränderung innewohnt, nicht unterschätzen. Es ist meist nicht die Abneigung, Veränderungen zu akzeptieren, sondern der Abschied von Werten und die Unsicherheit, die neue Herausforderungen begleiten. Deshalb ist es umso wichtiger, die betroffenen Mitarbeiter/innen möglichst in den gesamten Veränderungsprozess einzubeziehen und diesen konsequent umzusetzen, damit sich neue Erfolgserlebnisse und somit Wohlbefinden einstellen können.

2 Rechtliche Rahmenbedingungen

Wenn auch die Implementierung eines integrierten innerbetrieblichen Gesundheitsmanagements nicht rechtlich vorgeschrieben ist, finden auf große Teile des Gesundheitsmanagements eine Reihe von gesetzlichen Bestimmungen Anwendung. Dazu zählen alle Arbeitsschutzgesetze, wie das Arbeitszeitgesetz, die Arbeitsstättenverordnung, Teile des Sozialgesetzbuches und vor allem auch die Personalvertretungsgesetze des Bundes und der Länder. Im Folgenden sollen die Mitbestimmungs- und Mitwirkungstatbestände, die bei der Personalentwicklung bestimmend sind, aufgezeigt werden:

2.1 Vertrauensvolle Zusammenarbeit und Informationspflicht

Neben dem grundsätzlichen Gebot der vertrauensvollen Zusammenarbeit zwischen Personalrat und Betriebsleitung steht dem Personalrat ein Informationsrecht bei allen Personalentwicklungsmaßnahmen zu. Daraus ergibt sich, dass die Unternehmensleitung den Personalrat unabhängig von einer etwaigen konkreten Mitbestimmung regelmäßig über Unternehmensziele und sich daraus für das Personal etwaig ergebende Maßnahmen informieren soll. Das Instrument der monatlichen Personalratsgespräche mit der Leitung ist geeignet, um weit über die gesetzlich vorgeschriebenen Mitbestimmungs- und Mitwirkungstatbestände hinaus, vertrauensvoll zusammenzuarbeiten und zu informieren.

Oft begegnet man dem Vorurteil, dass auf eine/n Mitarbeiter/in zielende Personalentwicklung nicht möglich sei, weil dem Mitbestimmungsrechte des Personalrates entgegenstehen. Bei näherer Betrachtung des Personalvertretungsrechts wurden gerade durch die Einführung des beschränkten Mitbestimmungsrechts und die Verschiebung von einzelnen Tatbeständen in die eher schwachen Mitwirkungsrechte, der Unternehmensführung bedeutend größere Rechte der Personalentwicklung an die Hand gegeben. Dessen ungeachtet sollte dies die Unternehmensleitung nicht abhalten, gerade mit der Arbeitnehmervertretung vertrauensvoll zusammenzuarbeiten und diese in jegliche Veränderungsprozesse von Anfang an – auch ohne Rechtsgrund – vertrauensvoll einzubeziehen.

2.2 Mitbestimmungsrecht

Der Personalrat hat ein Mitbestimmungsrecht bei dauerhafter Änderung der täglichen Arbeitszeit, den Dienstplänen, der Aus- und Fortbildung, Arbeitsplatzgestaltung, Einstellung von Leiharbeitern, dem Arbeitsschutz und Fragebögen. Personalrechtliche Entscheidungen, die Dienstkräfte mit überwiegend wissenschaftlicher Tätigkeit betreffen, unterliegen nicht der Mitbestimmung sondern der Mitwirkung. Das Mitbestimmungsrecht entfällt bei der Besoldungsgruppe und vergleichbarer Vergütungsgruppe A 16 und höher. Soweit es zu keiner Zustimmung zu einer der vor bezeichneten Maßnahmen kommt, ist die Unternehmensleitung gehalten, Verhandlungen mit dem Ziel der Einigung aufzunehmen. Kommt es zu keiner Einigung, ist die Einigungsstelle anzurufen, die abschließend entscheidet.

2.3 Eingeschränkte Mitbestimmung

Der Personalrat hat eine eingeschränkte Mitbestimmung bei der Übertragung von höher und niedriger bewerteten Tätigkeiten, dauerhaften Umsetzung, Abordnung und Zuweisung über drei Monate hinaus, dem Laufbahnwechsel, den Beurteilungen, Maßnahmen zur Hebung und Erleichterung der Arbeitsleistung und der Leistungsüberwachung. Anders als bei der uneingeschränkten Mitbestimmung spricht bei Nichteinigung die Einigungsstelle nur eine Empfehlung aus. Die oberste Dienstbehörde entscheidet abschließend, wobei sie sich die Empfehlung der Einigungsstelle begründet nicht zu Eigen machen muss.

2.4 Mitwirkung

Der Personalrat hat ein Mitwirkungsrecht bei der Einführung neuer Arbeitsmethoden, -verfahren und -abläufe sowie einer Betriebsteilung, -verlegung oder -zusammenlegung. Die Mitwirkung umfasst die rechtzeitige Erörterung der Maßnahme mit dem Ziel der Verständigung. Die Mitwirkung ist in einer Zwei–Wochen-Frist durchzuführen. Kann keine Einigung erzielt werden, legt die Unternehmensleitung dem Personalrat eine begründete Entscheidung vor.

Fazit

Noch nie zuvor war der bibliothekarische Betrieb derart von Veränderungen der Arbeitsabläufe und neuen Arbeitsverfahren betroffen. Die sich daraus ergebenden Herausforderungen betreffen Unternehmensleitung und Mitarbeiter/innen gleichermaßen. Es ist dabei Aufgabe der Unternehmensleitung, die Unternehmensziele zu definieren und Maßnahmen zu ergreifen, die dem Personal die erfolgreiche Teilhabe an den veränderten Prozessen ermöglichen. Je mehr es gelingt, ein Wohlbefinden im Unternehmen durch optimale Arbeitsbedingungen herzustellen, desto besser werden die Arbeitsleistungen sein. Wohlbefinden lässt sich aber nur dann einstellen, wenn Mitarbeiter/innen sich mit den Unternehmenszielen identifizieren können und Raum zur Mitwirkung und zur Gesundheitsvorsorge vorfinden. Ein betriebliches integriertes Gesundheitsmanagement ist deshalb die beste Personalentwicklung. Gesundheitsmanagement ist nicht preiswert zu haben, aber der Einsatz lohnt sich, wenn neue Aufgaben mit „altem" Personal erfolgreich bewältigt werden sollen. Wer nach der Lektüre dieses Beitrages meint, dass in der SUB Hamburg an allen Orten nur Wohlbefinden zu spüren ist, der irrt. Aber wir sind auf dem richtigen Weg dorthin. Diese These kann ich belegen, wenn ich voller Stolz und Anerkennung auf die vielen erfolgreichen Veränderungsprozesse[4] in unserem Haus schaue, die von den Mitarbeitern und Mitarbeiterinnen mit viel Sachkenntnis, Elan und Engagement gemeistert wurden.

---

4 Dazu zählen u. a.: Öffnungszeiten an jedem Tag der Woche, Einrichtung eines Ausleihzentrums, Reorganisation des integrierten Geschäftsgangs, Dienstleistungskatalog der Informationskompetenz, Aufbau und Betrieb eines Open-Access-Verlages, von virtuellen Fachbibliotheken, der kooperativen Online-Plattform HamburgWissen Digital, Hostingangebote für Hamburger HS-Bibliotheken, Repositiorien zu den elektronischen amtlichen Schriften, dem elektronischen Pflichtexemplar, Aufbau einer Abteilung Informationsdienste, Einrichtung einer Stelle Social Media Dienste und elektronisches Marketing, regionale und überregionale Dienstleistungen u. v. m.

Andreas Degkwitz

Drittmittelprojekte als Herausforderung an die Organisations- und Personalentwicklung

1 Hintergrund

Mit Innovationen verbinden sich meistens technische Neuerungen, die bestehende Formen der Kommunikation oder der Mobilität, der Produktion oder der Lebensbewältigung im Alltag signifikant verändern. Innovation findet auch auf nicht-technischen Feldern statt, wie z. B. auf dem Gebiet der betrieblichen Organisation oder im Marketing. Allerdings gehen den Innovationen auf diesen Feldern oft technische Innovationen voraus: So kann eine Betriebsorganisation als Netzwerk nur dann tatsächlich vernetzt funktionieren, wenn die technischen Voraussetzungen für eine vernetzte Kommunikation gegeben sind. Ebenso sind neue Formen des Marketings ohne das Internet weder realisierbar noch vorstellbar.

Die genannten Beispiele benennen die Neuerungen auf dem Gebiet der Informationstechnik oder der Informationstechnologie – kurz IT – als Treiber für Innovationen, wie es in vielen Alltagskontexten sichtbar und spürbar ist. Dies gilt umso mehr in Branchen oder Betriebssegmenten, deren Geschäfts- oder Funktionsmodell nahezu ausschließlich auf Informationen beruht. Dazu gehören Banken und Versicherungen, Behörden und Bildungseinrichtungen und nicht zuletzt der gesamte Bereich der Higher Education. In diesem Kontext sind Bibliotheken die Versorger für die wissenschaftliche Fachinformation, die eine grundlegende Voraussetzung für die Recherche, Verarbeitung und Veröffentlichung von Informationen oder Inhalten in Forschung, Lehre und Studium bildet.

Dabei können neue, Technik getriebene Formen der Informationsverarbeitung und Informationsverbreitung durchaus in Widerspruch zur traditionellen Organisation der Hochschule oder Forschungseinrichtung treten: Entweder in Widerspruch zur Organisation oder – und mehr noch – in Widerspruch zur jeweiligen Kommunikationskultur der Fachgebiete. Insofern haben technische Entwicklungen oder Innovationen das Potenzial, bestehende Organisationsformen oder kommunikative Gewohnheiten einzelner Fachgebiete in Frage zu stellen.

In diesem Spannungsfeld sind Drittmittelprojekte lokalisiert, wenn es um IT-getriebene Infrastrukturvorhaben geht, wie es beispielsweise bei IT-gestützten Lehr- und Lernformen, dem sog. e-Learning, der Fall ist. Solche Vorhaben ergeben sich nicht nur aus dem Hochschulkontext heraus, sondern sind durchaus auch von ministerieller Seite ‚top-down' motiviert. Dabei spielen dann Faktoren wie

Effizienz und Wettbewerbsfähigkeit eine Rolle, die über das institutionelle Interesse einzelner Einrichtungen weit hinausgehen. So gesehen sind Drittmittelvorhaben Treiber für Innovation und Veränderung, und genau darin wird ihre Zielsetzung wesentlich gesehen. Das Thema e-Learning ist dafür ein gutes Beispiel, weil es bei diesem Thema um einen der Kernbereiche von Hochschulen geht, der auf der Grundlage neuer technischer Verfahren (Computer, Internet, Multimedia) neue Formen des Lehrens und Lernens erwarten ließ. Die e-Learning-Förderung des Bundesministeriums für Bildung und Forschung (BMBF) stellte sich seit 1999 in folgender Weise dar:

> „...Ab 1999 wurden über das Bundesministerium für Bildung und Forschung (BMBF) entsprechende Projektförderungen begonnen. Zunächst starteten die sogenannten Leitprojekte des BMBF, das „Vernetzte Studium Chemie" VSC (Fördersumme 20 Millionen Euro) und die „Virtuelle Fachhochschule" VFH (Fördersumme 21 Millionen Euro). Im Jahr 2000 wurde vom BMBF das Förderprogramm „Neue Medien in der Bildung" für den Hochschulbereich mit einer Laufzeit von 2001-2003 ausgeschrieben. Mit diesem Programm, das einen Gesamtetat von 185 Millionen Euro umfasste, sollte die Einführung multimedialer Lehr- und Lernformen in den Normalbetrieb der Hochschulen gefördert werden, insbesondere innovative und alltagstaugliche Lösungen. Konkret wurden 100 Verbundprojekte mit insgesamt 541 Projektpartnern gefördert sowie mehrere Begleitvorhaben. Im Frühjahr 2002 startete unter dem Stichwort „Notebook-University" die Ausschreibung zur Förderung der Integration mobilen Lernens auf dem Campus. Für die Fördermaßnahmen dieser Bekanntmachung stellt das BMBF bis 2003 aus Mitteln der Zukunftsinitiative Hochschule insgesamt bis zu 50 Millionen DM zur Verfügung. Im Rahmen der BMBF-Förderungen entstanden eine Vielzahl von Lernmodulen, Multimedia-Werkzeugen und digitalen Wissensressourcen ... Die nachhaltige Integration von E-Learning in die Hochschulen und somit organisatorische und konzeptionelle Ziele standen im Zentrum des dritten und bislang letzten Förderprogramms „eLearning-Dienste für die Wissenschaft" (Fördersumme 30 Millionen Euro) mit den zwei Förderlinien „eLearning-Integration" und „eLearning-Transfer". 20 Vorhaben zur Entwicklung von organisatorischer Infrastruktur und Management an Hochschulen nahmen im Jahr 2005 ihre Arbeit auf, die Laufzeit endete bei den meisten Projekten im Jahr 2008. Die hochschulweite Integration von eLearning wird dabei als strategische Aufgabe für die Hochschulentwicklung insgesamt angesehen. Im Januar 2007 endete im Zuge der Föderalismusreform die Zuständigkeit des BMBF für Hochschulprojekte zum computer- und netzgestützten Lernen. Insgesamt 35 Hochschulvorhaben zur eLearning-Integration wurden in Verantwortung der Länder weitergeführt ...“[1]

---

[1] S. http://www.e-teaching.org/projekt/politik/foerderphasen/

2 Organisatorische Anbindung

Drittmittelprojekte bewegen sich im Regelfall auf Feldern, die noch keine feste Verankerung im Geschäftsverteilungsplan bzw. im Organisationsplan der Einrichtung haben. Zudem werden für Drittmittelprojekte häufig Mitarbeiter und Mitarbeiterinnen eingestellt, die - als Berufsanfänger oder Neueinsteiger - noch nicht über eine feste berufliche Sozialisation verfügen. Oder es werden Mitarbeiterinnen und Mitarbeiter eingestellt, deren berufliche Sozialisation in einem gewissen Gegensatz zur Kultur der Einrichtung bzw. zur kulturellen Identifikation des jeweiligen Einsatzbereiches steht; dies gilt vor allem dann, wenn es um eine ausgeprägte IT-Ausrichtung in einer Umgebung geht, die sich zunächst wenig IT-affin darstellt. Allerdings mag gerade dies zur Motivation entsprechender Einstellungsmaßnahmen gehören. Denn der intendierte Wandel steht in engem Zusammenhang mit den Akteuren, die den Wandel begleiten, moderieren und umsetzen sollen.

Dieser Aspekt wird auch aufgegriffen durch die organisatorische Verankerung von Drittmittelprojekten, die – nach Lehrbuch – die Matrixorganisation ist. In anderer Weise ließe sich der Anspruch von Innovation und Veränderung auch kaum realisieren, wenn die fachliche Verantwortung des Projekts nicht die der ‚Linie‘ kreuzt. Konfliktpotenziale ließen sich beispielhaft bei den beiden folgenden Innovationen im Zuge ihres Aufbaus beobachten:

Der sehr technische Ansatz von e-Learning-Modellen weckte anfänglich Befürchtungen, die Identifikation mit dem Hochschulstandort zu verlieren und die Persönlichkeit der Lehrenden virtuell zu kompensieren. Dies wurde verstärkt durch Überlegungen zur Mehrfachverwertung von Kursen und Veranstaltungen, was dem traditionellen Verständnis widersprach. Weiterhin schien der hohe Aufwand der multimedialen Aufbereitung von Lehrinhalten mit dem dafür verfügbaren Zeitbudget nicht vereinbar zu sein; auch fehlte didaktische Unterstützung, die von technischer Seite nicht zu erwarten war. In einem langjährigen Wechselspiel haben sich Tradition und Innovation insoweit eingependelt, dass die traditionelle Lehre nun die technischen Möglichkeiten von e-Learning pragmatisch nutzt und die innovativen Ansätze ihre Ansprüche dem Alltag besser anpassten. Heute ist e-Learning als ‚Blended Learning‘ breit akzeptiert.[2]

Beim Open-Access-Publizieren ließen die technischen Möglichkeiten, Forschungsergebnisse eigenständig zu veröffentlichen und zu verbreiten, zunächst

---

2 S. dazu die ausführliche Untersuchung von Ingrid Schönwald: Change Management in Hochschulen. Die Gestaltung soziokultureller Veränderungsprozesse zur Integration von E-Learning in die Hochschullehre. – Reihe: E-Learning – Band 12, hrsg. von Seibt, Dietrich, Bodendorf, Freimut, Euler, Dieter u. a. - Josef Eul Verlag, Lohmar - Köln, 2007, 245 S.

eine größere Unabhängigkeit von den großen Wissenschaftsverlagen und von deren Preispolitik erwarten. Die sehr nachdrücklich kommunizierte Botschaft vom freien Zugang zu wissenschaftlicher Information entwickelte eine enorme Dynamik und bewegt den Markt für wissenschaftliche Fachinformation noch immer. Auch haben sich mit den institutionellen und disziplinären Repositorien Strukturen gebildet, die gute Ansätze für die Weiterentwicklung von Open-Access-Publizieren und weiterer Mehrwertdienste bieten. Strittig war, inwieweit Open-Access-Publizieren mit einem traditionellen Verständnis des wissenschaftlichen Publizierens vereinbar ist und ob die sich daraus ergebenden Verlagsaktivitäten an Bibliotheken richtig lokalisiert sind. Viele Fragen wurden durch die fortschreitende Entwicklung beantwortet: Open-Access-Publizieren hat sich zu einer festen Größe auf dem Publikationsmarkt entwickelt, auch wenn es den Markt nicht wirklich ‚gedreht' hat.

Vor diesem Hintergrund wird erkennbar, dass Akzeptanz und Einordnung von Innovationen wesentlich vom kulturellen Integrationspotenzial ihrer Umgebung und nicht so sehr von der Technik oder vom technischen Verständnis abhängen, das die Nutzung von Innovationen bedingt. Im Hinblick auf das Thema ‚Drittmittelprojekte' ist zu berücksichtigen, dass viele Innovationen der Informationsinfrastruktur von Hochschulen gerade durch Drittmittelvorhaben vorangetrieben wurden bzw. werden.

3 Selbstorganisation des Projekts

Sobald ein Drittmittelprojekt bewilligt ist und die verfügbaren Projektstellen durch Mitarbeiterinnen und Mitarbeiter besetzt sind, beginnt sich das Projekt zu organisieren; dies verbindet sich insbesondere dann mit sehr spürbaren Auswirkungen, wenn es sich um ein größeres Vorhaben mit mehreren Projektmitarbeiterinnen und Projektmitarbeitern handelt. Im Sinne einer schlanken und wenig hierarchisierten Teamstruktur werden Arbeitsaufgaben und Verantwortung verteilt, ein Arbeits- und Zeitplan nach Meilensteinen entwickelt und die Vorkehrungen für die internen Kommunikationsstrukturen geschaffen. Mit der darauf folgenden Benennung von Ansprechpartnern beginnt meistens - und zu einem recht frühen Zeitpunkt - die Außendarstellung des Projekts, um Inhalte, Fortgang, Themen und Ziele des Vorhabens zu kommunizieren. Dass dafür eine Web-Seite mit eigenem Logo und Lay-out erforderlich ist, versteht sich von selbst. Zugleich setzt sich das Vorhaben damit von der ‚Routine-Umgebung' seiner Mutter-Organisation ab und nimmt eine Sonderrolle ein, zu der sich Projekte viel zu oft selbst verpflichten.

Die Folge in der eigenen Wahrnehmung wie auch in der von anderer Seite ist, dass Innovation mit dem Projekt in Verbindung gebracht wird, während der Routinebetrieb mit Innovation nur wenig bis gar nichts zu tun hat. Diese Aufteilung ist für Innovation nicht förderlich und trägt von daher nicht zum Erfolg der Projektarbeiten bei. Insofern darf das Drittmittelprojekt in seiner Rolle als ‚Innovationstreiber' nicht zu sehr auf Distanz zur Kultur der Institution gehen, der es angehört und damit im äußersten Fall zum Alibi werden. Vielmehr müssen klare Regeln für die Präsentation und die organisationsinterne Kommunikation des Drittmittelprojekts bestehen, um einer zu starken Eigendynamik des Vorhabens entgegenzuwirken.

Andererseits muss entstehendes Konfliktpotenzial auch ausgehalten werden, weil sich das Projekt sonst nicht entfalten kann. Wer das Projekt nicht leben lässt, bringt sich um den Projekterfolg. So sollten sich Organisation und Projekt wechselseitig beeinflussen, wobei die gestaltende Rolle nicht primär auf das Projekt entfällt; dies gehört zu den Aufgaben der Leitung, die sich in diesem Kontext nicht von dem Projekt distanzieren darf. Insgesamt geht es darum, dass Mitarbeiter und Mitarbeiterinnen ‚mitgenommen' werden, was übrigens auch für die Projektakteure gilt, so dass es im Wesentlichen um einen Konsens unterschiedlicher Kulturen geht – der Kultur dessen, was immer so gewesen ist und dennoch irgendwann einmal neu war, und der Kultur des Neuen, das nicht weniger in die Jahre kommt, wie das ihm Vorausgegangene.

4 Nachhaltigkeit der Projektergebnisse

Schließlich bedeuten erfolgreiche Ergebnisse eines Drittmittelvorhabens noch nicht, dass die damit verbundenen Innovationen umgesetzt und die einhergehenden Veränderungen in der Organisation angekommen sind. Auch stellt sich die Frage, ob neue Dienstleistungen, die im Rahmen der Projektarbeiten modellhaft entwickelt wurden, bereits zum Serviceportfolio der Bibliothek gehören. Mit Auslaufen der Projektförderung kommt die Frage der Weiterbeschäftigung von Projektmitarbeitern hinzu. Gerade unter dem Aspekt, Projektergebnisse in die Routine der Institution zu überführen, kann sich dies als sehr hilfreich und wünschenswert erweisen. Im Regelfall – und vor allem dann, wenn keine Projektverlängerung zu erwarten ist – stellen sich folgende Fragen:
– Sind die Entwicklungen schon ausreichend für den Produktivbetrieb etabliert?
– Sind die an den Entwicklungen beteiligten Akteure für einen Routinebetrieb geeignet und vorbereitet?

- In welchem Umfang gehen Erfolg versprechende Entwicklungsansätze mit Auslaufen des Projekts verloren?
- Wurden die Projektergebnisse intern und extern unter Aspekten der Nachhaltigkeit kommuniziert und ausgewertet?

Oft beginnt die Überzeugungsarbeit zur Fortsetzung der Projektarbeiten in der Endphase des Vorhabens und häufig geht sie von den Projektmitarbeitern aus, die ein aktuelles Interesse an der Fortsetzung haben. Auf Seiten der Organisation stellt sich in diesem Kontext heraus, dass zunächst die Entwicklungen abgewartet wurden, aber die Einordnung von Entwicklungsergebnissen in das Serviceportfolio oder in die strategische Planung der Bibliothek noch gar nicht erfolgte. Solche Planungsdefizite mögen durch den experimentellen Charakter, der viele Drittmittelvorhaben prägt, zu erklären sein; sie geben allerdings auch zu erkennen, dass die finanziellen und konzeptionellen Vorkehrungen für eine Fortsetzung des Vorhabens oder für eine Überführung von Projektergebnissen in den Routinebetrieb nicht im notwendigen Umfang durchgeführt werden bzw. durchgeführt werden können. Allem Anschein nach erweisen sich entsprechende Planungen als zu wenig belastbar, um die grundsätzlich angestrebte Nachhaltigkeit gewährleisten zu können. Nach der Theorie empfiehlt sich ein Innovationsmanagement der jeweiligen Einrichtungen als Bestandteil der strategischen Planung. Dabei ist unter Innovationsmanagement zu verstehen, dass Einführung und Realisierung von Innovationen Prozesse darstellen, die systematisch und zielorientiert aufgesetzt und umgesetzt werden müssen; dazu gehören:[3]

- die Festlegung von Innovationsstrategien und Innovationszielen,
- die Planung und Steuerung von Innovationsprozessen einschl. eines Systems, um über Fortgang innovativer Vorhaben zu informieren,
- die Schaffung organisatorischer Voraussetzungen für strukturelle und kulturelle Rahmenbedingungen, die Innovationen fördern,
- die Wirtschaftlichkeit in Planung und Durchführung.

Daran wird deutlich, dass sich mit Innovationen eine Reihe von Chancen, aber auch Risiken verbinden, die unbedingt zu berücksichtigen sind. Im Fall von Bibliotheken ist der Erfolg eines Innovationsmanagements in hohem Grade abhängig von der jeweiligen Mutterorganisation, die im Regelfall auch der Träger der bibliothekarischen Einrichtung ist.

Anhand der oben genannten Innovationsszenarien für e-Learning und Open-Access-Publizieren lassen sich die Probleme mit einem Innovationsmanagement

---

3 Vgl. dazu Vahs, Dietmar und Schäfer-Kunz, Jan: Einführung in die Betriebswirtschaftslehre, 4. überarb. und erw. Auflage. – Schäffer-Poeschel Verlag, Stuttgart, 2005, S. 319 - 328

an Hochschulen oder Hochschulbibliotheken gut verdeutlichen. Eine wissenschaftliche Bibliothek kann beispielsweise Open-Access-Publizieren in ihrer strategischen Planung oder in ihrem Serviceportfolio positionieren. Aber wenn ein solches Angebot keine Akzeptanz findet, weil die Zielgruppe der Wissenschaftler nicht Open Access publiziert, läuft die Innovationsplanung ins Leere, da die Nachfrage nicht besteht. Vergleichbares kann mit dem Thema e-Learning passieren, indem sich eine Hochschule innerhalb ihrer Strategie zu innovativen, multimedialen Formen in Lehre und Studium erklärt, die Bereitschaft der Akteure dafür allerdings nicht gewinnen kann.[4] An dieser Stelle wird ein weiteres Mal deutlich, dass Hochschulen ganz anders als privat-wirtschaftliche Unternehmen funktionieren und man insofern auch nicht von einem Innovationsmanagement sprechen kann, wie es im privat-wirtschaftlichen Sektor praktiziert wird.[5] Von daher wird sich ein betriebswirtschaftlich getriebenes Innovationsmanagement an Hochschulen nur eingeschränkt umsetzen lassen.

5 Zusammenfassung

Auch im Rahmen von Infrastrukturprojekten haben Drittmittelvorhaben oft einen experimentellen Charakter, so dass sich deren Projektergebnisse entweder nicht oder nur sehr mittelbar in die Organisations- und Personalentwicklung einbeziehen lassen. Voraussetzung für die Nachhaltigkeit von Drittmittelprojekten sind ein klares Bekenntnis zu den Innovationszielen des Projekts und die daraus resultierende Bereitschaft zu Finanzierung und Veränderung. Da Innovationen häufig kulturelle Differenzen zwischen ,Altem' und ,Neuem' hervortreten lassen, liegen Akzeptanzprobleme von Drittmittelvorhaben eher darin als in den organisatorischen Rahmenbedingungen begründet. Diese unterschiedlichen Kulturen auszubalancieren, versteht sich als Führungsaufgabe derer, die für die jeweilige Abteilung bzw. für die Einrichtung insgesamt sowie für die Projektarbeiten verantwortlich sind.

Dafür können sich Instrumente eines Innovationsmanagements als erfolgreich erweisen, bieten aber dafür keine Gewähr, zumal die hochschulspezifischen Bedingungen entsprechende Entscheidungsprozesse erheblich beeinflussen

---

4 Vgl. dazu die Ausführungen von Schönwald zu hochschulpolitischen Kulturtypologien und deren Auswirkungen auf die Governancestrukturen, a. a. O. S. 108 ff.

5 Vgl. dazu beispielsweise Scholl, Wolfgang; Bedenk, Stephan; Kunert, Sebastian; Rauterberg, Hannah: Was macht Innovationsvorhaben erfolgreich? Empirische Befunde und Implikationen für die Praxis. – in: Humboldt-Spektrum 19, 2012, S. 20 – 25. – s. http://www.hu-berlin.de/forschung/publikationen/spektrum/scholl112.pdf

können. Nicht zuletzt ist im Auge zu behalten, dass eine stark personenbezogene Kommunikationskultur, wie sie für Hochschulen und Universitäten typisch ist, ihre Zeit braucht, um sich an stark technikgetriebene Formen der Kommunikation zu gewöhnen. Der andauernde Entwicklungsprozess der Informationstechnik stellt eine zusätzliche Herausforderung in diesem Kontext dar. Zugleich ist dieser Aspekt für die Integration von Drittmittelprojekten in die Organisation sowie für die Nachhaltigkeit der Projektergebnisse sehr wesentlich.

Wolfram Neubauer

Fortschritt lebt von Veränderung: Die Reorganisation einer Großbibliothek am Beispiel der Bibliothek der ETH Zürich

1 Vorbemerkung

Niemand wird heute noch bestreiten, dass wir gegenwärtig in einer Zeit leben, deren wesentliches Merkmal die permanente Veränderung ist. Was gestern noch den Stand der Technik repräsentierte, ist heute nur noch zweite Wahl, was heute in aller Munde ist, ist morgen möglicherweise nur noch ein Eintrag im Geschichtsbuch. Alle Lebensbereiche sind mittlerweile einem dynamischen Wechsel ausgesetzt, der viele Menschen zunehmend verunsichert und der naturgemäß vor der Welt der Wissenschaft nicht Halt macht. Sind die Veränderungen dann in den Wissenschaften angekommen, ist es nicht mehr weit zu den wissenschaftlichen Bibliotheken, die selbstverständlich gleichermaßen betroffen sind bzw. betroffen sein werden.

Diese Entwicklung lässt sich beispielhaft an den sog. Provocative Statements des Taiga-Forums[1] ablesen, die sich seit dem Jahr 2006 in immer kürzeren Abständen mit den zu erwartenden Veränderungen im akademischen Bibliothekswesen befassen. Selbst wenn man nicht alle Äußerungen als bare Münze nimmt, so lässt sich als gemeinsamer Nenner doch eine wichtige Feststellung treffen: Es wird auch im Bereich der wissenschaftlichen Bibliotheken in nächster Zukunft einschneidende Veränderungen geben, wobei diese wiederum in hohem Maße von „außen" kommen, also nur in untergeordnetem Maße durch die Bibliothekswelt direkt beeinflussbar sind. Dies gilt etwa für die technischen Entwicklungen und die dramatischen Veränderungen im Wissenschaftsprozess, dies gilt aber auch für die Entwicklungen beim Leseverhalten von Kindern, also den potenziellen

---

1 Vgl. hierzu: http://taigaforumprovocativestatements.blogspot.ch/ In diesen thesenhaften Feststellungen einer Gruppe US-amerikanischer Bibliothekarinnen und Bibliothekaren werden in immer kürzeren Abständen prognostische Aussagen zur Entwicklung des wissenschaftlichen Bibliothekswesens publiziert. Die letzte Version aus dem Jahre 2011 postuliert einige, für die nächsten fünf Jahre zu erwartenden Veränderungen, die (das Eintreffen vorausgesetzt) die Bibliothekswelt in ihren Grundfesten erschüttern werden. Der kritische Aspekt bei solchen, bewusst provozierenden Feststellungen ist allerdings die Tatsache, dass in überschaubarer Zeit immer nur ein kleiner Teil der Vorhersagen auch wirklich eintrifft.

Bibliotheksbenutzern der Zukunft. Auch zu diesen Phänomenen liegen mittlerweile eine ganze Reihe von Studien, Umfragen, Meinungsäußerungen[2] etc. vor.

Akzeptiert man diese Aussagen, dann stellt sich aus bibliothekarischer Sicht die Frage, ob es aktive Handlungsmöglichkeiten gibt und worin damit verbundene Aktivitäten denn bestehen könnten. Was können Bibliotheken (pro-)aktiv unternehmen, um den sich abzeichnenden Veränderungen zu begegnen? Da (wie erwähnt) die Haupttreiber für Veränderungen im Bibliothekswesen durch „bibliotheksfremde" Randbedingungen definiert sein dürften, beschränken sich mögliche bibliothekarische Aktivitäten vermutlich auf die eigene Organisation und auf die innerhalb der Einrichtungen tätigen Menschen, also auf die Bibliothekarinnen und Bibliothekare. Wenn wir uns also mit der Zukunft der Bibliotheken oder mit den zukünftigen Bibliotheken befassen, dann müssen wir parallel zu einer intensiven Reflexion der laufenden Entwicklungen, immer auch die eigenen Einrichtungen im Blick haben. Hier können wir möglicherweise aktiv eingreifen und könnten eine Fokussierung auf neue Produkte, neue Berufsbilder und/oder reorganisierte Prozesse vornehmen.

2 Ziele und Ausrichtung der Reorganisation der ETH-Bibliothek

2.1 Randbedingungen

Der oben skizzierte Ansatz war dann für die Bibliothek der ETH Zürich auch der Ausgangspunkt, sich mit der eigenen Organisation, mit den sie tragenden Personen sowie mit Produkten und Prozessen auseinanderzusetzen. Erklärtes Ziel der systematischen Beschäftigung mit diesen Aspekten war es hierbei, im Kontext der technischen Entwicklungen, der Fokussierung auf die „elektronischen Aspekte" der Bibliothek und einer klaren Ausrichtung an einem kundenorientierten Dienstleistungsangebot, die für die gegebene Situation bestmögliche

---

2 Ergänzend zu den Statements des Taiga-Forums sollen folgende Studien oder Projektberichte, die sich prognostisch mit dem Kundenverhalten und/oder ganz generell mit der Zukunft von Bibliotheken befassen, erwähnt werden: Information behaviour of the researcher of the future (Ciber Study; http://www.ucl.ac.uk/infostudies/research/ciber/downloads/) / NYPL Embraces the Future of Libraries – Today; http://www.huffingtonpost.com/the-new-york-public-library/ nypl-embraces-the-future_b_1415156.html / Shapiro, A.N.: Die Bibliothek der Zukunft, the library oft the future, http://www.alan-shapiro.com/die-bibliothek-der-zukunft-the-library-of-the-future/

Organisationsform zu finden und diese dann zügig in die Realität umzusetzen. Dass die Reorganisation einer Bibliothek sinnvoller Weise nicht bei einer Organisationsveränderung stehen bleiben kann, sondern sich gleichermaßen auch mit den bibliothekarischen Prozessen befassen muss, ist dabei eigentlich eine Selbstverständlichkeit. So einfach sich die genannten Ziele im ersten Augenblick auch darstellen, so komplex wird eine Reorganisation dann bei genauerem Hinsehen. Was bedeutet beispielsweise die Fokussierung auf die elektronischen Aspekte? Was sind kundenorientierte Dienstleistungen und was sind bibliothekarische Produkte? Sind die vorhandenen innerbibliothekarischen Prozesse überhaupt angemessen beschrieben?

Das Management der ETH-Bibliothek hat sich deshalb im Jahr 2010 nach längerer interner Diskussion dafür entschieden, das Projekt „Reorganisation der Bibliothek" mit Unterstützung einer externen Beratungsfirma[3] anzugehen, die sich primär auf die Projektverfolgung, die Erarbeitung notwendiger Planungsunterlagen, die Terminabstimmung etc. fokussieren sollte. Der eigentliche bibliothekarische Input lag natürlich in den Händen einer Projektgruppe bzw. einer größeren Zahl von Mitarbeitenden der Bibliothek. Bei der realen Durchführung des Reorganisationsprojektes konnte die Bibliothek aus prozessualer Sicht auf umfangreiches Knowhow im Kontext Prozess- und Projektmanagement zurückgreifen, das innerhalb der letzten Jahre erarbeitet und teilweise als Standardverfahren in den Bibliotheksalltag implementiert wurde.[4] Darüber hinaus waren bei einer Reihe von Mitarbeitenden der Bibliothek reale Kenntnisse und Erfahrungen in der Abwicklung komplexer Bibliotheksprojekte vorhanden, was der Zielerreichung des Reorganisationsprojektes ebenfalls sehr zuträglich war. Insgesamt betrachtet waren die Erfolgsaussichten für die erfolgreiche Durchführung des Change-Projektes „Reorganisation der ETH-Bibliothek" somit einigermaßen positiv.

Bei einem Projekt dieser Größenordnung kommt naturgemäß den Aspekten Information und Kommunikation wesentliche Bedeutung zu, da Veränderungen am Arbeitsplatz und/oder die Einbindung in neue organisatorische Strukturen zumindest für den einzelnen Mitarbeitenden immer auch Frustrationen und Unsicherheiten mit sich bringen kann. Die Möglichkeit oder vielleicht auch Wahr-

---

3 Das hier involvierte Beratungsunternehmen (Fa. Berinfor AG, Zürich) konnte zwar keine einschlägige Erfahrung aus dem Bibliotheksbereich nachweisen, ist jedoch sehr erfahren in der Durchführung einschlägiger Mandate im Hochschulbereich, so dass man von einer Affinität zum wissenschaftlichen Umfeld ausgehen konnte. Der Erfolg des Reorganisationsprojektes dokumentiert auch die sehr produktive Zusammenarbeit mit den beteiligten Spezialisten von Berinfor.
4 Vgl. Kirstein 2005 sowie Littau und Kirstein 2011

scheinlichkeit, nach langen Jahren der Tätigkeit in einem bestimmten Arbeitsgebiet nun plötzlich etwas ganz Anderes tun zu müssen, trifft nicht immer nur auf Zustimmung. Die einzige sinnvolle Möglichkeit dieser Gefahr zu begegnen, ist eine kontinuierliche und gleichzeitig möglichst umfassende, innerbetriebliche Kommunikation, die auf den verschiedensten Ebenen erfolgen sollte. Zu diesen Informationsmaßnahmen gehörten nun ganz unterschiedliche Aktivitäten. Einmal erfolgte die Information über laufende Arbeiten in der alle zwei Wochen stattfindenden Managementsitzung, in der der Tagesordnungspunkt „Reorganisation" ein fester Bestandteil des Sitzungsprogramms war. Des Weiteren berichtete der bibliotheksinterne Newsletter in zweimonatigem Rhythmus über den aktuellen Fortgang des Projektes. Zu Beginn des Projektes wurden darüber hinaus alle Mitarbeitenden in einer Plenarveranstaltung über die Ziele und Intentionen des Reorganisationsprojektes informiert, wobei diese Veranstaltung zum Ende der ersten Phase wiederholt wurde. Jetzt ging es etwa um die Kommunikation der beschlossenen Veränderungen[5] und um die Unterrichtung über das weitere Vorgehen.[6] Eine weitere Informationsrunde fand auf der einmal jährlich stattfindenden, internen Führungskräfteveranstaltung statt, bei der alle Mitarbeitenden mit Personalverantwortung über den Stand des Projektes informiert wurden. Trotz dieser aus unserer Sicht äußerst intensiven Einbindung einer Vielzahl von Mitarbeitenden der ETH-Bibliothek einerseits und einer gleichzeitig extensiven Informationspolitik auf der anderen Seite, bleibt anzumerken, dass das Projekt letztlich einem Top-Down-Ansatz folgte, so dass abschließende Entscheidungen immer dem Bibliotheksmanagement vorbehalten waren.

2.2 Strategische und operative Ziele des Projektes

Wie bereits implizit erwähnt, war der Auslöser für eine Reorganisation die Einsicht, dass die Veränderungen in den Wissenschaften, die sich klar abzeichnenden Änderungen im Nutzerverhalten sowie die dramatischen Entwicklungen der Informationstechnik eine Neupositionierung der ETH-Bibliothek notwendig machten, die nahe liegender Weise die organisatorische und prozessuale Struktur der Bibliothek einschließen sollte. Letzteres war vor allem auch deshalb von Bedeutung, als die technischen Entwicklungen der letzten Jahre in Richtung digitaler Bibliothek nicht notwendiger Weise dazu geführt haben, die Bibliothek in

---

5 Hierzu gehörte beispielsweise die Kommunikation der neuen Organisationsstruktur, an der die Mitarbeitenden naheliegender Weise besonders interessiert waren.
6 Hierzu gehörte etwa die Frage, welche Prozesse im Detail untersucht werden sollten, welche zeitlichen Vorgaben zu berücksichtigen waren etc.

ihrer internen Struktur und in den damit verbundenen Arbeitsabläufen grundlegend zu verändern: Nach wie vor war die ETH-Bibliothek stark an den klassischen Modellen der traditionellen Informationsvermittlung ausgerichtet.

Aufbauend auf den strategischen Zielen der Bibliothek als Ganzes[7] wurden in einem ersten Schritt die eigentlichen Ziele für die Reorganisation definiert, da diese sozusagen die Randbedingungen für alle Aktivitäten darstellen und darüber hinaus letztlich auch die Messlatte für Erfolg oder Misserfolg bilden sollten. Die sechs zentralen strategischen Ziele für die Reorganisation der ETH-Bibliothek sind in Tabelle 1 dargestellt. Selbstverständlich bedürfen diese relativ allgemein beschriebenen strategischen Ziele des Change-Projektes noch einer detaillierteren Definition,[8] um letztlich operabel zu sein.

Nr.	Strategisches Ziel
SZ1	Die ETH-Bibliothek vollzieht konsequent den Wechsel von der analogen Informationsversorgung zur digitalen Versorgung durch Aufbau und Weiterentwicklung der digitalen Bibliothek.
SZ2	Die ETH-Bibliothek wird von ihren Zielgruppen als wichtigster Lieferant wissenschaftlicher Informationen genutzt.
SZ3	Die ETH-Bibliothek verfolgt die aktuellen Entwicklungen im Bereich der Informationstechnologie systematisch und prüft sie auf ihre Anwendbarkeit.
SZ4	Die ETH-Bibliothek kennt die Bedürfnisse ihrer Kunden.
SZ5	Die Aufbau- und Ablauforganisation sind effektiv und effizient organisiert.
SZ6	Die ETH-Bibliothek fördert ihre Mitarbeitenden mit gezielten Weiterbildungsangeboten und bietet interessante und zukunftsgerichtete Arbeitsplätze.

Tab.1: Strategische Ziele für die Reorganisation der ETH-Bibliothek (2010-2011).

7 Die aktuellen strategischen Ziele der Bibliothek der ETH Zürich basieren auf vier grundlegenden Begriffen: Integration, Publikation, Edukation und Archivierung. Eine allgemeine Interpretation findet sich bei Neubauer 2005. Eine ausgearbeitete, aktuelle Übersichtsdarstellung für die breite Öffentlichkeit ist gegenwärtig in Bearbeitung.

8 Das Ziel SZ4 bedeutet im Kontext dieser Reorganisation also Folgendes: Das Dienstleistungsportfolio der Bibliothek wird auf den Kunden abgestimmt (Erstellung eines Portfolios; Ist und Soll) / Einfließen von Kundenfeedback in die Produktentwicklung / Abstimmen des Portfolios auf die erklärten Bedürfnisse.

2.3 Ablaufplanung

Das von der Projektleitung[9] gewählte Vorgehen zur Realisierung des Projektes gliederte sich mit den Phasen Grob- und Detailkonzept in zwei Hauptprozesse, wobei letzterer die reale Umsetzung beinhaltete. Im Grobkonzept sollten die Voraussetzungen für eine neue organisatorische Struktur der Bibliothek erarbeitet werden, wobei dies konkret durch mehrere Entwicklungsschritte, Bewertungen und Analysen erfolgte.

Eine wichtige Voraussetzung für eine erfolgreiche Reorganisation ist naturgemäß ein Konsens darüber, welchen Zweck und welche Aufgabe die Bibliothek eigentlich zu erfüllen hat. Im konkreten Beispiel wurde auf Basis der vier allgemeinen Bibliotheksziele (vgl. hierzu Anm. 7) das aktuelle Produktportfolio der Bibliothek definiert und in seiner Bedeutung für die Bibliothekskunden bewertet. In einem nächsten Schritt ging es dann um die bibliothekarischen und sonstigen internen Prozesse, die zu diesen (Kern-)produkten geführt haben. Das Ergebnis dieser Bemühungen war dann eine sog. Prozesslandkarte der ETH-Bibliothek, deren Interpretation schließlich zu einer Entscheidung für eine Organisationsvariante führte.

3 Produktportfolio

In den vorbereitenden Diskussionen zur Durchführung der Reorganisation wurde ein Konsens dahingehend erzielt, dass alle Überlegungen beim Output der Bibliothek, also bei der Kundensicht auf die bibliothekarischen Leistungen beginnen sollten. Somit stand zum Start des Projektes die Produktdiskussion im Zentrum, also die Frage, welche Angebote und Dienstleistungen stellt die Bibliothek für ihre Kunden bereit und wie ist dieses Portfolio im Sinne der Erreichung der definierten strategischen Ziele zu bewerten.

Die Analyse des vorhandenen Produktportfolios ergab, dass die Bibliothek insgesamt etwa 135 verschiedene Produkte anbietet. Für eine operative Behandlung dieses großen Angebotes wurden diese Einzelprodukte in acht Produktgruppen gegliedert und auf 34 Kernprodukte[10] verdichtet. Diese wiederum

---

9 Für die reale Durchführung des Reorganisationsprojektes waren zwei Projektleiter zuständig, die aus der zweiten Führungsebene der Bibliothek kamen sowie eine Projektassistentin, die primär mit der Vorbereitung von Sitzungen und der Ausarbeitung notwendiger Papiere befasst war. Daneben existierte ein sog. Change Board, also ein Steuerungsgremium zur kontinuierlichen Erfolgskontrolle.
10 Also beispielsweise: Bereitstellung von Informationsressourcen / Bereitstellung von Infrastruktur für Lernen und Arbeiten / Publikation und Registrierung wissenschaftlicher Arbeiten.

wurden einer intensiven Bewertung unterzogen, wobei dies in mehreren Schritten erfolgte. Unter Berücksichtigung früherer Befragungsergebnisse erfolgte eine erste Einschätzung nach den Kriterien[11] „Strategie", „Attraktivität" und „Vorteil" durch die Projektleitung. In einem zweiten Schritt wurden konkrete Nutzungszahlen mit in die Bewertung einbezogen und als abschließender Bewertungsschritt wurde eine Reihe von Führungskräften der Bibliothek nach ihrer Einschätzung befragt.

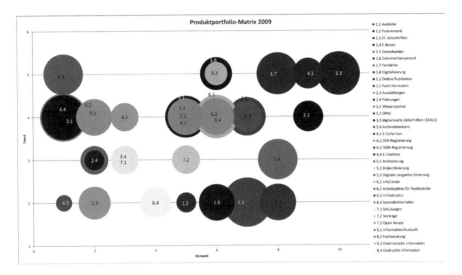

Abb. 1: Produktportfolio der ETH-Bibliothek für das Jahr 2009 (vgl. hierzu auch Anm.12).

Das Ergebnis dieser Analyse der Bibliotheksprodukte war ein Produktportfolio (vgl. hierzu Abb.1), das in seiner konkreten graphischen Darstellung der sog. Boston Consulting Group-Matrix folgt. Durch diese Matrix lässt sich dann auf Basis der Faktoren Marktanteile und Marktwachstum die Produktstrategie eines Unternehmens ableiten.[12] Die Darstellung in Matrixform dient primär der eingän-

---

11 Strategie = Beitrag des Produktes zur Umsetzung und Erreichung der definierten strategischen Ziele / Attraktivität = Ist das Produkt für die Kunden interessant? / Vorteil = Verschafft das Produkt der Bibliothek einen Vorteil gegenüber Konkurrenten?

12 Vgl. hierzu auch Littau und Mumenthaler, 2011. An dieser Stelle ist klar, dass die Faktoren Marktanteil und Marktwachstum im Kontext von Bibliotheken wenig Sinn machen, so dass die Matrix auf deren Spezifika adaptiert wurde. Auf der x-Achse wird jetzt die Nutzung der Angebote aufgetragen, auf der y-Achse die Einschätzung des Trends für das jeweilige Produkt. Somit erscheinen im rechten oberen Quadranten dann die „stars" mit hoher Nutzung und steigendem Trend, im rechten unteren Quadranten liegen die „cash cows" mit hoher Nutzung und sinken-

gigen visuellen Darstellung der eigenen Angebote und sollte in jedem Falle auch als Basis für Einstellungs- und/oder Supportentscheidungen für die jeweiligen Produkte genutzt werden.

4 Prozessmodell

Im Laufe des Reorganisationsprojektes wurde von der Projektarbeitsgruppe eine sog. Prozesslandkarte erarbeitet, die u.a. auch als Basis für die Entwicklung unterschiedlicher Organisationsvarianten dienen sollte.

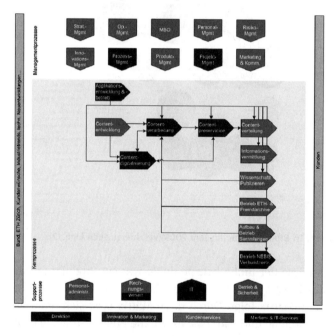

Abb.2: Erste Version der Prozesslandkarte für die ETH-Bibliothek.[13]

Darüber hinaus war die Beschäftigung mit den bibliothekarischen Prozessen auch deshalb ein wesentliches Element der Reorganisation, als die Steigerung

---

dem Trend, im linken oberen Quadranten finden sich die „question marks" mit niedriger Nutzung bei steigendem Trend und im linken unteren Quadranten die „dogs" mit geringer Nutzung und fallendem Trend.

13 Mittlerweile gilt eine neuere Version, die vor allem die Managementprozesse etwas detaillierter darstellt (vgl. hierzu die Grafik auf S. 36 bei Littau und Mumenthaler, 2011)

der Effizienz (vgl. hierzu SZ5 in Tab. 1) der bibliothekarischen Arbeit ja als eines der strategischen Ziele definiert worden war.

Managementprozesse der ETH-Bibliothek

101:	Strategisches Management (z.B. Definitionen der strategischen Ziele)
102:	Operatives Management (z.B. Jahreszielplanung oder Finanzmanagement)
103:	MBO (z.B. Jahreszielplanung der Mitarbeitenden)
104:	Personalmanagement (z.B. Gewinnung oder Beratung von Mitarbeitenden)
105:	Innovationsmanagement (z.B. Bewertung von Trends und Produktideen)
106:	Produktmanagement (z.B. Analyse und Pflege des Produktportfolios)
107:	Projektmanagement (z.B. Führen des Projektportfolios)
108:	Prozessmanagement (z.B. Führen der Prozesslandkarte)
109:	Marketing & Kommunikation (z.B. interne und externe Kommunikation)
110:	Risikomanagement (z.B. Bewertung von Risiken)

Kernprozesse

201:	Contententwicklung (z.B. Auswahl neuer Medien)
202:	Contentverarbeitung (z.B. Erschliessung von Medien)
203:	Contentdigitalisierung (z.B. Digitalisierung von Medien)
204:	Contentpreservation (z.B. Betrieb der Magazine oder Erhalt des Bestandes)
205:	Contentverteilung (z.B. Ausleihe, Fernleihe oder Nutzung vor Ort)
206:	Wissenschaftliches Publizieren (z.B. Vergabe DOI)
207:	Applikationsentwicklung- und Betrieb (z.B. Entwicklung von Recherchemitteln)
208:	Informationsvermittlung (z.B. Durchführung von Führungen und Schulungen)
209:	Betrieb von ETH- und Fremdarchiven (z.B. Übernahme von Archivgut)
210:	Aufbau und Betrieb von Sammlungen (verweist auf die Prozesse 201 bis 208)
211:	Betrieb der NEBIS-Verbundzentrale (z.B. Leitung von Schulungen)

Supportprozesse

301:	IT (z.B. Gewährleistung von Infrastruktur oder Support)
302:	Betrieb & Sicherheit (z.B. Managen von Umbauten)
303:	Rechnungswesen (z.B. Gebühren, Erwerbungsrechnungen oder IT-Beschaffungen)
304:	Personaladministration (z.B. Personaldokumentation)

Tab.2: Liste der an der ETH-Bibliothek relevanten Prozessarten.

Zu den eigentlichen Kernprozessen, also den bibliothekarischen Prozessen,[14] sind in einer Prozesslandkarte selbstverständlich Support- und Managementprozesse hinzuzufügen, die allerdings im Allgemeinen nicht im direkten Kontakt mit dem Kunden stehen. Wesentlich bei der Prozessbeschreibung bzw. -definition ist in jedem Falle, dass ein (bibliothekarischer) Prozess immer ein klares Ziel verfolgen muss, das wiederum durch entsprechende Kennzahlen bewertbar ist, da nur auf diese Weise ein Entwicklungserfolg überhaupt nachvollziehbar ist.

Gegenwärtig existieren an der ETH-Bibliothek 11 Kernprozesse sowie 10 Management- und vier Supportprozesse, wobei jeder Kernprozess in Haupt- und Teilprozesse[15] untergliedert ist. Besonders wichtige Prozesse mit einer Reihe von Schnittstellen in der bisherigen Organisationsstruktur wurden bei der Prozessanalyse besonders intensiv betrachtet. So wurde beispielsweise der klassische Bibliotheksprozess der Medienbearbeitung von der Erwerbungsentscheidung bis zur konkreten Bereitstellung der Medien untersucht und unter dem Begriff Contentmanagement zusammengefasst.

5 Organisationsmodelle

5.1 Definition der zukünftigen Bibliotheksstruktur

Auf Basis der Bibliotheksstrategie, des aufbereiteten Produktportfolios, der definierten Kundengruppen[16] sowie der Prozesslandkarte wurde nun die zukünftige organisatorische Struktur der Bibliothek in Form mehrerer möglicher Varianten entwickelt und intensiv innerhalb des Projektes diskutiert. Hierbei diente natürlich die zum damaligen Zeitpunkt bestehende Organisationsstruktur als Benchmark, da ohne eine klar erkennbare Verbesserung der personelle und finanzielle Aufwand für die Reorganisation kaum darstellbar gewesen wäre. Ernsthaft disku-

---

14 Im Regelfall führen diese Prozesse auch immer zu einem Bibliotheksprodukt
15 So unterteilt sich etwa der Kernprozess „Contentdigitalisierung" (= KP 203 in Tab. 2) in die Hauptprozesse „Medien digitalisieren" und „Strukturdaten erfassen" und der Hauptprozess „Medien digitalisieren" in die Teilprozesse „Medien selektieren, transportieren und vorbereiten" und „Medien digitalisieren, konvertieren und speichern".
16 Im Rahmen der Analyse des Produktportfolios wurden im Rahmen eines Workshops auch die Kundengruppen der Bibliothek im Detail definiert und in vier Hauptkundengruppen segmentiert (externe Kunden, Alumni, Studierende und die Gruppe der Forschenden, Dozenten und Masterstudierenden). Eine zusätzliche Differenzierungsmöglichkeit ist die in „vor Ort-Kunden" und „remote-Kunden". Letztere nutzen die komplette Palette an elektronischen Services, unabhängig von ihrer aktuellen Umgebung.

tiert wurden schliesslich vier Varianten, die sich einigermaßen klar voneinander abgrenzen ließen:
- Prozessorientiert
  Die konsequente organisatorische Ausrichtung an den Prozessen bedingt natürlich, dass die jeweiligen Prozesse immer in einer Struktureinheit zusammengefasst sind; erst dann ist die schlüssige Prozessverantwortung in einer Hand gewährleistet. Der Vorteil einer solchen Lösung liegt primär in einer weitgehenden Reduktion von Schnittstellen.
- Kundenorientierung
  Kundenrelevante und nicht kundenrelevante Aufgaben werden bei dieser Lösung deutlich voneinander getrennt, so dass eine persönliche Kundenansprache (gegebenenfalls differenziert nach Kundengruppen) im Fokus steht.
- Vor Ort – Remote
  Bei dieser Variante liegt der Fokus klar bei einer Trennung zwischen der Bibliothek als Ort einerseits und der Bibliothek als Erbringerin elektronischer Dienstleistungen andererseits. Die Diskussion dieser Variante legte den Schwerpunkt klar auf die digitale Bibliothek als eigenständige Einheit innerhalb der Gesamteinrichtung.
- Produktorientierung
  Mit einem deutlichen Bezug auf die Produkte fokussiert sich diese Variante deutlich auf eine Trennung von „Innen" und „Außen". Hierbei ist „Innen" charakterisiert durch alle intern ablaufenden Prozesse, die keine direkte Relevanz für den Kunden haben. Unter „Außen" werden all diejenigen Prozesse und Produkte subsummiert, die im Kontakt zum Kunden stehen.

Um die Variantendiskussion so weit als möglich zu rationalisieren, wurden die fünf vorliegenden Modelle[17] im Rahmen einer Nutzwertanalyse bewertet. Hierzu wurden acht Bewertungskriterien definiert, die sich wiederum weitgehend an den eingangs definierten strategischen Zielen der Reorganisation ausrichteten. Die Kriterien wurden darüber hinaus hinsichtlich ihrer Bedeutung für eine erwartete Akzeptanz der neuen Organisation gewichtet, so dass beispielsweise dem Kriterium „Erfolg bei Zielgruppen" 21 %, oder der „Effizienz" 14 % Anteil am Gesamterfolg zugemessen wurden. Die eigentliche Bewertung erfolgte nach einem Notensystem von 1 bis 6, wobei 6 Punkte für eine starke Unterstützung dieses Kriteriums standen. Die Varianten „vor Ort – Remote" und „Produktorientierung" erhielten bei dieser Bewertung die besten Noten, wobei die erste Variante deutlich in Front lag. Diese beiden Favoriten wurden nun detaillierter ausgearbeitet, wozu etwa die zweite Hierarchieebene definiert, passende Bezeichnungen

---

17 Hierzu gehörten die vier skizzierten Varianten plus die Ist-Variante.

bestimmt und erste Skizzen hinsichtlich dort angesiedelter Aufgaben und der hierzu notwendigen Personalausstattung erstellt wurden.

Nach längeren Diskussionen innerhalb der Projektgremien fiel schließlich die Entscheidung zu Gunsten der Variante „Produktorientierung", obwohl die Bewertungsvoten im ersten Anlauf klar in Richtung „vor Ort – Remote" ausgefallen waren. Hauptargument für diese Entscheidung war die Tatsache, dass hier nach einer detaillierten Betrachtung mit deutlich weniger Schnittstellen zu rechnen war. Darüber hinaus flossen in diese Entscheidung auch Fragen gegebenenfalls notwendiger Neueinstellungen, Lohnanpassungen, Freistellungen etc. ein, die es schlussendlich notwendig machten, das theoretisch entwickelte Modell geringfügig anzupassen. Die Philosophie der Produktorientierung wurde hierbei allerdings nicht verlassen. Die auffälligste Veränderung gegenüber dem ursprünglichen Vorschlag des Projektteams war die Verschiebung der „Contententwicklung" vom Bereich Innovation und Marketing (ursprünglich Produktmanagement) hin zu den Kundenservices, wobei allerdings der Originalvorschlag einer Trennung der Contententwicklung von der eigentlichen Abwicklung (also der integrierten Medienbearbeitung) bestehen blieb. Ebenfalls neu war die organisatorische Integration der Teilbibliotheken nach Standorten (Zentrum und Campus Höngerberg).[18] Dahinter steht der Gedanke, den Austausch von Personal an den jeweiligen Hauptstandorten zu vereinfachen.

Die neue, nun ausgewählte Organisationsvariante (vgl. hierzu Abb. 3) vereint Produkt- und Prozessorientierung: Der Bereich[19] „Medien- und IT-Services" ist grundsätzlich für die Supportprozesse verantwortlich, der Bereich „Kundenservices" für die Produkte und die kundenorientierten Prozesse. Das gesamte Produktportfolio sowie der Aspekt Innovation wird vom Bereich „Innovation und Marketing" gesteuert, der schwerpunktmäßig Aufgaben mit strategischer Ausrichtung übernehmen soll. Neu eingerichtet wurde auch das Gremium „Bibliotheksleitung",[20] dessen Mitglieder sich neben ihren eigentlichen Linienaufgaben aktiv an der strategischen Planung der Gesamtbibliothek beteiligen.

---

18 Die ETH Zürich ist auf zwei Hauptstandorte verteilt. Einmal ist dies der Standort ETH Zentrum, der sich allerdings wieder über eine Vielzahl von Einzelstandorten im Zentrum Zürichs verteilt. Der zweite Hauptstandort ist der Campus Höngerberg, etwas außerhalb des Stadtzentrums. An beiden Hauptstandorten gibt es mehrere Teilbibliotheken.
19 Die Hauptstrukturelemente der neuen Organisation werden als „Bereiche" bezeichnet; darunter gibt es Gruppen und Teams.
20 Mitglieder sind der Direktor, die drei Bereichsleiter, die beiden festen Stellvertreter der Bereichsleiter Kundenservices und Medien- und IT-Services, der Leiter Betriebsmanagement sowie die Leiterin des Personaldienstes.

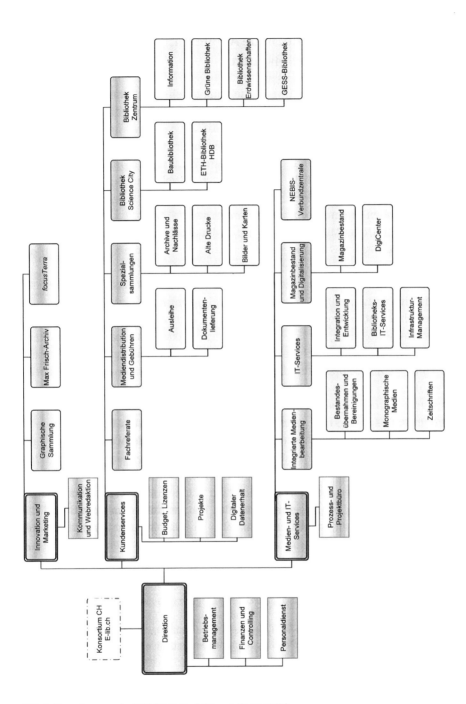

Abb.3: Organigramm der ETH-Bibliothek (Stand: 01.01.2011).

5.2 Personalgespräche, neue Aufgaben, Mitarbeiterkommunikation

Wenig überraschend stellen die Entscheidung für eine bestimmte Organisations-struktur bzw. die sich daraus ableitenden Konsequenzen für die Mitarbeitenden immer eine wesentliche Zäsur jeder Reorganisation dar. Im vorliegenden Falle war immerhin der größte Teil der Mitarbeitenden der ETH-Bibliothek von mehr oder weniger umfangreichen Veränderungen betroffen, die nicht immer den eigenen Arbeitsplatz, häufig jedoch die organisatorische Einbindung der eigenen Gruppe oder des eigenen Teams betrafen. Andererseits war auch eine ganze Reihe von Mitarbeitenden direkt persönlich betroffen; sei es durch die Übernahme neuer Aufgaben und/oder Mitarbeitenden, sei es durch Integration des bisherigen Ver-antwortungsbereiches in andere organisatorische Strukturen, sei es durch die Auflösung des bisherigen Arbeitsplatzes.[21]

Bereits diese kurze Skizzierung der Situation macht deutlich, dass an dieser Stelle eine kritische Phase des Reorganisationsprojektes eintrat, bei der es in erster Linie auf konsequentes Handeln, faire und offene Kommunikation und intensiver Einbindung der Entscheidungsträger ankam. Als Konsequenz hieraus begannen unmittelbar nach der Entscheidung für eine der Organisationsvarian-ten die Personalgespräche zur Besetzung der Führungspositionen, da es einhelli-ger Konsens war, dass diese Personen einen wesentlichen Anteil an den weiteren Aktivitäten übernehmen sollten. Vor diesen Gesprächsrunden wurde des Weite-ren entschieden, die neu geschaffenen bzw. neu definierten Positionen soweit irgend möglich intern zu besetzen, wobei auf eine formale Ausschreibung[22] für diese Stellen bewusst verzichtet wurde. Die notwendigen Gespräche wurden überwiegend vom Direktor und/oder der Personalverantwortlichen der Biblio-thek geführt, wobei auch für „Problemfälle" bis auf sehr wenige Ausnahmen eine befriedigende Lösung gefunden werden konnte. Nach dem diese Gespräche abgeschlossen waren, wurde die (damals) zukünftige Organisationsstruktur der ETH-Bibliothek allen Mitarbeitenden wiederum in einer Plenarveranstaltung

---

21 So wurde beispielsweise die zweite Führungsebene von sieben auf drei Positionen verrin-gert, oder es wurden zur Bereinigung von nicht mehr sinnvollen Schnittstellen Arbeitsgruppen zusammengelegt.

22 Mittlerweile ist es auch im öffentlichen Bereich nicht unüblich, bei Reorganisationen die freien bzw. umgewidmeten Stellen formal auszuschreiben und die vorhandenen Mitarbeitenden zur Bewerbung aufzufordern. Einschlägige Erfahrungen (auch an der ETH Zürich) zeigen, dass dies bei den Mitarbeitenden erhebliche Unruhe auslöst, ohne dass ein erkennbarer Mehrwert einer solchen Operation ersichtlich ist. Darüber hinaus sind solche Verfahren aus unserer Sicht auch ein Indiz dafür, dass das bibliotheksinterne Personalmanagement nicht angemessen über Fähigkeiten und Kenntnisse des eigenen Personals informiert ist.

mitgeteilt und die damit verbundenen personellen Veränderungen erläutert. Die reale Inkraftsetzung der neuen Organisation erfolgte dann relativ kurzfristig nach dieser Informationsveranstaltung, wobei an dieser Stelle anzumerken ist, dass hierbei der ursprünglich geplante Termin um etwa sechs Monate vorverlegt wurde. Grund hierfür war die Idee, durch die mehr oder weniger sofortige Umsetzung die Entwicklung von Parallelstrukturen mit unklaren Zuständigkeiten sowie permanenter Diskussion über die Zukunft zu vermeiden.

Mit den bisher geschilderten Aktivitäten war dann mit der Umsetzung der neuen Aufbauorganisation die erste Phase (also das sog. Grobkonzept) des Reorganisationsprojektes abgeschlossen. Alle Mitarbeitenden waren wieder einem Arbeitsteam oder einer Arbeitsgruppe zugeordnet und einer definierten, weisungsbefugten Führungsperson unterstellt,[23] und die damit verbundenen administrativen Arbeiten waren mehr oder weniger abgeschlossen.

6 Prozessmanagement

Wie bereits angesprochen, sollte in der Phase 2 des Reorganisationsprojektes der Schwerpunkt der Aktivitäten auf Analyse und gegebenenfalls Neudefinition der bibliothekarischen Prozesse, auf Analyse der Schnittstellen, aber auch auf Erkennen von Potenzialen liegen. Bestand also in der Phase 1, dem Grobkonzept, die primäre Aufgabe darin, neben der Produkt- und Kundendiskussion und der damit verbundenen Einführung einer neuen Organisationsstruktur auch (und besonders) die Prozesslandkarte der ETH-Bibliothek zu definieren, so sollte sich die Umsetzungsphase dann mit den Prozessen selbst, also mit dem Prozessmanagement befassen.

Die Aufgabe des Prozessmanagements bestand in der konkreten Situation also darin, durch eine Beschreibung des Ist-Standes die Schwierigkeiten und Unzulänglichkeiten existierender Prozesse zu erkennen und zu dokumentieren, jedoch andererseits auch die Potenziale herauszuarbeiten, um daran anschließend durch eine „Sollprozessgestaltung" Optimierungen zu erreichen. Ein weiterer Aspekt war die Idee, im Rahmen der Prozessdiskussion auch Kennzahlen zur Beschreibung der einzelnen Prozesse zu entwickeln, um diese messbar zu

---

23 Auf diesen, einigermaßen intensiven Arbeitsprozess kann an dieser Stelle nicht im Detail eingegangen werden. Beispielhaft sollen nur einige Punkte erwähnt werden: Alle betroffenen Mitarbeitenden bekamen eine neue Aufgabendefinition („Pflichtenheft") /Anpassung der Intranetberechtigungen / Aktualisierung von Mailinglisten / veränderte Zuweisungen im Zeiterfassungssystem / Bezeichnung von neuen Gruppen und Teams / Änderungen von Türschildern / Kommunikation.

machen. Wie bereits oben erwähnt, unterscheidet die Bibliothek Kernprozesse sowie Management- und Supportprozesse. Der erste Teil der Aufgabe innerhalb des Projektes bestand nun darin, die Projekte als existent zu definieren (vgl. hierzu Tab. 2) und einen sog. Prozessverantwortlichen zu benennen. Die einzelnen Prozesse wurden dann in sechs sog. Arbeitspakete gruppiert, deren Bearbeitung den im Rahmen der Reorganisation bestimmten, neuen Führungskräften übertragen wurde. Somit übernahm die Linienorganisation in unmittelbarer Weise Projektaufgaben.

6.1 Methoden und Werkzeuge zum Prozessmanagement

Die Analyse des Ist-Zustandes bei den Prozessen innerhalb der Bibliothek war naturgemäß für den größten Teil der Mitarbeitenden eine neue Erfahrung, so dass es sinnvoll erschien, zur Unterstützung entsprechende Tools zur Verfügung zu stellen. Ein wichtiger Schritt hierbei war die Erarbeitung eines Handbuchs zum Prozessmanagement,[24] das sozusagen als Richtschnur für alle Fragen rund um die Beschreibung, Definition und Darstellung von einschlägigen Prozessen an der ETH-Bibliothek eingesetzt wird. Abgedeckt sind in diesem Manual schwerpunktmäßig die Themen Datenerhebung, Ursachenanalyse, Ideensammlung und Ideenauswertung. Darüber hinaus wurde auf Basis des Microsoft-Produktes Sharepoint eine Plattform bereitgestellt, bei der auf der obersten Ebene die Prozesslandkarte dargestellt ist und bei der über eine Navigation auf die dahinterliegenden Hauptprozesse mit den hierzu jeweils abgelegten weiteren Informationen (Projektsteckbriefe, Flussdiagramme, sonstige relevante Informationen) zugegriffen werden kann. Für die Visualisierung der Prozesse nutzt die Bibliothek ein anderes Microsoft-Tool, nämlich Visio. Das Arbeits- und Kommunikationstool dient somit als konkrete Arbeitsplattform für die jeweiligen Rolleninhaber im Prozessmanagement[25] und ist zugleich ein wichtiges Informationsinstrument für alle Mitarbeitenden der Bibliothek, da man hier zeitnah alle Entwicklungen und Veränderungen verfolgen kann.

---

24 Littau, Lisa: Prozessmanagementhandbuch.- Vers.2.0. –Zürich: ETH-Bibliothek, 2011.- (nur intern über das Intranet zugänglich)
25 Vgl. hierzu S. 44 im Zitat in Anm. 13

Abb.4: Darstellung des Kernprozesses „Wissenschaftliches Publizieren" auf der Intranetplattform der ETH-Bibliothek.[26]

6.2 Prozessbeschreibung und -dokumentation

Die eigentliche Arbeit beim Prozessmanagement steckt selbstverständlich in der Analyse, Beschreibung und Dokumentation der Prozesse selbst. Dies wird besonders dann offensichtlich, wenn man über Prozesse spricht, die etwa klassische Bibliotheksaufgaben abdecken, wie beispielsweise beim bereits erwähnten Kernprozess „Contentverarbeitung", der sich hier in fünf Hauptprozesse[27] untergliedert. Zu jedem Haupt- oder Teilprozess ist dann noch eine kurze Beschreibung und gegebenenfalls ein ausführlicher Steckbrief für den jeweiligen Prozess hinterlegt. Die eigentliche Prozessbeschreibung ist im Allgemeinen durch ein Flussdiagramm des jeweiligen Prozesses dokumentiert. Der Inhalt des Projektsteckbriefs ist standardisiert und umfasst etwa folgende Kriterien:

– Bezeichnung des jeweiligen Prozesses
– Wer ist die verantwortliche Person innerhalb der Bibliothek?
– Welche Mitarbeitende sind beteiligt?
– Was ist der Sinn des jeweiligen Prozesses?
– Generelle Grundsätze für die Prozessdurchführung
– Welche Vorgängerprozesse gibt es?

---

26 Der einfache Zugriff auf diese Information erfolgt durch Anklicken auf der interaktiven Prozesslandkarte. Dieser Kernprozess gliedert sich in drei Hauptprozesse.
27 Der Kernprozess „Contentverarbeitung" gliedert sich in die fünf Kernprozesse „Medienerwerbung", „Medienerschließung", „Fremdbestände übernehmen und erschließen", „Bereinigungen" und „Medien ausscheiden". Ein Teil der Hauptprozesse ist dann natürlich wiederum in Teilprozesse untergliedert.

- Mit welchem Schritt beginnt die Prozessdurchführung?
- Welche anderen Prozesse folgen?
- Worin besteht der Prozess konkret?
- Was sind die Prozessergebnisse?
- Wer sind die Prozessverursacher/Lieferanten?
- Welche Standards sind zu beachten?
- Prozessunterstützung (Menschen/Tools)
- Vorhandene/einsetzbare Hilfsmittel
- Gibt es Kennzahlen? Wenn ja, welche?
- Zyklus der Kennzahlenermittlung

Diese doch nicht unerhebliche Anzahl von Charakterisierungskriterien für jeden Prozess macht deutlich, dass der damit verbundene Aufwand nicht unbeträchtlich ist, dass durch diese Beschreibung (zusammen mit der Flussdiagrammdarstellung) jedoch andererseits eine aussagekräftige Ist-Beschreibung jedes der definierten Prozesse vorhanden ist. Darüber hinaus sollte man an dieser Stelle auf eine interessante Erkenntnis im Rahmen der Prozessanalyse und -dokumentation hinweisen, die sich vor allem bei denjenigen Bibliotheksprozessen zeigt, die von einer größeren Zahl von Mitarbeitenden (gegebenenfalls in mehreren Teams oder Gruppen) erledigt wird. Erst die Analyse von Teilprozessen und die damit verbundene Diskussion im Prozessteam haben an einer Reihe von Beispielen gezeigt, dass selbst vermeintlich „identische" Prozesse (beispielsweise die Medienerschließung) in verschiedenen Arbeitsteams unterschiedlich gehandhabt wurden. Somit wurde es erst durch die Analyse der (Teil-)Prozesse möglich, diese Unstimmigkeiten zu erkennen und neue, verbesserte Prozessabläufe zu definieren.

Wie erwähnt, war die Analyse und professionelle Dokumentation der bestehenden Bibliotheksprozesse eines der entscheidenden Elemente in der Umsetzungsphase der Reorganisation; allerdings war dies nicht das einzige Element. Aufgabe der Prozessverantwortlichen und des Prozessteams war und ist es gleichermaßen, die in der Ist-Beschreibung dokumentierten Prozesse systematisch auf Handlungsbedarf zu überprüfen und gegebenenfalls einzelne Teilprozesse zu reorganisieren und/oder Details zu optimieren. Als Unterstützung für diesen mehr oder weniger permanenten Prozess dient natürlich in erster Linie das Prozessmanagementhandbuch, aber auch Schulungen für die Prozessverantwortlichen, damit diese eigenverantwortlich sog. KVP-Workshops[28] durchführen

---

28 KVP = Kontinuierlicher Verbesserungsprozess. Bei diesem Ansatz werden in Form eines Kreislaufes schrittweise Verbesserungen innerhalb eines Prozesses erzielt. Die einzelnen Ver-

können. Hierbei ist natürlich klar, dass die Verankerung dieses Ansatzes in die bibliothekarische Arbeit eine längerfristige Aufgabe ist.

7 Review und Lessons learned

Mittlerweile ist die Reorganisation der ETH-Bibliothek abgeschlossen, und es stellt sich die Frage nach Erfolg oder Misserfolg dieser Bemühungen. Sehr einfach festhalten lässt sich als Fazit, dass die Neustrukturierung einer großen Bibliothek eine außergewöhnliche Anstrengung darstellt, die etwa zwei Jahre dauerte, die erheblichen Aufwand an personellen und finanziellen Ressourcen in Anspruch genommen und die darüber hinaus für einzelne Personen auch unerfreuliche Entwicklungen gebracht hat. Dies ist die eine, vielleicht etwas negative Seite der Medaille. Andererseits können wir feststellen, dass sich durch die Reorganisation auch eine Vielzahl positiver Entwicklungen ergeben hat, die ohne diese Anstrengung nicht erkannt worden wären. Neben den Veränderungen bei Struktur und Prozessen ist ein weiterer Punkt nicht zu vernachlässigen. Eine große Zahl von Mitarbeitenden der ETH-Bibliothek waren in die Reorganisationsaktivitäten eingebunden und es wurden systematisch mehr oder weniger alle bibliothekarischen Prozesse analysiert, dokumentiert und gegebenenfalls neu formuliert. Hierdurch haben sich Wissen und Erfahrung einer großen Zahl von Mitarbeitenden beträchtlich erhöht. Des Weiteren mussten die Mitarbeitenden sich auf neue, veränderte organisatorische und persönliche Randbedingungen einstellen und haben hierdurch an Flexibilität gewonnen.

Blickt man zurück auf die eingangs formulierten strategischen Ziele der Reorganisation der ETH-Bibliothek (vgl. hierzu Tab. 1), dann lässt sich die Frage nach Erfolg oder Misserfolg im Einzelnen folgendermaßen kommentieren:

- Die Organisationsstruktur hat zumindest die Voraussetzungen geschaffen, den absehbaren Wechsel zur digitalen Informationsversorgung schrittweise zu vollziehen. Vor allem im Bereich der Medienbearbeitung ist diese Umstellung mit der Integration der digitalen Medien in die Routineprozesse weitgehend erfolgt.
- Durch die Schaffung eines Bereiches Innovation[29] wurde die systematische Beschäftigung mit Innovationsmanagement wesentlich befördert.

---

besserungsschritte können jeweils auch klein sein, doch sollten sie transparent dargestellt und systematisch in die tägliche Routine integriert werden.

29 Das Wesentliche ist hierbei auch die hierarchische Gleichstellung der Innovation mit den klassischen Bibliotheksbereichen

- Durch die Neustrukturierung der Bibliotheksbereiche konnte eine ganze Reihe von Schnittstellenproblemen behoben werden. Die Sicherstellung dieses Ansatzes ist im Rahmen des Kontinuierlichen Verbesserungsprozesses (KVP) gewährleistet.
- Die im Kontext der Reorganisation erzielten Ergebnisse hinsichtlich der Prozess- und Arbeitsplatzgestaltung sind ein wichtiger Schritt in Richtung Zukunftsorientierung. Die Erarbeitung eines geschlossenen Konzepts für eine zielorientierte Weiterbildung im Bereich elektronische Medien und der damit verbunden Anwendungsmöglichkeiten ist als Jahresziel für die Personalverantwortliche definiert.

Naturgemäß ist es so, dass bis zum heutigen Zeitpunkt (Mitte des Jahres 2012) nicht alle der ursprünglich definierten strategischen Ziele vollständig erreicht sind, nach wie vor sind Prozesse zu analysieren und gegebenenfalls neu auszurichten. Dies ist allerdings nicht überraschend, da das Erreichen komplexer strategische Ziele immer eine zumindest mittelfristig angelegte Aktivität ist. Das den strategischen Zielen übergeordnete Ziel, die Lebens- und Aktionsfähigkeit der ETH-Bibliothek, ihre Positionierung im Kontext der ETH Zürich sicherzustellen, ist nach Meinung der Mitarbeitenden der Bibliothek[30] gelungen.

Über diese weitgehend positive Bewertung hinaus, gibt es nahe liegender Weise auch eine ganze Reihe von Lehren und Erfahrungen, die man als sog. Lessons Learned für etwaige zukünftige Anstrengungen berücksichtigen sollte:
- Die Basis für eine erfolgreiche Reorganisation ist eine tragfähige Strategie, also eine konkrete Vorstellung darüber, was denn die eigentliche Aufgabe der Bibliothek ist.
- Die strategischen (und operativen) Ziele eines Reorganisationsprojektes sollten klar definiert sein.
- Eine (selbstkritische) SWOT-Analyse (bzw. deren Ergebnisse) ist ebenfalls eine der notwendigen Grundlagen.
- Die eigentlichen Zielgruppen müssen bekannt sein, ein Produktportfolio sollte vorliegen.

---

30 Im Frühjahr dieses Jahres wurde die Einschätzung der Mitarbeitenden der ETH-Bibliothek im Rahmen eines Reviews ermittelt. Durchgeführt wurde dieses Review durch das den Reorganisationsprozess begleitende Beratungsunternehmen Berinfor. Hierzu wurde die Meinung einer ausgewählten, größeren Gruppe von Mitarbeitenden in Form von Workshops, Einzel- und Gruppenbefragungen ermittelt und in anonymer Form aufbereitet. Zusammengefasst zeigen die Ergebnisse ein hohes Maß an Akzeptanz für die Ergebnisse des Projektes, wobei es allerdings auch eine Reihe von Optimierungsanregungen gab. Diese werden im Herbst des Jahres 2012 aufgegriffen und soweit möglich in reale Aktionen umgesetzt.

- Die Bestimmung einer möglichst optimalen Organisationsstruktur setzt die Diskussion mehrerer Organisationsvarianten voraus.
- Die Einbindung externer Fachkompetenz hat sich als äußerst produktiv erwiesen. Dies macht eine intensive Beteiligung bibliotheksinterner Kompetenz nicht obsolet.
- Personalentscheidungen sind und bleiben Managemententscheidungen und können nicht delegiert werden.
- Eine rasche Umsetzung erreichter Ergebnisse (vor allem der Organisations- und Führungsstruktur) ist ein wichtiges Erfolgskriterium.
- Eine situationsangemessene Kommunikation über den gesamten Projektzeitraum hinweg ist ebenfalls ein wichtiger Erfolgsfaktor.
- Eine transparente Dokumentation aller Ergebnisse ist Pflicht. Hierzu stellt ein kontinuierlich gepflegtes Organisationshandbuch eine wesentliche Hilfe dar.

Abschließend soll nochmals die Frage aufgeworfen werden, ob vergleichbare Ergebnisse nicht auch durch eine sanfte Erneuerung der zu Projektbeginn bestehenden Linienorganisation möglich gewesen wären. Hat sich also der Aufwand an Personal, Finanzen und Arbeitszeit wirklich gelohnt? Immerhin wäre es sicherlich möglich gewesen, dass man auch in den im Jahr 2010 bestehenden Strukturen ein Qualitätsmanagement zur Behebung erkannter Schwächen und zur Neuausrichtung des Serviceangebotes hätte einführen können. Die Erfahrungen mit dem skizzierten Reorganisationsprojekt liefern keinen Gegenbeweis, doch sind wir rückblickend davon überzeugt, dass der Bruch mit alten Strukturen, das Aufrütteln der Mitarbeitenden und die zumindest teilweise Neubesetzung von Führungspositionen die Phase einer kontinuierlichen Verbesserung von Prozessen und Produkten der ETH-Bibliothek überhaupt erst möglich gemacht hat. Für die Bibliothek der ETH Zürich war die Reorganisation also ein wichtiger Schritt, sich auf die kommenden Herausforderungen vorzubereiten.

Literatur

Kirstein, Andreas: Multiprojekt-Management in der elektronischen Bibliothek.- in: Gysling, Corinne und Neubauer, Wolfram: Auf dem Weg zur digitalen Bibliothek. Strategien für die ETH-Bibliothek im 21. Jahrhundert.- Zürich: ETH-Bibliothek, 2005.- S.29-40.
Littau, Lisa; Kirstein, Andreas: Einführung eines Prozessmanagements an der ETH-Bibliothek Zürich.- in: Degkwitz, Andreas und Klapper, Frank: Prozessorientierte Hochschule. Allgemeine Aspekte und Praxisbeispiele.- Bad Honnef: Bock + Herchen, 2011.- S.155-166.

Littau, Lisa; Mumenthaler, Rudolf: Reorganisation der ETH-Bibliothek 2010.
Abschlussbericht.- Zürich: ETH Zürich, 2011.- 71 S.-
http://e-collection.library.ethz.ch/eserv/eth:2733/eth-2733-01.
pdf#search=%22littau%22

Neubauer, Wolfram: Zukünftige Schwerpunkte bibliothekarischer Arbeit.- in: Gysling, Corinne
und Neubauer, Wolfram: Auf dem Weg zur digitalen Bibliothek. Strategien für die
ETH-Bibliothek im 21. Jahrhundert.- Zürich: ETH-Bibliothek, 2005.- S.175-181.

Shapiro, Alan N.: Die Bibliothek der Zukunft - The Library of the future.- Vortrag, gehalten auf
der Wikipedia Critical Point of View Conference in Leipzig, am 26.09.2010.- http://www.
alan-shapiro.com/die-bibliothek-der-zukunft-the-library-of-the-future/

Maria Seissl und Wolfram Seidler

Strategieentwicklung und Innovation an der Universitätsbibliothek Wien

Bibliotheken sind durch die technologischen Entwicklungen der vergangenen Jahre gefordert, Konzepte zu entwickeln, die es ihnen ermöglichen, ihren Platz in dieser neuen Welt des Forschens und Lernens zu finden. Die Diskussionen darüber sind so vielfältig wie die vorgeschlagenen Lösungsansätze. Gemeinsam ist diesen Diskussionen das Bewusstsein, dass dabei neue Wege beschritten werden müssen.

Auch die Universitätsbibliothek Wien hat sich vor nunmehr drei Jahren dieser Aufgabe zu stellen versucht und sich dabei bemüht, eine Richtung einzuschlagen, die zum damaligen Zeitpunkt sehr konträr zur bislang gepflegten Unternehmenskultur verlief. Der nun beschrittene Weg bedeutete nicht nur eine Änderung des Führungsstils hin zu einer kooperativen Leitung der Bibliothek, sondern zeigt auch erste Ansätze, neue Stellen an der Bibliothek zu etablieren, die die Organisation bei der Erreichung ihrer strategischen Ziele unterstützen sollen. Dazu gehört die formelle Etablierung von Innovationsmanagement. Über diese Bemühungen soll in diesem Beitrag berichtet werden.

Der Größe der Universität Wien (mit ca. 95.000 Studenten, 9.400 Angestellten – davon 6.700 WissenschaftlerInnen, ist sie die größte Universität Österreichs und eine der größten Europas) entspricht ein umfassendes Aufgabengebiet der Bibliothek. Dies kann Vorteil und Hindernis zugleich sein. Vorteil deswegen, weil die Größe potenziell die Schaffung von Ressourcen (die Bibliothek beschäftigt 300 FTEs bei einem Bestand von 6,9 Mio. Bänden und etwa 19.000 lizensierten e-Journals) ermöglichen kann, Hindernis hingegen, wenn man in Betracht zieht, dass die Bibliothek weiterhin einen großen Teil der Ressourcen in die Aufrechterhaltung des „traditionellen" Betriebs (Erwerbung, Katalogisierung, Entlehnung) investieren muss. Diese beiden Aspekte eines modernen Betriebs stehen in vielen Fällen durchaus in einem Konkurrenzverhältnis zueinander.

Mit den Veränderungen, die derzeit im Bereich des wissenschaftlichen Publikationssystems (Stichwort: Open Access) für Diskussionen sorgen, aber auch durch die (politisch erzwungenen) Umstrukturierungen des universitären Wissenschaftssystems insgesamt (Budgetknappheit, verstärkte Drittmitteleinwerbungen, prekäre Arbeitsverhältnisse usw.) sind auch die Bibliotheken vor völlig neue Aufgaben gestellt.

Die Organisationsstruktur der Bibliothek versucht, diesen Anforderungen durch die Einrichtung von Stellen mit spezifischen Aufgaben in diesen Bereichen gerecht zu werden. So wurde eine besonders flache Hierarchie gewählt, die nur mehr zwei Ebenen (nämlich die Leitung sowie auf einer zweiten Ebene einerseits die Fachbereichsbibliotheken und andererseits Servicestellen mit zentralen (als Beispiele seien hier genannt Bibliothekssystem, Webredaktion, Öffentlichkeitsarbeit, aber auch der Koordinierte Bestandsaufbau) oder speziellen Aufgaben, wie etwa Open Access, Institutional bzw. Digital Repository, Bibliometrie umfasst.

Der Prozess der Strategieentwicklung

Strategieentwicklung ist also zur Notwendigkeit für Bibliotheken geworden. Im sich wandelnden Informationssektor ist sie notwendiges Element, Wege der eigenen Positionierung zu finden, Stärken und Schwächen zu analysieren, sowie das eigene Verhältnis zur Universität zu klären.

Der Versuch, der Bibliothek neue strategische Zielsetzungen zu geben und Formen der Umsetzung zu finden und zu erproben, erlangte 2009 in der formellen Etablierung eines Prozesses der Strategieentwicklung eine neue Dimension, die sich besonders schön an den Vorgaben der Bibliotheksleitung an diesen Prozess selbst illustrieren lässt. Dass natürlich auch seitens der Universität die Forderung an die Bibliothek gerichtet wurde, ihren Neuerungswillen durch ein strategisches Papier zu beweisen, sei hier nur am Rande bemerkt. Vorrangige Frage war von Seiten der Bibliotheksleitung die Wahl des richtigen Managementinstruments, um einen solchen Prozess in Gang zu bringen. Dazu gehörten natürlich auch Überlegungen zum richtigen Zeitpunkt sowie zu den organisatorischen Voraussetzungen, der Art der (MitarbeiterInnen)Beteiligung, zu Inhalt und Struktur sowie zur Ausrichtung des Prozesses insgesamt. Es mussten dafür erst die notwendigen Voraussetzungen geschaffen werden. Denn der in Gang gesetzte Prozess sollte dem kooperativen und „postheroischen" Führungsstil entsprechen, also transparent angelegt und partizipatorisch sein. Das bedeutete auch, dass alle MitarbeiterInnen eingeladen werden sollten, sich aktiv an diesem Prozess zu beteiligen.

Dieses Vorgehen erforderte die Entwicklung völlig neuer Formen des Arbeitens und des Lernens, wobei die Entwicklung dieser neuen Formen dann auch zu einem entscheidenden Ergebnis des eingeleiteten Prozesses wurde.

Zwei Großgruppentagen standen am Beginn: alle KollegInnen waren eingeladen, an einem workshopartigen Zusammentreffen teilzunehmen (das Stichwort hier lautete: *Open Space* – die formale und inhaltliche Offenheit dieser Organisationsform bei diesen beiden Events sollte zum Kennzeichen des gesamten Prozesses werden). Die Bibliotheken blieben an diesen beiden Tagen geschlossen. Es gab dabei keine inhaltlichen Vorgaben von Seiten der Bibliotheksleitung – was wohl auch für diese selbst einen starken Lernprozess implizierte, vor allem da das Ganze ergebnisoffen gedacht wurde. Eine gewisse Unwägbarkeit des „Ausgangs" war von ihrer Seite mit einzukalkulieren. An diesen beiden Tagen wurde eine Vielzahl von Ideen entwickelt, an welchen Bereichen der Bibliothek intensiv gearbeitet und entwickelt werden sollte. Auch das „traditionelle" Rollenbild von BibliothekarInnen wurde damit ansatzweise stark in Frage gestellt. Stattdessen wurden „Visionen" formuliert, an deren Realisierung es zu arbeiten galt bzw. natürlich immer noch gilt.

Einrichtung eines Innovationsmanagements an der Bibliothek

In einem der Open-Space-Workshops, der sich mit *Services und neuen Aufgaben* beschäftigte, wurde eine Idee geboren, die dort zunächst unter dem Schlagwort *Spielwiese* diskutiert wurde. Dabei kam der Wunsch zum Ausdruck, im Rahmen der bibliothekarischen Tätigkeiten das Konzept von Freiräumen strategisch einzusetzen, um – unbelastet von der Routinearbeit und ohne Erfolgsdruck – mit neuen Ideen experimentieren zu können.

Einige MitarbeiterInnen setzten sich zum Ziel, für diesen eher spontan geäußerten Wunsch ein Konzept zu entwickeln, in das die erwähnten Anliegen einfließen konnten. Damit einhergehend sollten erste Schritte eines strategischen Innovationsmanagements an der Bibliothek angedacht und Vorschläge für die Umsetzung erarbeitet werden.

Letztendlich mündete das Konzept der Arbeitsgruppe (das sich auch in einer sogenannten Dialogrunde mit externen ExpertInnen bewähren musste) in der formellen Errichtung einer eigens dafür geschaffenen Stelle für Innovationsmanagement, die nun unter dem Titel *ubw:innovation* seit knapp eineinhalb Jahren tätig ist. Das konkrete Aufgabengebiet ist relativ weit gefasst. Vorrangige Aufgaben sind dabei, das allgemeine Bestreben der Bibliothek, sich als innovative Einrichtung gegenüber der Universität und der Öffentlichkeit zu positionieren und zu präsentieren, konzeptionell zu unterstützen, Antworten auf die rasante Entwicklung im Bereich der Informationstechnologie für die konkreten Aufgabengebiete der Bibliothek auszuarbeiten, innovative Ideen und Vorschläge aus dem Bibliotheksbereich systematisch zu erfassen, zu analysieren zu koordinieren und umzusetzen, den MitarbeiterInnen bei der Durchführung ihrer Ideen Unterstützung anzubieten und damit insgesamt ein innovationsfreundliches Umfeld innerhalb der Bibliothek aufzubauen.

Aus diesen Aufgabenstellungen ergeben sich als Kernaufgaben der Innovationsstelle Trendbeobachtung und -analyse, die Schaffung von Freiräumen für Ideen und Projekte, die Durchführung von Projektberatung und -entwicklung sowie die Ausarbeitung von strategischen Überlegungen, die die Bibliotheksleitung bei ihren Entscheidungsfindungen unterstützen sollen.

Erste konkrete Aufgabenstellung für das Innovationsmanagement war die Entwicklung einer geeigneten Plattform für die MitarbeiterInnen, auf der alle ihre Ideen präsentieren können. Dazu wurde nach ausführlichen Diskussionen beschlossen, eine eigene Datenbank zu programmieren, also keine der sonst in Frage kommenden Tools (Blogsoftware, Wikis u.ä.) einzusetzen. Dies vor allem deswegen, um möglichen weiteren Entwicklungen Raum zu geben und dabei nicht auf vorgegebene Funktionalitäten angewiesen zu sein. Im Zuge der Sichtung der Ideen werden diese den strategischen Feldern zugewiesen, die im Strategieentwicklungsprozess identifiziert wurden und als Handlungsraum für alle fungieren sollen. Damit ist die Ideenentwicklung eng an diesen Prozess gekoppelt.

Implementiert wurden auch Funktionen, die aus sozialen Netzwerken bekannt sind, etwa ein „Gefällt mir" und die Möglichkeit, Interesse an einer Mitarbeit bei der Realisierung von einzelnen Projekten kund zu tun. Wichtig war bei der Konzeption, dass mit der Präsentation einer Idee (die im übrigen auch anonym erfolgen kann) keinerlei Verpflichtung besteht, an der Realisierung selbst mitzuwirken – das hätte nämlich von vornherein den Kreis jener eingeschränkt, die ihre Ideen festhalten möchten. Diese Datenbank hat bislang großen Zuspruch erfahren und sich mittlerweile zu einem großen Pool an Vorschlägen, Ideen und Projekten entwickelt. Nicht verschwiegen werden darf, dass insgesamt gesehen der Kreis der Ideenbringer und -träger eingeschränkt bleibt – etwas mehr als 100 KollegInnen (also ca. 25%) benützen die Datenbank, der Kreis der aktiv Mitarbeitenden beträgt etwa 10%.

Gleich die ersten Monate brachten einige interessante Einsichten:
- Der überwiegende Teil der Ideen beschäftigt sich mit internen Kommunikations- und Geschäftsprozessen.
- Weiters stehen besonders Ideen, die neue bzw. neuartige BenutzerInnenservices im Auge haben, im Vordergrund.
- Ein nicht geringer Teil der Ideen entsteht deutlich aus bestehender Unzufriedenheit mit einzelnen Abläufen und Gegebenheiten am Arbeitsplatz.
- Die Größe des Personenkreises, der sich aktiv an der Umsetzung beteiligt, ist ein Hinweis auf die vorhandenen (besser sollte wohl gesagt werden: mangelnden) personellen Ressourcen. Schließlich geht es um Aufgaben, die über die „eigentliche" Arbeit hinaus durchgeführt werden müssen, was die Zahl

der MitarbeiterInnen, die die notwenige Zeit für zusätzliche Arbeit aufzubringen willens sind, deutlich eingeschränkt.
–   Es ist bislang nicht gänzlich gelungen, zu vermitteln, dass Ideenbringung nicht zugleich auch Mitarbeit nach sich ziehen muss.

Dass ein solches Instrument nicht ganz konfliktfrei eingesetzt werden kann, hat sich mittlerweile ebenso herausgestellt. Die Konzeption des Innovationsmanagements (wie auch des Strategieentwicklungsprozesses selbst) als bottom-up-Prozess hat zur Folge, dass viele Aktivitäten quer zur Linienorganisation stattfinden bzw. durchgeführt werden, was unweigerlich Probleme mit Verantwortlichkeiten der einzelnen Abteilungen in der Bibliothek mit sich bringt. So ist natürlich eine enge Zusammenarbeit mit den Zuständigen einerseits, eine genaue Abstimmung mit der Bibliotheksleitung andererseits notwendig, was in manchen Fällen dem Prozess selbst ein wenig von seiner intendierten Spontaneität nimmt. Es ist dies zum Teil eine Gradwanderung, da Neues verständlicherweise nicht bereits Inhalt von Aufgabenstellungen in den bestehenden Abteilungen ist (sonst wäre es ja nicht neu), im Falle eines erfolgreichen Experiments und daher Übernahme in den sogenannten Regelbetrieb dieser aber in die Kompetenz der jeweiligen Abteilungen fallen wird.

Schlussfolgerungen

1. Innovationsmanagement an unserer Bibliothek ist etwas Neues –Patentrezepte, wie das zu erfolgen hätte, gibt es keine. Wie am Beispiel der UB Wien zu sehen ist, steht in vielen Fällen (gerade bei Organisationsgrößen wie derjenigen unserer Bibliothek) mehr die interne Innovation im Vordergrund; technologische Entwicklungen im Bibliothekswesen werden derzeit mehr oder weniger nur "beobachtet".
2. Innovationsmanagement ist nicht gleich Innovation! Innovationen finden an vielen Stellen der Bibliothek statt. Eine wesentliche Aufgabe des Innovationsmanagements ist die Sichtbarmachung von innovativen Prozessen und das Bemühen, diese besser zu steuern. Sichtbarmachung ist sowohl nach innen als nach außen erforderlich! Kommunikation ist horizontal zur Organisationsstruktur erforderlich.
3. Innovation ist nicht gleich technologische Innovation! Ist dem "Vorwurf" des "Altmodischen" durch (technische) Innovationen zu begegnen? Ohne Vermittlung vor allem an die universitäre Öffentlichkeit, welche Services und Produkte die Bibliothek denn zur Verfügung stellt bzw. entwickelt, wird die

entsprechende Anerkennung ausbleiben. Dies ist insbesondere im Hinblick auf die Wahrnehmung der Bibliothek bedeutsam – in einigen Bereichen werden wir immer noch als riesige Büchersammlung identifiziert, die vor allem zu viel Raum in Anspruch nimmt. Das hat aber auch sehr viel mit Produktwahrheit zu tun – die "Produkte" sollen auch wirklich das leisten, was sie vorgeben zu tun.

4. Auch wenn die UB Wien sicherlich in vielen Bereichen in Österreich eine Vorreiterrolle spielt, kann und darf nicht verschwiegen werden, dass dies immer hart an den Ressourcengrenzen (sowohl finanzieller als auch personeller Art) stattfindet! Innovationsmanagement muss daher immer auch einher gehen mit

5. Einem Personalentwicklungskonzept, das diese innovativen Prozesse weiter entwickeln kann, um zu gewährleisten, dass all die guten Ideen der KollegInnen nicht letztendlich am Ressourcenmangel scheitern – die "Frustrationstoleranz" ist da nicht sehr hoch. Das erfordert vor allem auch ein stetes Weiterarbeiten am strategischen Konzept, wohin sich die Bibliothek bewegen will und in welchen Bereichen sie Kompetenzen aufbauen bzw. ausbauen möchte. Und das ist wohl auch ein wesentlicher Beitrag, den das Innovationsmanagement zur Weiterentwicklung der Organisation zu leisten haben wird.

Autoren

Gabriele Beger, Staats- und Universitätsbibliothek Hamburg (Carl v. Ossietzky)

Eva Haas-Betzwieser, Staatsbibliothek zu Berlin – Preußischer Kulturbesitz

Andreas Degkwitz, Universitätsbibliothek der Humboldt-Universität zu Berlin

Arend Flemming, Städtische Bibliotheken Dresden

Anja Flicker, Stadtbücherei Würzburg

Imma Hendrix, Universitätsbibliothek der Humboldt-Universität zu Berlin

Ulrich Naumann, Universitätsbibliothek der Freien Universität Berlin

Wolfram Neubauer, Bibliothek der ETH Zürich

Dorothee Nürnberger, Technische Informationsbibliothek Hannover

Thomas M. Paul, Diplompädagoge, Würzburg

Carola Schelle-Wolff, Stadtbibliothek Hannover

Wolfram Seidler, Universitätsbibliothek Wien

Maria Seissl, Universitätsbibliothek Wien

Beate Tröger, Universitäts- und Landesbibliothek Münster

Pit Witzlack, artop GmbH-Institut an der Humboldt-Universität zu Berlin